ABORTO E DEMOCRACIA

CONSELHO EDITORIAL

Ana Paula Torres Megiani
Eunice Ostrensky
Haroldo Ceravolo Sereza
Joana Monteleone
Maria Luiza Ferreira de Oliveira
Ruy Braga

ABORTO E DEMOCRACIA

Flávia Biroli e Luis Felipe Miguel (orgs.)

Copyright © 2016 Flávia Biroli e Luis Felipe Miguel

Grafia atualizada segundo o Acordo Ortográfico da Língua Portuguesa de 1990, que entrou em vigor no Brasil em 2009.

Edição: Haroldo Ceravolo Sereza
Editora assistente: Camila Hama
Projeto gráfico, diagramação e capa: Cristina Terada Tamada
Revisão: Joana Monteleone
Assistente acadêmica: Bruna Marques
Assistente de produção: Gabriel Siqueira / Jean Ricardo Freitas
Imagem da capa: <pixabay.com>

Este livro foi publicado com o apoio da CNPq

CIP-BRASIL. CATALOGAÇÃO NA PUBLICAÇÃO
SINDICATO NACIONAL DOS EDITORES DE LIVROS, RJ

A136

Aborto e democracia
Organização: Flávia Biroli, Luis Felipe Miguel. - 1. ed.
São Paulo: Alameda, 2016.
242 p. ; 23 cm.

Inclui bibliografia
ISBN 978-85-7939-362-4

1. Aborto - Aspectos sociais. 2. Aborto - Legislação. 3. Direito das mulheres. 4. Aborto - Aspectos morais e éticos. I. Biroli, Flávia. II. Miguel, Luis Felipe.

15-27532   CDD: 363.46
                         CDU: 173.4

ALAMEDA CASA EDITORIAL
Rua Treze de Maio, 353 – Bela Vista
CEP: 01327-000 – São Paulo – SP
Tel.: (11) 3012-2403
www.alamedaeditorial.com.br

SUMÁRIO

Introdução: aborto, democracia e laicidade 9

Aborto, justiça e autonomia 17
Flávia Biroli

O direito ao aborto como questão política 47
Luis Felipe Miguel

Do dever ao poder de ser mãe: 65
sobre direito ao aborto e maternidade
Maria Aparecida Azevedo Abreu

Política, direitos humanos e aborto: 85
uma análise das opiniões de líderes
pentecostais brasileiros
Maria das Dores Campos Machado

Aborto e células-tronco embrionárias no Senado: 107
choque de moralidades sobre a gestão da vida
Naara Luna

O debate sobre aborto na Câmara dos Deputados, 127
de 1990 a 2014
Luis Felipe Miguel, Flávia Biroli e Rayani Mariano

Aborto e maternidade no STF: 155
análise dos julgamentos da ADI 3510 e da ADPF 54

Maria Aparecida Azevedo Abreu

O aborto e as eleições de 2010: 189
o papel do jornalismo na definição
dos discursos conservadores

Denise Mantovani

As vicissitudes da lei da 217
interrupção voluntária da gravidez no Uruguai:
estratégias conservadoras para evitar o exercício
do direito de decidir das mulheres

Susana Rostagnol

Sobre os autores 239

INTRODUÇÃO
Aborto, democracia e laicidade

Flávia Biroli e Luis Felipe Miguel

Este livro discute a relação entre aborto e democracia. Em seus capítulos, são apresentadas análises, teóricas e empíricas, sobre os sentidos que a interrupção voluntária da gravidez assume nas disputas políticas e sobre o impacto da proibição ou das restrições no direito de escolha, das mulheres, quanto a levar ou não a cabo uma gestação. Os estudos aqui apresentados também mostram quem são os atores que tomam parte nessa disputa na qual está em jogo, invariavelmente, a cidadania de metade da população.

O direito ao aborto é condição necessária para o acesso pleno das mulheres à cidadania. Sua recusa é a expressão da permanência de um estatuto diferenciado para mulheres e homens, ainda quando muitas outras conquistas, sobretudo a partir das décadas iniciais do século XX, resultaram na igualdade formal entre os dois sexos. Elas e eles têm hoje, no Ocidente, direitos iguais a votar e a tomar parte da política, direitos iguais à propriedade e, ao menos formalmente, salários iguais por igual trabalho. Mas as restrições no direito ao aborto correspondem a um déficit de cidadania para as mulheres.

A decisão sobre realizar ou não um aborto incide diretamente sobre a integridade física e psíquica das mulheres. É sua condição de sujeito autônomo, de sujeito responsável por sua própria vida, que é colocada em questão quando as normas correntes retiram a elas essa decisão. Motivações de caráter moral e religioso, que são também discutidas nos capítulos deste livro, são ativadas para justificar que cerca de metade da população – as mulheres – seja privada do direito básico a tomar decisões sobre o que se passa no seu corpo. A noção liberal de "propriedade de si", importante na construção de sentidos para a individualidade e na determinação dos direitos civis no mundo moderno, permanece frágil diante de legislações que criminalizam o direito das mulheres ao aborto.

De uma perspectiva democrática, há inconsistências sérias se uma sociedade se orienta por normas que determinam a igualdade entre mulheres e homens como cidadãos em alguns âmbitos da vida social e política, mas chancela uma compreensão desigual e hierárquica da sua condição de agentes morais. É o que ocorre quando é retirada das mulheres uma decisão fundamental para o exercício efetivo da sua cidadania, assim como para a garantia de sua integridade física e psíquica.

Desde os anos 1970, um número crescente de países passou a adotar legislações que permitem o aborto. Nas Américas, Estados Unidos, Canadá, Cuba e, mais recentemente, Uruguai (caso discutido em um dos capítulos deste livro) e Cidade do México permitem o aborto. Na Europa, estão entre os países em que é legal a realização do aborto Áustria, Bélgica, Dinamarca, Espanha, França, Finlândia, Holanda, Inglaterra, Itália, Noruega, Portugal e Suécia. A lista inclui, como se vê, países em que é muito forte a influência da Igreja Católica, fato que, por vezes, é mobilizado para explicar o atraso da legislação brasileira. Mesmo na Ásia e na África, onde há, como na América Latina, maiores restrições no direito ao aborto, ele é permitido em países como Japão, China, Cingapura, Coreia do Norte e África do Sul.

No Brasil, o aborto é ilegal. As exceções são os casos de risco de vida para a mulher e de gravidez resultante de estupro, ambas previstas na legislação desde o Código Penal de 1940; e, a partir de 2012, por decisão do Supremo Tribunal Federal (STF), de má-formação fetal, como a anencefalia.

É importante lembrar que a ilegalidade não significa que as mulheres brasileiras não abortem. Elas abortam em condições inseguras, e essa insegurança é maior se são pobres. Por isso, há um componente de classe e racial na ilegalidade do aborto: são as mulheres pobres e negras as que estão sujeitas aos serviços mais precários. Cerca de um milhão de abortamentos clandestinos são realizados no país a cada ano, frequentemente em condições precárias, com as complicações decorrentes levando a mais de 200 mil internações hospitalares por ano (Monteiro e Adesse, 2006). Dados divulgados pelo Ministério da Saúde (2006) e pela Organização Mundial de Saúde (OMS) indicam que, no Brasil, a cada dois dias uma mulher morre ao realizar um aborto em condições inseguras e precárias.

Embora o problema se apresente de maneira aguda, colocando em risco as vidas das mulheres, afetando sua cidadania e comprometendo nossa democracia, os poucos avanços que foram realizados nas últimas décadas, como a garantia de atendimento hospitalar nos casos de aborto previstos na lei, estão hoje em risco.

Isso ocorre por um conjunto de fatores. De um lado, os movimentos feministas vêm fazendo escolhas que, embora possam ser reconhecidas como estratégicas, reduziram sua capacidade de capitanear o debate. Episódios como a retirada do tema do aborto do documento apresentado pelo Conselho Nacional dos Direitos da Mulher à Assembleia Nacional Constituinte em 1988 (Pinto, 2003) e o recuo em eleições recentes, discutido em dois capítulos neste livro, mostram que esses movimentos, sobretudo em sua atuação junto ao Estado, têm considerado válido reduzir a prioridade da luta pelo aborto em sua agenda, em nome de posições e garantias que seriam supostamente mais importantes em contextos determinados. O problema é que, no mesmo período, em especial entre o início dos anos 1990 e os dias atuais, o aborto ganhou prioridade crescente entre os grupos religiosos. Passou a ser uma das temáticas centrais na sua atuação no Congresso Nacional, na pressão nas disputas eleitorais e nas barganhas dentro do Legislativo e entre Legislativo e Executivo – com elas, direitos individuais se tornam moeda de troca para a manutenção de alianças e votações relacionadas a outras temáticas.

O resultado é que temos hoje, no Congresso Nacional, mais iniciativas legislativas que representam retrocessos na legislação atual do que iniciativas que implicariam avanços. Juntamente com compreensões convencionais de gênero e da família, a temática do aborto tem recebido destaque nas campanhas eleitorais, mas de uma perspectiva retrógrada. Em suma, o debate é hoje capitaneado pelos grupos conservadores e os fundamentalistas religiosos vêm ganhando terreno sistematicamente. Nesse contexto, direitos individuais estão ameaçados – os direitos de mulheres e homossexuais são o objeto principal dessa ofensiva – e a democracia é colocada em xeque.

No ano de 2015, foram aprovados em comissões na Câmara dos Deputados e permanecem em tramitação projetos que atingem diretamente esses grupos e que deles retiram direitos já conquistados. É o caso do PL 5069/2013, que cria obstáculos para o atendimento de mulheres vítimas de estupro no SUS, dificultando seu acesso ao aborto legal e mesmo à chamada pílula do dia seguinte – e também ameaçando os profissionais de saúde que as socorrerem. Outro exemplo importante é o chamado Estatuto da Família (PL 6583/2013), em que a ideia de uma organização familiar "natural" – com maldisfarçada base religiosa – é mobilizada para garantir privilégios a quem se encaixa ao modelo de família que reúne um homem, uma mulher e seus filhos.

No primeiro caso, as mulheres vítimas de violência e as pessoas, sobretudo agentes públicos, que as atendem e zelam por sua saúde são alvos de criminalização; no segundo, consagra-se uma forma "correta" de família, a despeito da diversidade de arranjos que organiza as relações hoje, promovendo assim a exclusão e estigmatização de um amplo contingente de pessoas. São, ainda, exemplos claros de como o desrespeito à laicidade do Estado corresponde à subtração de direitos e ao comprometimento da sua efetividade. As reações aos avanços ultraconservadores têm mostrado, por outro lado, a ação política articulada dos movimentos feminista e LGBT, mas têm também exposto algo novo, com manifestações de rua em diferentes cidades do país nas quais a demanda pelo direito ao aborto foi colocada clara e abertamente. Em outubro de 2015, as milhares de mulheres que foram para as ruas contra o PL 5069/2013 mostraram uma dinâmica diferente dos movimentos feministas, em que novas formas de mobilização convivem com organizações mais estabilizadas e na qual é notável a presença de mulheres bastante jovens.

Historicamente, a posição das mulheres expõe a baixa efetividade dos direitos, mesmo dos mais fundamentais, como o direito à integridade física. A busca pelo controle do seu corpo pelos homens que lhes são próximos, como pais e maridos, e pelo Estado não ficou no passado, expressando-se no cotidiano da violência doméstica e sexual, assim como na legislação sobre aborto. Os limites à igual cidadania, de um lado, e a recusa a levar em conta a singularidade da posição das mulheres, de outro, comprometem as democracias amplamente. E mais: com os avanços do conservadorismo, a percepção de que essa singularidade se estabeleceria pela via da maternidade se coloca mais uma vez.

A maternidade é vivenciada pelas mulheres de maneiras distintas. Sobretudo a partir dos anos 1960, com o advento da pílula anticoncepcional, se torna menos compulsória. Seu caráter voluntário se fortalece, também, com a confrontação da dupla moral sexual: a possibilidade de afirmação da sexualidade feminina em termos que colocam a mulher numa condição de sujeito é parte desse processo. O ideal da maternidade permanece, porém, central à organização das relações de gênero e das trajetórias de muitas mulheres, na forma da responsabilização diferenciada, da socialização das meninas, de pressões e julgamentos que se impõem, diferenciadamente, a mulheres e homens.

Elizabeth Badinter (2011 [2010]) destaca, em sua análise sobre a França, um retrocesso que parece presente também no Brasil: a ideologia naturalista ativa visões conservadoras e retrógradas, que nos levam de volta à ideia de que "é natural" que as mulheres cuidem das crianças, é "pelo bem das crianças" que o cuidado deve ser exercido diretamente pelas mulheres. É interessante, nessa análise, o entendimento de que é justamente no momento em que a maternidade mais se configurou como "escolha" (a partir dos anos 1960, com o desenvolvimento de métodos contraceptivos mais seguros) que se ampliou a ideia de que é um projeto de vida. É assim que o naturalismo se harmoniza com o conservadorismo religioso. Mulheres que se vêm como progressistas e que recusariam o segundo podem aderir ao primeiro. E as pressões para que os papéis tradicionais sejam assumidos se ampliam, com base em inúmeras justificativas, nas quais psicologismos e argumentos pseudocientíficos cumprem uma função importante.

Um fato biológico – apenas as mulheres têm a capacidade de engravidar – é tornado fundamento para uma generalização psicológica, a maternidade é a realização "natural" para a vida de qualquer mulher. O passo seguinte, também apresentado como autoevidente e baseado na natureza, não na organização da sociedade, é que o cuidado com as crianças é uma responsabilidade que cabe às mulheres, na qualidade de mães, muito mais do que aos homens. Difunde-se a ideia de que a saúde e a felicidade das crianças são uma função do amor materno, que seria demonstrado segundo fórmulas bem determinadas. De uma só vez, esse conjunto de ideias-força, reproduzido incessantemente por diversos aparelhos discursivos, garante que o cuidado com as crianças permaneça privatizado e que as mulheres se sintam constrangidas a se retrair da esfera pública, em nome do "instinto" a que todas estão submetidas. O direito ao aborto se coloca na contramão destes discursos. Ele é um componente incontornável para que as mulheres decidam suas próprias vidas e para que, assim, também a maternidade seja voluntária.

O sexismo aparece ainda como um componente importante da atuação dos grupos religiosos na política. Em sua oposição ao direito ao aborto, a laicidade do Estado, componente central à relação entre democracia e direitos individuais, é sistematicamente desafiada. Crenças são mobilizadas como fundamento de posições e decisões políticas, em oposição aos requisitos primordiais das democracias. Nem precisamos recorrer a concepções que destacam o problema da efetividade dos direitos e da igual cidadania, como as feministas, para se abordar o problema: o liberalismo, mesmo nas suas formas pouco atentas à igualdade no usufruto dos direitos, estabelece uma distinção fundamental entre os direitos individuais numa comunidade política e o direito de indivíduos e grupos determinados a orientar-se por crenças e valores morais que lhes são caros. A confusão entre uma coisa e outra opõe-se frontalmente a concepções de justiça e de democracia nas quais o indivíduo é um valor em si.

A laicidade é entendida não apenas como a separação formal entre Igreja e Estado, entre poder político e poder religioso. Ela inclui também a ideia de que os artigos de fé podem presidir as decisões individuais daqueles que escolhem segui-los, mas não as normas que regem a vida comum da sociedade. É uma consequência necessária e indispensável do pluralismo social e do respeito à liberdade individual. Numa sociedade em que convivem fiéis de diferentes crenças, além de descrentes, o respeito a qualquer preceito religioso não pode ser imposto pelo poder público. A laicidade do Estado é, ela também, uma condição da democracia – e a disputa pelo direito ao aborto é um dos terrenos em que se trava a batalha sobre ela.

***

Os capítulos que compõem este livro apresentam as relações entre aborto e democracia de diferentes ângulos. São resultados de pesquisas teóricas e empíricas que, em conjunto, dão acesso às linhas de força do debate sobre o direito ao aborto no Brasil hoje e a uma análise de como se organizam os obstáculos e alternativas para o acesso ao aborto no Uruguai, o primeiro país da América do Sul no qual o direito ao aborto se transformou em lei.

No primeiro capítulo, Flávia Biroli analisa as conexões entre aborto e autonomia. O ponto de partida é a exposição de argumentos presentes em abordagens contemporâneas liberais e feministas do aborto. Discute, ao mesmo tempo, as contribuições das teorias liberais e as tensões que se instauram quando a crítica feminista coloca, no centro do debate, as experiências e motivações das mulheres. A reflexão é, assim, orientada para a posição das mulheres como agentes morais e sua vocalização, na definição da experiência da maternidade e da experiência do aborto, assim como na construção das justificativas legítimas para uma e para outra.

O segundo capítulo, escrito por Luis Felipe Miguel, discute as disputas em torno do aborto no contexto político brasileiro atual. A mobilização da temática do aborto nas eleições de 2010 é o gancho para uma análise das posições dos atores nessa disputa, na qual a questão central é a relação entre democracia e laicidade do Estado. O autor observa que a definição do aborto como problema "moral" colabora para que a Igreja a coloque no topo de sua pauta, enquanto os grupos que defendem a discriminalização têm dificuldade para alçar o tema à posição de prioridade política.

Maria Aparecida Abreu, que assina o terceiro capítulo do livro, também percorre o debate teórico internacional para discutir as fronteiras entre maternidade compulsória e voluntária. As concepções de maternidade são o objeto central dessa análise, que apresenta diferentes aproximações do problema, tomando como ponto de partida duas discussões morais: aquela que tem como foco a dicotomia entre a escolha das mulheres e o direito do embrião/feto à vida e aquela que expõe as tensões entre o direito de escolha das mulheres e seu papel como mães e cuidadoras, com os julgamentos e expectativas que esse papel convencionalmente implica. A partir das contribuições feministas a esse debate, a análise de Abreu coloca em questão não apenas a fusão entre mulher e maternidade, mas os sentidos atribuídos à vida como valor fundamental.

O capítulo 4 destaca atores fundamentais nesse debate, os grupos religiosos pentecostais. Nele, Maria das Dores Campos Machado apresenta um estudo detalhado das concepções das lideranças pentecostais brasileiras, por meio de entrevistas realizadas entre 2011 e 2013. Com elas, mostra a reconfiguração dos discursos pentecostais, que passam a adotar argumentos científicos e jurídicos que lhes dariam peso frente à atuação de grupos que lutam pelos direitos humanos, de mulheres e de gays no Brasil. Em sua análise, Machado destaca a necessidade de se compreender como é mobilizada a noção de laicidade do Estado entre os diferentes grupos no debate sobre o aborto, observando que ela não está ausente dos discursos das lideranças pentecostais, embora adquira neles sentido distinto daquele que associa laicidade, direitos individuais e democracia na atuação e nas teorias feministas. Nos discursos pentecostais, laicidade corresponderia a neutralidade e não seria antagônica à obstrução de direitos com base em crenças religiosas.

Naara Luna, autora do quinto capítulo do livro, aborda o tema de um outro ângulo, o das disputas sobre o estatuto do feto e do embrião humanos nos debates sobre aborto e sobre a pesquisa com células-tronco embrionárias humanas no Senado Federal. Analisando discursos, proposições e audiências públicas durante duas legislaturas, entre 2003 e 2010, a autora expõe as formas assumidas pela argumentação moral acerca da gestão da vida nesse debate.

O capítulo 6, escrito por Luis Felipe Miguel, Flávia Biroli e Rayani Melo, também foca o debate no Legislativo. Ele apresenta os resultados de uma pesquisa que analisa o debate sobre aborto na Câmara dos Deputados entre 1990 e 2014. Atores relevantes, suas posições e as justificativas mobilizadas para elas são analisados, permitindo compreender os padrões que se definiram ao longo do tempo. Com o estudo, fica claro o avanço, no Congresso Nacional, dos grupos religiosos contrários ao aborto, enquanto há um retrocesso claro de posições que tematizam e defendem a autonomia das mulheres.

Já Maria Aparecida Abreu, no capítulo 7, nos ajuda a compreender como o debate se deu em outro ambiente fundamental nas disputas por direitos no Brasil contemporâneo, o Judiciário. O capítulo analisa dois julgamentos do STF, o da Ação de Descumprimento de Preceito Fundamental nº 54, em que foi julgado o direito das mulheres interromperem uma gravidez nos casos de anencefalia fetal, e a Ação Direta de Inconstitucionalidade n° 3.510, em que esteve sob julgamento a lei que permitia pesquisas científicas com células-tronco embrionárias humanas. Nos dois casos, o debate sobre o sentido da vida esteve presente no posicionamento sobre direitos e na construção dos argumentos morais que os orientam.

A relação entre o debate sobre o aborto, a campanha eleitoral de 2010 e a mídia é o tema do capítulo 8, assinado por Denise Maria Mantovani. Mesmo veículos que historicamente davam maior espaço às posições favoráveis aos direitos das mulheres optaram, naquele momento, por orientar sua cobertura para uma perspectiva estratégica. A defesa do direito ao aborto era enquadrada como uma vulnerabilidade, que tornava o candidato alvo potencial dos líderes religiosos, capazes de comandar a decisão eleitoral de seu rebanho. Assim, o tema entrou na cobertura sem que as questões de fundo que ele suscita tenham sido levadas em conta.

Por fim, o capítulo 9, de Susana Rostagnol, transfere nossa atenção para o Uruguai. A vitória histórica obtida em 2012, com a legalização do direito ao aborto, não significou o fim dos problemas das mulheres para exercer sua autonomia. Os grupos conservadores buscam impedi-las, com estratégias para dificultar o acesso delas aos serviços médicos – por exemplo, pressionando profissionais de saúde para que invoquem uma cláusula questionável de "objeção de consciência" e se neguem a atender quem deseja interromper a gravidez. Como ocorre com tantos outros direitos, à batalha para obtê-lo na letra da lei se segue a luta para que possa efetivamente ser exercido na vida cotidiana.

Referências bibliográficas

BADINTER, Elizabeth (2011 [2010]). *O conflito: a mulher e a mãe*. Rio de Janeiro: Record.

MINISTÉRIO DA SAÚDE, Secretaria de Atenção à Saúde (2006). "Estudo da mortalidade de mulheres de 10 a 49 anos, com ênfase na mortalidade materna". Brasília: Editora do Ministério da Saúde.

MONTEIRO, Mario Francisco Giani e Leila ADESSE (2006). "Estimativas de aborto induzido no Brasil e grandes regiões (1992-2005)". *Paper* apresentado no XV Encontro Nacional de Estudos Populacionais. Caxambu (MG), 18 a 22 de setembro.

PINTO, Céli Regina Jardim (2003). *Uma história do feminismo no Brasil*. São Paulo: Fundação Perseu Abramo.

ABORTO, JUSTIÇA E AUTONOMIA

Flávia Biroli

O debate sobre aborto se define em disputas concretas em torno do direito ao aborto.[1] Abordagens teóricas e posições políticas são construídas diante de um fato, a prática do aborto voluntário, e diante de valores políticos que ganharam novas configurações e tiveram sua relevância ampliada nas sociedades contemporâneas relativamente a outros períodos históricos. Entre esses valores, destaco a autonomia individual, com foco específico na autonomia das mulheres, e a laicidade do Estado. Ainda que se observe apenas o mundo ocidental, as ações do Estado nos domínios da reprodução e da sexualidade, assim como os limites entre a laicidade do Estado e a atuação política das igrejas, assumiram diferentes padrões ao longo do tempo e em diferentes sociedades, mobilizando ou confrontando de maneiras distintas os valores mencionados.

O caráter "universal" da prática do aborto, isto é, o fato de que seja reconhecida como possibilidade em diferentes sociedades (Boltanski, 2004, p. 28, a partir da pesquisa de George Devereux, 1955) e que existam indícios e informações que permitem afirmar que seja uma prática frequente mesmo nas sociedades em que não é legalizada, convive com diferentes graus de tolerância e de reprovação. Segundo a Organização Mundial de Saúde, em

---

1   A discussão apresentada neste capítulo integra a pesquisa "Direito ao aborto e sentidos da maternidade: atores e posições em disputa no Brasil contemporâneo", financiada pelo edital MCTI/CNPq/SPM-PR/MDA 32/2012, e a pesquisa "Desigualdades e preferências: a tensão entre o valor da autonomia individual e a crítica à opressão na teoria política contemporânea" (CNPq, bolsa PQ). Agradeço às colegas e alunas do Grupo de Pesquisas sobre Democracia e Desigualdades (www.demode.unb.br) por discussões que colaboraram muito para as reflexões que aqui apresento.

estimativas divulgadas em 2012, 22 milhões de mulheres em todo o mundo se submetem, anualmente, a abortos inseguros. A prática do aborto se caracterizaria, assim, ainda hoje e após mudanças na legislação em vários países, por ocupar um lugar entre o que é da ordem da transgressão e o que é da ordem do aceitável. É isso que explicaria seu caráter ao mesmo tempo generalizado e de conhecimento comum e as restrições na sua representação, isto é, os interditos e limites para que seja tópico de conversações e ganhe lugar nos discursos "oficiais" (Boltanski, 2004, p. 38).

No debate na Ciência Política, sua tematização encontra barreiras adicionais pelo fato de que a discussão sobre o direito ao aborto se produz na encruzilhada entre posições políticas, valores morais e análise academicamente referenciada. As teorias feministas que privilegiaram o tema, por sua vez, além de serem marginais no campo, confrontam amplamente vários dos seus cânones ao se recusarem a operar com uma noção abstrata do indivíduo e das suas escolhas e com a noção de imparcialidade como valor para a política e para a produção acadêmica.

Pela legislação brasileira atual, aborto é crime. As exceções são os casos em que há risco de vida para as mulheres gestantes, gravidez resultante de estupro e, desde 2012, os casos de má-formação fetal diagnosticada como anencefalia. A ilegalidade, no entanto, reflete pouco a realidade social das mulheres diante do aborto. A distância entre as normas restritivas e a realidade social das mulheres permite equiparar a proibição do aborto hoje à restrição ao divórcio no Brasil antes de 1977.[2] Estima-se que mais de uma em cada cinco mulheres brasileiras fez pelo menos um aborto (Diniz e Medeiros, 2010, p. 964). É importante ter em mente que a prática do aborto não é reduzida pela criminalização, mas brutalizada, e tanto mais perigosa para as mulheres quanto maiores são os esforços para se fazer cumprir a lei (Boltanski, 2004, p. 124). A clandestinidade corresponde à realização do aborto em condições precárias, e novamente, tanto mais precárias quanto mais efetivas são as políticas de repressão, resultando em um número elevado de complicações e de mortes.[3]

---

2 Faço essa afirmação a partir de a partir das observações desses dois contextos feitas por Mala Htun (2003).

3 Segundo dados oficiais do Ministério da Saúde de 2006, o aborto clandestino é a causa de 11,4% das mortes maternas e 17% do total de mortes por razões obstétricas. Esse número é menor do que o que foi apontado por estatísticas dos anos 1990, provavelmente pela difusão do uso de substâncias como o misoprostol em vez de métodos perfurativos ou cáusticos (Ministério da Saúde, 2009). Relatos, sobretudo de mulheres das camadas mais pobres da população, indicam que o acesso a substâncias abortivas

A prática do aborto, que tomo aqui, assim, como um *fato* independentemente da sua legitimidade e legalidade, passou a ser criminalizada, no Ocidente, a partir de meados do século XIX. Cerca de um século depois, em meados do século XX, a criminalização seria revogada em muitos países ocidentais, sobretudo no hemisfério norte, e reduzida ou atenuada em países nos quais ainda existe. Estiveram em curso, nesse processo, transformações na atuação do Estado no âmbito do que Michel Foucault (1999) denominou "biopolítica", isto é, nos arranjos que permitiram justificar e efetivar o controle do Estado sobre as populações. Ao longo do século XIX, a demografia e as ciências biológicas, as chamadas ciências da vida, passariam a convergir na definição da reprodução como questão de caráter político, em um sentido bastante distinto daquele que seria, posteriormente, reivindicado pelos movimentos feministas. Há uma correlação, permanente mas variável em seus sentidos, entre o controle da sexualidade das mulheres, os discursos sociais hegemônicos sobre a reprodução e a questão do direito ao aborto.

É importante ter clareza de que a questão não é a realização do aborto, mas quem decide, e em que circunstâncias, sobre a sua realização. Perspectivas eugênicas estiveram na base de propostas de flexibilização nas leis que criminalizavam o aborto na América Latina no início do século XX (Htun, 2003, p. 146). Entre as mulheres pobres, negras e índigenas da América, o racismo e o controle populacional fundamentaram políticas de controle que promoveram a esterilização, realizada em grande escala em meados do século XX (Schoen, 2005) e adotadas como políticas de Estado até muito recentemente, como no Peru de Alberto Fujimori, já nos anos 1990 (Tamayo, 1999). Eugenia, racismo e a busca do controle social da pobreza fundamentaram, assim, políticas que fizeram do corpo das mulheres objeto de intervenções sancionadas. Classe e raça se impõem como variáveis nesse caso, expondo o fato de que as experiências das mulheres variam segundo sua posição social também no que diz respeito à política reprodutiva. Não é apenas o aborto clandestino que deixa marcas distintas e consequências em geral mais graves entre as mulheres pobres (Ministério da Saúde, 2009): historicamente, os limites para a autonomia relativa à reprodução não têm atingido todas as mulheres igualmente. Vinculadas ao racismo e ao controle populacional, as políticas de esterilização levadas a cabo em várias partes do mundo em meados do século XX são um caso representativo, em que as mulheres pobres foram, ao mesmo tempo, o alvo de esterilizações involuntárias e tiveram o acesso

---

na clandestinidade continua a se dar de forma não apenas precária, mas que compromete a saúde das mulheres e também a das crianças nos casos em que a tentativa de aborto não tem sucesso (vale conferir os relatos apresentados por Motta, 2012).

à esterilização voluntária, aborto seguro e anticonceptivos negado de maneira desproporcional em relação às mulheres brancas (Schoen, 2005, p. 138).

Em uma perspectiva distinta, na qual o controle do Estado seria buscado e legitimado em nome de preceitos religiosos, a Igreja Católica ampliou o peso das questões sexuais e reprodutivas na sua agenda ao longo do século XX, em especial após 1978, quando Karol Wojtyla (João Paulo II) se tornou papa. A oposição ao controle da natalidade e ao uso de contraceptivos, como a camisinha e a pílula anticoncepcional, apareceria aliada a uma oposição sistemática ao aborto voluntário. Essa agenda foi e é ainda mobilizada para a valorização de uma concepção convencional da família e de uma ordem sexual conservadora, baseada no casamento e na suposta complementaridade entre homens e mulheres. A posição da mulher é tomada como *seu papel nessas relações*, com sua individualidade subsumida a seu papel como mãe. A abstração que permite considerar os indivíduos como cidadãos, igualmente, de modo que independeria de sua posição nas relações sociais é, assim, colocada em xeque em regimes que, em outras dimensões, aderem a normas e valores liberais. Dito de outro modo, a suspensão da condição das mulheres como indivíduo é corroborada jurídica e politicamente nas sociedades nas quais a criminalização do direito ao aborto é feita com base em preceitos religiosos.

As políticas de caráter eugenista, mencionadas anteriormente, foram questionadas pela Igreja Católica e por outras religiões organizadas, mas não por atentarem contra a autonomia individual das mulheres. É interessante observar que sua condenação faz parte do entendimento, mobilizado contrariamente ao direito ao aborto, de que as mulheres não interromperiam uma gravidez em seu próprio interesse. Mas isso não significa que a vocalização dos seus interesses pelas próprias mulheres ganhe o centro das considerações. O mesmo ocorre quando se mobiliza a crítica ao "individualismo contemporâneo" como algo que fere os interesses das mulheres. Um documento da Associação Nacional Pró-vida e Pró-família, organização antiaborto fundada em 1993 e atuante no Brasil, exemplifica esse tipo de posição. Ele relaciona o individualismo consumista contemporâneo, a desvalorização da vida e o entendimento de que o aborto corresponde à eliminação dos "indesejáveis", isto é, "todas as pessoas que não se enquadram no indivíduo ideal criado pela sociedade atual" (Santos, p. 2, s/d). Os desvios do individualismo contemporâneo, que confundiria pessoas com consumidores, produziriam simultaneamente a desvalorização dos indivíduos adultos e a desvalorização dos fetos: a ideia principal, mobilizada constantemente pelos movimentos contrários ao direito ao aborto, é de que em um mundo materialista e individualista a vida se tornaria descartável.

Em nenhum desses registros, e aqui integro o da eugenia ao da oposição religiosa à contracepção e ao aborto, as mulheres são tomadas como indivíduos que têm perspectivas e interesses singulares e distintos daqueles que se atribui ao feto – o interesse na continuidade da própria vida. A recusa à autonomia das mulheres como valor corresponde à recusa a tomá-las como fonte legítima para a produção das interpretações sobre seus próprios interesses e sobre o sentido da vida. Embora não seja possível tomar as diferentes denominações religiosas que têm presença no debate público no Brasil hoje como se fossem um bloco na sua atuação relativa às políticas reprodutivas e em suas concepções das relações de gênero, elas convergem na defesa da família (Machado, 2013), assumindo posições opostas à individualização das mulheres, isto é, a sua definição como sujeito de direitos e de interesses.

É, distintamente, na atuação dos movimentos feministas que a agenda da reprodução e da sexualidade seria politizada e associada à *autonomia e cidadania das mulheres*. Em um sentido genérico, que será matizado e especificado mais adiante, a autonomia que assim se define corresponde ao controle das mulheres sobre seu corpo e sobre sua capacidade reprodutiva. Seu terreno é delimitado em oposição, e por contraste, (a) à regulação e intervenção por parte do Estado e dos seus agentes, (b) ao controle por parte das famílias, na forma da autoridade dos pais, dos maridos, mas também de mulheres,[4] (c) às formas de regulação baseadas em crenças religiosas.

A afirmação da autonomia das mulheres para decidir sobre a interrupção da gravidez é, assim, algo que toca em questões que não se restringem ao aborto, mas ao funcionamento da democracia, aos espaços e formas da regulação do Estado, às hierarquias e formas toleráveis da dominação, aos direitos individuais e à relação entre todas essas questões e o princípio da laicidade do Estado. Ao mesmo tempo, ao expor os imperativos que estão na base de representações sociais convencionais da sexualidade e da reprodução, a defesa do direito ao aborto coloca em questão pilares fundamentais da ordem de gênero. Pelo menos dois merecem ser destacados: a interface entre o controle da sexualidade das mulheres e a violência contra as mulheres, que se intensifica na tolerância ampliada à violência contra mulheres de comportamento moral "duvidoso" (Collouris, 2010) e o dispositivo da maternidade, que conjuga incitações, cons-

---

4   Refiro-me aqui ao papel das mulheres, sobretudo das mulheres mais velhas, na reprodução dos constrangimentos e controles sobre o corpo de outras mulheres. Elas podem ser agentes importantes na mobilização, no cotidiano, dos valores que tiveram e continuam a ter centralidade em uma ordem moral na qual o fortalecimento da autonomia individual – sobretudo a das mulheres jovens – aparece como um fator disruptivo da ordem familiar e da ordem social em sentido mais amplo.

trangimentos e restrições ao comportamento das mulheres na fusão entre o feminino e o maternal (Badinter, 1985 [1980]; Biroli, 2014). Esse dispositivo me parece central para que a preservação e proteção das próprias mulheres seja enunciada como justificativa para posições contrárias ao direito ao aborto: seria preservada sua condição de mãe, sem a qual sua individualidade não se sustentaria como valor. Quando seu valor é restrito a um papel, definindo-as por ele, as mulheres se tornam menos do que cidadãs. Essa identidade suspende, também, a diversidade existente entre as próprias mulheres, que podem desejar ser mães ou não, ser heterossexuais ou não, identificar-se em graus distintos ao longo da sua vida com a maternidade como projeto.

A autonomia das mulheres está, assim, no centro das disputas relativas ao aborto. Os arranjos atuais – o conjunto das normas, das representações e das justificações – que organizam e que coibem a prática do aborto nas nossas sociedades são, sempre, arranjos que incidem sobre seu exercício.

Nesta primeira seção expus, assim, algumas das razões pelas quais a autonomia das mulheres é uma questão incontornável no debate sobre aborto. Nas próximas seções, dou sequência à discussão mostrando que a relação autonomia-aborto toma formas distintas no debate teórico, mobilizando o conceito de autonomia de maneiras variáveis e a partir de pontos de partida distintos. A segunda seção apresenta, brevemente, as linhas de força na argumentação liberal que dá sustentação ao direito ao aborto. Em seguida, a terceira seção mostra como elaborações feministas sobre o direito ao aborto apresentam variações, e mesmo dimensões do problema, que ampliam ou tensionam os enquadramentos liberais. Argumento que as teorias feministas que extrapolam o liberalismo trazem contribuições ímpares ao debate sobre autonomia (e não apenas na sua relação com a temática do aborto) porque têm como ponto de partida as relações de gênero, dando centralidade às experiências das mulheres. O fato de que as mulheres sejam tomadas como fontes legítimas para a atribuição de significado ao aborto impõe uma série de deslocamentos que, devedores de articulações produtivas entre o ativismo político feminista e a análise acadêmica, redefinem o escopo da própria teoria em sua crítica às concepções abstratas da individualidade, avançando na contextualização dos argumentos teóricos e trazendo novos problemas e ângulos para a crítica democrática.[5] Por fim, a quarta seção apresenta conclusões nas quais equaciono, brevemente, o problema do sentido da vida à relação entre aborto, autonomia e cidadania.

---

5 Para uma introdução às teorias políticas feministas na qual esse argumento é trabalhado, cf. Miguel e Biroli (2014).

Direitos individuais e o direito a decidir sobre o próprio corpo

A decisão individual sobre recorrer ou não a um aborto pode ser definida como uma decisão de caráter moral. Isso significa, basicamente, que há questões moralmente problemáticas em jogo, valores relevantes para o indivíduo que serão considerados em sua decisão. Esses valores poderão estar na base das motivações de uma mulher para manter uma gravidez indesejada, uma gravidez relativamente à qual tem sentimentos e julgamentos ambíguos, uma gravidez que frustre o que entende como condições adequadas de vida para si ou para os indivíduos que lhe são próximos. Alguns exemplos são o valor moral da maternidade, valores relativos ao sexo e à sexualidade e, de maneira mais ampla e mais complexa, entendimentos específicos (e variáveis) sobre o que confere valor à vida.

Do fato de que as decisões dos indivíduos tenham uma dimensão moral não decorre que a questão do direito ao aborto seja de caráter moral. Em outras palavras, um indivíduo pode recorrer a valores e justificativas de caráter moral para tomar suas decisões e, caso deseje, para justificá-las para indivíduos que lhe sejam próximos ou publicamente. Mas o direito a decidir sobre manter ou não uma gravidez faz parte do direito a decidir sobre o próprio corpo, que por sua vez faz parte dos direitos individuais básicos. É possível argumentar, com base em noções de liberdade e de autonomia individual fundamentais à tradição liberal, e, portanto, mesmo sem o tensionamento provocado pela incorporação das abordagens feministas, que o direito ao aborto é uma questão política e é incontornável para a democracia.

O direito ao aborto é de caráter político porque corresponde ao direito do indivíduo, no caso, das mulheres, para dispor de si e do seu corpo. A forma que assume, assim como sua recusa, têm impacto na definição dos direitos de cidadania, com a implicação adicional de que sua recusa impacta diferentemente mulheres e homens e, portanto, define clivagens nesses direitos. Se a decisão individual por realizar ou não um aborto pode ser vista como pessoal e moral, a afirmação ou recusa desse direito precisa ser politicamente definida e justificada.

Não pretendo, nem seria possível aqui, retomar de maneira sistemática posições e autores que constituem o que venho chamando de tradição liberal, e reconheço de antemão que não dou a atenção devida aos matizes internos a essa tradição. Parece-me, a despeito disso e de acordo com os objetivos deste capítulo, que é possível e útil resgatar três entendimentos genéricos o suficiente para servirem de premissa para esta argumentação, sem que apresentem maiores problemas:

1 – a democracia requer normas e instituições que validem e garantam direitos iguais de cidadania aos indivíduos, entre os quais se destaca a igual obrigação, e a igual liberdade, diante das leis,

2 – a igualdade de direitos inclui, no caso dos adultos,[6] o direito a decidir autonomamente sobre o que se passa no e com seu corpo – em outras palavras, o direito a dispor autonomamente do seu corpo;

3 – a democracia requer o Estado laico, sem o qual a igual liberdade de crença (e a liberdade para não crer), assim como a igual liberdade dos indivíduos para definir seu estilo de vida, é ameaçada.

Invertendo a sequencia exposta acima, retomo primeiramente o que é apresentado no item 3, o entendimento de que a laicidade do Estado é um imperativo democrático (vale conferir a análise de Miguel, no capítulo 1 deste livro). A fundamentação de políticas e normas em dogmas religiosos fere a ideia de soberania popular sem a qual o ideal democrático cai por terra. Ela rompe com o horizonte normativo que define como desejável a igual participação dos indivíduos na definição das normas que incidem sobre suas vidas, uma vez que as restrições nos direitos (e mesmo nos discursos e comportamentos) derivam de crenças que estariam acima da pluralidade dos valores e estilos de vida – numa das convergências que se definem entre o ideal democrático e os valores liberais no mundo moderno e contemporâneo. Acentuando esses valores, o respeito à pluralidade implica o respeito à independência individual, justificada não apenas pelo fato de que as pessoas são diferentes e podem eleger diferentes valores como prioritários na condução das suas vidas, mas também pelo entendimento de que indivíduos adultos têm maiores e melhores condições para avaliar o que é melhor para si e para "perseguir seu bem a seu próprio modo" (Mill, 2008 [1859], p. 15). As intervenções do Estado, das maiorias e de outros indivíduos são, assim, restritas com base na definição de que "sobre si mesmo, sobre seu próprio corpo e mente, o indivíduo é soberano" (*Idem*, p. 13). Em um registro distinto nessa mesma tradição, as restrições kantianas ao tratamento dos indivíduos como meios fornecem fundamentos para relacionar a integridade dos indivíduos, seu igual valor como seres humanos e seu controle sobre si. O direito à pri-

---

6 Não considero que retirar as crianças de cena elimine as dimensões do problema que concernem a sua integridade física. Não se trata de suspender seu direito a dispor de seu corpo, mas de configurá-lo de acordo com as especificidades e formas de dependência que caracterizam a infância.

vacidade como uma das formas do direito a decidir sobre si está presente na legislação contemporânea sobre o aborto nos Estados Unidos. Nela, o direito ao aborto é codificado como direito à privacidade, fundamental portanto ao exercício da autonomia dos indivíduos ao garantir que as necessidades julgadas relevantes pelos próprios indivíduos, segundo os valores morais que lhes são caros, sejam protegidas das concepções majoritárias numa sociedade (Cohen, 1997).[7]

Os argumentos religiosos mobilizados em oposição ao direito ao aborto, por sua vez, contradizem diretamente os entendimentos enunciados nos itens 1 e 2. As restrições na autonomia das mulheres sobre sua capacidade reprodutiva e no direito a dispor do seu corpo rompem com a igual obrigação dos indivíduos às normas correntes, uma vez que incidem distintamente sobre mulheres e homens, impondo às primeiras limitações e constrangimentos que não têm validade para os últimos. O direito a controlar o próprio corpo pode ser tomado como algo que está no cerne da individualização e do reconhecimento da capacidade de exercício da autonomia assim concebidas. A "propriedade de si", que podemos aqui definir para os propósitos desse texto como a autonomia dos indivíduos para dispor do próprio corpo, é uma das bases para o acesso à cidadania e a criminalização do aborto gera uma assimetria, impondo às mulheres limitações no manejo do próprio corpo com as quais os homens não sofrem, como discute Miguel no primeiro capítulo desta coletânea. Sua recusa recoloca não apenas o problema das escolhas, ou das escolhas relativas à reprodução, mas todo o conjunto de direitos fundados na noção do indivíduo como agente moral autônomo.

Essa limitação nos direitos das mulheres contradiz, assim, os entendimentos contemporâneos de que a igual liberdade dos indivíduos depende do respeito a qualquer tipo de vida, desde que não seja imposta (Ronald Dworkin (2005 [2000], p. XVI), isto é, do respeito à capacidade moral dos indivíduos de fazer escolhas refletidas e responsabilizar-se por elas, fundamental na compreensão liberal da individualidade.

---

7   É importante distinguir claramente entre o direito à privacidade pessoal e o direito à privacidade de entidade (da família), que foi mobilizado, em diferentes contextos sociais e normativos para justificar o controle sobre as mulheres. As garantias para a entidade familiar como sujeito (garantias de privacidade ou de decisão sobre a vida dos indivíduos que dela fazem parte) corresponderam historicamente ao isolamento da esfera familiar relativamente aos critérios de justiça. A criminalização da violência doméstica contra mulheres e crianças e do estupro no casamento só se tornaram possível quando se rompeu com essa definição. Vale, assim, lembrar quais espectros nos rondam quando a valorização da família é proposta como base para leis e políticas.

Os avanços históricos nas garantias aos direitos individuais tiveram como uma de suas linhas de força a vinculação entre tolerância e laicidade do Estado, em outras palavras, a separação entre religião e política. Sem ela, a ideia de que o respeito aos indivíduos inclui o respeito a seu julgamento sobre o que é importante para si perde força e sentido. Compreensões da maternidade, concepções determinadas da família, entendimentos sobre como se expressam a solidariedade e a bondade humanas, ou a ideia de que um embrião fecundado é a expressão da vontade de uma entidade supra-humana, têm peso e relevância variável na vida de diferentes indivíduos. Quando são mobilizadas para impor, aos indivíduos, uma forma de vida que não condiz com os valores que assumem como seus, há uma ruptura com a noção de individualidade que se constitui a partir desses marcos.

O direito a controlar o próprio corpo pode, ainda, ser definido a partir das seguintes premissas (aqui tomo por base, mas reelaboro, a discussão feita por Fischer, 2003):

(a) nenhum contato com o corpo do indivíduo pode existir sem seu consentimento (o que garante que exista uma noção clara de que qualquer contato não consentido equivale a uma violação),

(b) o que ocorre ao e no corpo de um indivíduo deve ser uma decisão sua, consentida (o que inclui o direito a informações, fundamental quando se pensa nas formas do controle pelos profissionais da área de saúde e nas novas tecnologias reprodutivas),

(c) a decisão sobre manter uma gravidez, nutrir e sustentar biologicamente um outro indivíduo deve ser da mulher (o que garante que exista uma noção clara de que qualquer determinação heterônoma relativa a seu próprio corpo fere seu direito à autonomia).

(d) a, b e c devem ser não apenas garantidos no sentido negativo da liberdade que está aí envolvida – não criminalizados – mas também no sentido positivo, isto é, apoiados pelo Estado por meio de políticas públicas de combate à violência, de orientação para o respeito às decisões individuais, de fornecimento de recursos que tornam possível o controle dos indivíduos sobre sua capacidade reprodutiva independentemente da sua situação socio-econômica, de atendimento adequado na área de saúde. Se o direito a decidir sobre o próprio corpo existir em abstrato, mas não for garantida a sua efetividade, o direito dos indivíduos a autonomia continuará sendo ferido.

A passagem para *d* implica deslocamentos em relação à concepção negativa da liberdade e a concepções restritas de autonomia individual, que avaliam sua existência e intensidade em escolhas pontuais e localizadas, tomando como referência a oposição entre escolhas voluntárias e coação (faço essa discussão em Biroli, 2013a e 2013b; ela também será retomada mais adiante neste capítulo). Uma vez que essa visão restrita das escolhas individuais é ultrapassada, o problema da justiça ganha novos contornos. Ao mesmo tempo, a consideração da posição concreta das mulheres nas relações, em vez da manutenção de uma concepção abstrata do direito dos indivíduos a dispor de seu corpo, traz questões que não se fizeram presentes nesta seção.

Aborto e autonomia nas teorias feministas: do indivíduo abstrato à posição social das mulheres

A tradição liberal permite sustentar o direito ao aborto como direito à autodeterminação, com enfoque na soberania do indivíduo sobre seu próprio corpo. Entendo que esse passo é não apenas relevante neste debate, mas incontornável.

As abordagens feministas do aborto se definem em diálogo com as premissas baseadas nas noções liberais do direito dos indivíduos a dispor sobre seu corpo, e são sem dúvida devedoras dos avanços que o liberalismo permitiu na construção de uma agenda – disputada e sem dúvida contraditória em muitos sentidos – para a garantia dos direitos individuais. Mas ao problematizar o aborto a partir das experiências concretas e situadas das mulheres, essas abordagens tensionam os limites das noções liberais de indivíduo e de autonomia, iluminando dimensões da problemática do aborto que não são enfrentadas de maneira adequada, e têm mesmo sua validade negada, nos enquadramentos liberais.[8]

As posições contrárias ao direito ao aborto mobilizam valores familiares tradicionais, ou assim entendidos, e definem a opção pelo aborto como um desvio moral que seria característico da exacerbação do individualismo nas sociedades contemporâneas. Além da recusa à noção liberal do direito do in-

---

8 Embora seu foco seja prioritariamente no estupro e na barriga-de-aluguel, Anne Phillips (2013) apresenta preocupações semelhantes às que me motivam nesta discussão quando opta por uma noção de integridade individual informada pelas problematizações feministas da experiência vivida corporificada (lived bodily experience) das mulheres. Essa posição não abandona as concepções liberais de indivíduo, mas questiona as premissas que definem a autonomia como isolamento e o corpo como propriedade de si e como território demarcador da individualidade. Para uma análise que discute a relação entre autonomia e experiência vivida no feminismo a partir das obras de Simone de Beauvoir, Iris Young e Catharine MacKinnon, cf. Biroli (2013a, cap. 2).

divíduo a dispor do seu corpo e a determinar seu estilo de vida de modo que seja condissente com valores morais que assume como seus, essas posições negam a validade das motivações das mulheres – e mesmo sua individualidade – no debate sobre o aborto. Os argumentos abaixo são representativos das posições às quais me refiro:

> O critério básico de opção sobre a vida do filho é somente o interesse pessoal. Esse modo de opção caracteriza um individualismo radical. É como se o empresário dissesse: 'a fábrica é minha e faço dela o que me aprouver'; o banqueiro afirmasse 'o dinheiro é meu e o aplico onde quiser' ou o agricultor aclamasse 'a terra é minha e nela faço o que bem entender'. 'O útero é meu e com o embrião faço o que quiser' significa a mais completa vitória do consumismo sobre o valor da vida. Nesse sentido a relação mãe-filho não é mais dimensionada em termos do amor entre seres humanos mas em função da propriedade privada, egoísta, hedonista e predatória. A mulher passa a ser possuidora de um filho-objeto, como possui um automóvel, um vestido, uma conta bancária. E o filho ou feto-objeto também passará a ser a premissa da criança-objeto que de acordo com o contexto político-social e pessoal poderá, como um objeto qualquer, vir a ser eliminado (Cunha, 2007, grifos retirados).

Na contra-mão dessa recusa aos direitos individuais das mulheres, as abordagens feministas do aborto se situam, ao mesmo tempo, no registro liberal desses direitos e no de críticas que tensionam a tradição liberal ao tomar como ponto de partida a posição social concreta das mulheres. A afirmação do direito de escolha, conjugada à do direito ao corpo, é pensada, assim, a partir de premissas características dos enfrentamentos e problematizações na teoria feminista: a noção liberal de indivíduo, que é fundamental em muitos sentidos para garantir direitos básicos de cidadania às mulheres, apresenta limites quando é tomada em termo abstratos. Se, por um lado, pode ser estratégica para superar diferenças entre mulheres e homens (e entre as mulheres) – superando as implicações da atribuição de sentidos distintos ao corpo das mulheres e ao dos homens e os obstáculos à participação das primeiras na vida pública por serem mulheres –, a concepção abstrata dos indivíduos pode servir para justificar desigualdades na medida em que não enfrenta as diferenças nas vivências de umas e de outros em sociedades nas quais o gênero é uma variável central na definição da posição relativa dos indivíduos. Em outras palavras, o problema se coloca porque a universalização dos direitos, que está sem dúvida além das normas atuais relativas ao aborto no Brasil hoje, não permite confrontar obstáculos à construção da igualdade de gênero que permanecem a despeito dela.

Quando a universalidade é definida como suspensão das particularidades, são suspensos aspectos relevantes das diferenças atuais entre mulheres e homens, diluindo assim problemas que incidem sobre as mulheres por serem mulheres, em sociedades nas quais o gênero é uma dimensão importante das posições e das vantagens dos indivíduos. É o que ocorre na obra de um dos autores de maior expressão no pensamento liberal contemporâneo, John Rawls (1971), quando procura avançar na crítica às desigualdades como obstáculos à garantia das liberdades individuais por meio de uma adesão estrita ao paradigma da justiça como imparcialidade. A posição singular das mulheres não é validada como relevante na construção do problema das desigualdades. Com isso, o problema político dos constrangimentos que ampliam as dificuldades das mulheres, relativamente aos homens, para vocalizar suas experiências e interesses na esfera pública também perde validade. As mulheres são, assim, colocadas diante da opção de tomar parte da esfera pública *como se fossem homens* ou ver recusadas suas vivências, visões e interesses como externos à dimensão da justiça e aos limites da política. Mesmo as abordagens feministas que mantêm em algum grau a adesão ao ideal da justiça como imparcialidade o assumem considerando a tensão que existe entre a adoção do indivíduo abstrato como referência e a possibilidade de individualização das mulheres, isto é, de que as mulheres sejam sujeitos de direito sem o apagamento da sua posição e das suas experiências (penso na abordagem de Susan Okin, 1989a, 1989b e 1999).

Na confrontação com as noções abstratas do indivíduo, tem um papel central a crítica à dualidade entre as esferas pública e privada, com a politização do que ocorre na primeira e o entendimento de que o modo de organização de uma delas está vinculado, permanentemente, ao modo de organização da outra. As hierarquias e o grau de liberdade dos indivíduos na esfera privada têm impacto direto sobre sua vida na esfera pública e no processo de construção de suas identidades. O direito ao aborto pode ser, assim, situado em um domínio da vida e das escolhas individuais que é profundamente pessoal, ao mesmo tempo em que é político. Uma das críticas ao enquadramento liberal do direito ao aborto, sobretudo na forma do direito à privacidade, é que a dualidade entre a esfera pública e a privada pode ser mantida intacta, pouco fazendo para tornar efetivo o acesso a esse direito e para romper com as injustiças que organizam os limites à autonomia das mulheres na sexualidade e na reprodução.[9]

---

9   Esses argumentos são mobilizados nas críticas à decisão da Suprema Corte que legalizou o aborto nos Estados Unidos no famoso caso *Roe v. Wade*, de 1973, mas sobretudo

As teorias feministas também impactam o debate a partir da crítica à noção de escolha voluntária tomada como critério para a avaliação do grau de liberdade garantido aos indivíduos. Essa crítica desloca o foco do momento em que a escolha se dá para o contexto em que as preferências são produzidas. Ganham peso, nesse caso, os constrangimentos – que não coincidem necessariamente com coerção – que restringem as alternativas e dão forma ao horizonte de possibilidades considerado pelas mulheres. Ainda nesse ponto, uma outra questão se coloca, a das consequências das escolhas realizadas. As mulheres ganham centralidade nessas abordagens como indivíduos, como a posição legítima a partir da qual interesses e implicações do contexto de produção das preferências e realização das escolhas são considerados (discuto esse deslocamento, de diferentes perspectivas, em Biroli, 2013a e 2013b, numa posição que dialoga especialmente com as contribuições de Pateman, 1985 [1979], 1989 e 2009 [2002], Nussbaum, 1999, e Friedman, 2003).

A tematização do direito ao corpo, em termos abstratos, pode dizer pouco sobre a posição das mulheres, suas motivações e o contexto das suas decisões. Um problema que pode ser colocado, nesse ponto, é o da definição dos critérios a partir dos quais os dilemas morais e os problemas políticos são construídos. É relevante, para a crítica aos limites da democracia, que se discuta se as motivações dos indivíduos são consideradas no debate público e na construção das normas que os afetam. No caso do aborto, em que o modo de construção do problema e as convenções e normas incidem diretamente sobre as mulheres, sobre seu corpo, sua integridade física e psíquica e sobre sua trajetória, a relevância da inclusão das motivações ou, se quisermos, da presença ou não da posição específica e concreta dos indivíduos como ponto de partida é patente. A manutenção ou interrupção de uma gravidez tem um impacto distinto, para as mulheres, daquele que tem para os homens porque afeta diferentemente sua integridade física (Thomson, 1971) e as restrições no direito ao aborto incidem, portanto, de maneiras distintas para mulheres e homens. O ponto de partida, nesse caso, não é o indivíduo em abstrato e descolado das relações, mas também não é o feto ou uma relação idealizada entre a "mulher-como-mãe" (um papel social) e o feto.

---

em *Harris v. McRae*, de 1981, que adicionou à primeira decisão o entendimento de que o Estado não tem que prover os recursos para o aborto. Assim concebida, a legislação preservaria intacta a oposição entre público e privado e as formas de opressão a que corresponde, além de não avançar na garantia efetiva desse direito. Para um inventário posicionado dessas críticas, conferir Cohen, 1997, e Cornell, 1998).

A linguagem da escolha individual é vista como insatisfatória tanto nas abordagens com foco nas formas estruturais e cotidianas da dominação masculina (como as de Catharine MacKinnon e Carole Pateman), quanto naquelas que destacam o fato de que essa dominação recai distintamente, e é vivida e significada de maneiras muito distintas, pelas mulheres segundo sua raça e classe social (remeto aqui a Bel Hooks e Angela Davis). Sobretudo quando o aborto é criminalizado, mas mesmo quando deixa de ser crime sem que se defina uma política de igualdade no acesso aos serviços médicos e hospitalares, ele se define como alternativa em condições bastante distintas se as mulheres são brancas ou negras, se estão entre os grupos mais ricos ou mais pobres na sociedade. Para as que estão em posição desvantajosa inclusive relativamente a outras mulheres, "o aborto pode ser mais um indicativo de desigualdade social, limitações sociais e injustiça reprodutiva" (Higgins, 2006, p. 39).

A consideração da relação entre aborto e injustiças está, inclusive, na base de uma posição feminista reticente ao direito ao aborto, como a de Catharine MacKinnon. Nesse caso, o problema antes indicado do contexto em que as escolhas se fazem, assim como o das consequências dessas escolhas, é trazido para a linha de frente de uma abordagem que entende que a liberdade das mulheres é restrita quando as desigualdades de gênero, e a dominação masculina, organizam suas possibilidades e definem quais serão os custos das suas decisões. Se na ampla maioria das abordagens feministas sobre o aborto, autonomia reprodutiva e liberdade sexual caminham juntas na demanda de maior controle das mulheres sobre seu corpo, nesse caso a liberdade sexual não é tomada como algo intrinsecamente positivo porque pode estar subordinada a uma gramática masculina da sexualidade. Em outras palavras, o domínio pelo sexo e a objetificação das mulheres poderiam ser facilitados pelo aborto – que seria mais um desdobramento dessas relações de poder do que de escolhas autônomas das mulheres.

Como as consequências das relações sexuais são distintas para mulheres e homens, tanto fisicamente quanto nos seus projetos de vida, o peso da decisão de abortar, ou a responsabilidade pela criação de um filho em condições muitas vezes indesejáveis, recairiam sobre as mulheres. Nesse entendimento, o domínio no âmbito da sexualidade se torna a questão central para uma justiça que toma as vivências das mulheres como pontos de partida: "enquanto as mulheres não controlam o acesso a sua sexualidade, o aborto facilita a disponibilidade sexual das mulheres" (MacKinnon, 1987, p. 99). O sentido da liberação sexual em contextos nos quais há desigualdade de gênero seria, portanto, o de uma liberação ainda maior para a agressividade masculina (*idem*).

Discordo dessa aproximação da questão do aborto, mas entendo que ela colabora para trazer à tona uma questão relevante: as escolhas não se dão de maneira isolada das relações de poder. O contexto em que as escolhas se definem, assim como suas consequências, são incontornáveis quando se toma a posição das mulheres como válida na construção do problema do aborto e, em especial, quando se define a dominação masculina como um problema para a democracia, em vez de suspendê-la como questão. Além disso, essa perspectiva pode ser importante para se lidar com o fato de que há obstáculos diferenciados para o exercício da autonomia por mulheres e homens, assim como são também distintos os desafios para a legitimação das experiências e perspectivas de mulheres e de homens no debate público e na construção da agenda política. Um dos problemas na análise de MacKinnon é que ela considera a posição das mulheres como dominadas, mas restringe o caminho para a incoporação das suas motivações – no caso, na realização de um aborto – uma vez que vê suas ações como desdobramentos das relações de dominação às quais estão submetidas.

Uma alternativa distinta, e que entendo que tem maior potencial na problematização da relação entre aborto, autonomia e democracia, é reconhecer a centralidade das motivações e justificativas expressas pelas mulheres, tomando--as como ponto de partida para discutir a dimensão moral e ética do aborto. O potencial da crítica poderia ser, assim, mantido, mas se evitaria a tentação de definir razões heteronomamente. A crítica da dominação se faria, assim, em ruptura com a noção de razão abstrata como a base para a justiça, em uma visão da democracia que requer a consideração das experiências e perspectivas plurais dos indivíduos e valoriza sua vocalização pelos próprios indivíduos. É uma posição que me parece bem representada pelo entendimento de que os indivíduos não "raciocinam a partir de pressupostos idênticos" (Young, 1990, p. 101) e não são atingidos de modo homogêneo pelos entraves à construção autônoma das suas vidas.[10] A agência existe, assim, em condições variáveis, o que procurei expressar com a noção de "agência diferenciadamente imperfeita" (Biroli, 2013a, cap. 1) e que é exposto na afirmação de Phillips (2013, p. 8-9) de que "todos têm agência, e que se as pessoas são menos ou mais bem informadas, menos ou mais constrangidas pelas circunstâncias, se defrontam com um conjunto menor ou maior de alternativas, a ampla maioria de nós é de agentes pensantes que fazem uma escolha", e isso não significa em qualquer medida que a crítica às restrições diferenciadas a essas escolhas não deva ser feita.

---

10 É o que procurei discutir ao propor a noção de agência diferenciadamente imperfeita (Biroli, 2013a, cap. 1).

O ponto para esta discussão é que o contexto concreto em que as escolhas, e as motivações, se definem passa a ser incontornável. Por um lado, isso é necessário para situar as escolhas no âmbito da justiça, discutindo as condições em que se efetivam e suas consequências. Por outro, desloca o problema do registro da variedade das concepções individuais de bem para o da construção de uma ética fundada nas experiências diferenciadas, nesse caso nas experiências diferenciadas das mulheres na sociedade.

É para esse segundo deslocamento que me volto agora, analisando as formas que assume nas abordagens da chamada "ética do cuidado". Sob essa rubrica, são reunidas abordagens distintas entre si, sobretudo no modo (e no quanto) mobilizam as convenções de gênero associadas à maternidade. Em algumas delas, a distinção entre uma ética centrada no cuidado e uma ética da justiça ou dos direitos corresponde a um afastamento da ideia de autonomia individual. A noção de autonomia que toma forma no pensamento liberal seria contrastante com a posição social efetiva das mulheres: isso se daria não apenas porque os obstáculos ao exercício da autonomia seriam distintos para elas, mas também pelo horizonte ético que se definiria quando são ouvidas e quando suas experiências são levadas em conta na afirmação dos valores socialmente relevantes. A partir da singularidade das suas experiências, as mulheres mobilizariam valores que colocam em xeque a autonomia individual como referência normativa. Responsabilidade, zelo e cuidado com as outras pessoas, sobretudo com as mais vulneráveis, estariam no centro desse horizonte ético. Em algumas dessas abordagens, a maternidade é elevada à posição de experiência que singulariza as mulheres – daí a noção de maternalismo ou pensamento maternal.[11] Ainda que essa não seja uma orientação geral dessas discussões, ela abre caminho para enquadramentos que têm implicações negativas da perspectiva das garantias aos direitos das mulheres, em que o aborto é pensado a partir do valor da vida do feto (Elshtain, 1981, p. 312 e 313) e tradições comunitárias e concepções idealizadas da família são valorizadas.

Numa linha distinta, são particularmente interessantes os estudos de Carol Gilligan, que estiveram na base do debate sobre "ética do cuidado" no feminismo, mas não podem ser identificados com o maternalismo. Com base em entrevistas com mulheres que consideravam a alternativa de abortar, em um estudo focado na "relação entre julgamento e ação" (Gilligan, 1982, p. 72), a autora vê nos dilemas relativos ao aborto tais

---

11 Cf. especialmente Elshtain (1981) e Ruddick (1989), mas também as discussões reunidas em Held (1995) e apresentadas por Clement (1996).

como definidos pelas próprias mulheres, a expressão de uma "linguagem moral distinta".[12]

O ponto de partida de Gilligan para essa discussão é a teoria dos estágios morais do filósofo e psicólogo estadunidense Lawrence Kohlberg (1981), que define a passagem do estágio pré-convencional para os estágios convencional e pós-convencional da moralidade como uma dinâmica que refletiria a expansão da capacidade de raciocínio moral do indivíduo para a sociedade e, finalmente, para um ponto de vista universal (Gilligan, 1982, p. 73). A partir dessas entrevistas e de trabalhos realizados conjuntamente com Kohlberg, Gilligan assumiria que essa teoria expressa *um tipo* de desenvolvimento moral, o da justiça e dos direitos, fundado no raciocínio moral dos homens e não em padrões universais do desenvolvimento. Rompe, assim, com a visão de que o raciocínio das mulheres expressaria uma falha ou desvio. Há, de fato, diferenças e elas expressam problemas, mas não na forma de raciocinar das mulheres: trata-se de limitações nas teorias. Por outro lado, as mulheres teriam de fato maior dificuldade para "falar publicamente em sua própria voz", não por uma falha, mas devido a "constrangimentos a elas impostos pela sua falta de poder e pela política das relações entre os sexos" (Gilligan, 1982, p. 70). O fato de serem pouco ouvidas e de serem raramente a fonte das motivações e justificações consideradas publicamente para a análise de dilemas morais e questões políticas acentua essa condição.

Ouvir as mulheres se torna, portanto, um requisito para se ultrapassar a falsa universalidade dos critérios que se definem a partir das experiências dos homens. A voz das mulheres não levaria a uma essência ou autenticidade feminina, mas permitiria acesso ao que singulariza sua posição como indivíduo. Abordagens posteriores estabeleceriam uma relação entre essa singularidade e sua posição como parte do grupo "mulheres".[13] Em Gilligan, o problema se coloca na tensão entre o reconhecimento de formas de pensar singulares às mulheres – por serem mulheres e estarem, portanto, posicionadas de modo distinto dos homens nas relações sociais – e os limites e poten-

---

12 O estudo é baseado em entrevistas com 29 mulheres, feitas durante o primeiro trimestre de gravidez, quando definiam sua posição sobre a manutenção da gravidez ou realização de um aborto, e no final do ano seguinte (Gilligan, 1982, p. 72).

13 Remeto à compreensão de Iris Young: "dizer que uma pessoa é uma mulher pode antecipar algo sobre os constrangimentos e expectativas em geral com os quais ele precisa lidar. Mas não antecipa qualquer coisa em particular sobre quem ela é, o que ela faz, como ela vivencia sua posição social" (Young, 1997, p. 32). Em outras palavras, as marcas de gênero não podem ser evitadas, mas o modo como o gênero marca uma vida individual é específico e variável (Young, 1997, p. 33).

ciais de individualização das mulheres, considerando as relações de gênero mas também os critérios correntes para sua análise.

A decisão relativa ao aborto é vista como um caso privilegiado para a observação de como as mulheres pensam em uma situação que, além de moralmente complexa, é marcada pela expectativa de que a decisão tomada seja de fato *sua*. Esse contexto, que é o do acesso a métodos anticonceptivos e ao aborto legal nos Estados Unidos na passagem dos anos 1970 para os anos 1980, colaboraria para individualizar a mulher em um processo de escolha que a coloca no centro da decisão a ser tomada, como protagonista da sua vida reprodutiva. Por outro lado, as convenções que associam o feminino a virtudes que estariam relacionadas à capacidade de auto-sacrifício – vale lembrar, diretamente relacionadas ao ideal moderno da maternidade – impõem às mulheres conflitos singulares na forma de uma oposição entre interesses próprios e interesses das outras pessoas, entre autonomia e compaixão (Gilligan, 1982, p. 70-1). O ponto, para Gilligan, é que a afirmação do direito de escolher, assim como a afirmação pública de que a assertividade no julgamento e nas ações são características da vida adulta, estão em conflito com as formas convencionais da feminilidade, que estariam presentes de maneira acentuada na socialização das mulheres.

Colocadas diante da alternativa de interromper ou não uma gravidez, as mulheres entrevistadas por Gilligan codificam o problema com que se defrontam pelos registros da obrigação moral de "exercitar o cuidado" e de, ao mesmo tempo, evitar danos às pessoas (Gilligan, 1982, p. 73). A autora identifica uma sequencia que inclui um primeiro momento, no qual o foco é na auto-preservação ou sobrevivência, um segundo momento no qual um conceito de responsabilidade é elaborado, porém fundido com uma moralidade maternal convencional – na qual a preocupação consigo é vista como egoísmo –, e um terceiro momento no qual as relações são reconsideradas (e não abandonadas, é importante dizer), passando a incluir as mulheres como sujeitos das escolhas que são feitas. Em sua formulação do que se dá, "o cuidado se torna o princípio de julgamento auto-escolhido que permanece psicológico na sua preocupação com as relações e na sua reação, mas se torna universal na sua condenação da exploração e dos danos causados" (Gilligan, 1982, p. 74). Não haveria, nessa configuração do problema, uma exclusão da ética fundada nos direitos, mas uma integração de direitos e responsabilidades em formas de raciocinar que dão centralidade às relações.

Nesse processo, o que está em questão é a legitimidade da auto-expressão, não como uma forma de expressão autêntica, mas como possibilidade de singularização. Trata-se da possibilidade de expressão de preferências assumidas pelos indivíduos como suas, caso em que as escolhas realizadas a partir dessas preferências seriam também codificadas como escolhas que atendem aos *seus próprios interesses*. Ao ultrapassarem a oposição entre auto-sacrifício e individualização, entre uma forma de entendimento do sentido moral das escolhas (pela recusa dos próprios interesses) e a legitimidade da auto-expressão, as mulheres se afirmariam como "pessoas mais singulares" (do depoimento de Sarah em Gilligan, 1982, p. 93). A responsabilidade para com os outros é equacionada juntamente com a responsabilidade para consigo mesmas, permitindo "fazer o que você quer porque você sente que suas aspirações e necessidades são importantes" (*idem*, p. 94).

Não estamos no terreno da recusa aos direitos individuais das mulheres – codificados no pensamento conservador como uma forma de egoísmo –, mas são claras as diferenças em relação aos argumentos fundados na noção de propriedade de si,[14] nos quais as relações e as responsabilidades para com outras pessoas não têm lugar ou, ao menos, não ganham centralidade a não ser negativamente – em que os outros são aqueles a quem não nego a possibilidade de que que exerçam sua liberdade ao exercer a minha.

As entrevistas feitas por Gilligan mostram que quando se desloca o problema do aborto da díade "mulher-como-mãe"-"feto-como-filho", não apenas a mulher é individualizada de outra forma, como ganham importância vários indivíduos a ela relacionados. É importante, no entanto, observar que essas relações não são apenas de afeto e preocupação recíproca. Entre as mulheres entrevistadas, são comuns as preocupações com as consequências da manutenção da gravidez para si e para seu companheiro e filhos, numa perspectiva que leva em conta o sustento material, sua possibilidade de atenção e cuidado com esses outros, assim como o equilíbrio entre a atenção a esses familiares e a manutenção de suas atividades profissionais. Mas há uma série de entrevistas nas quais aparecem outras facetas dessas relações: a pressão de amantes para que as mulheres realizem um aborto, a pressão dos pais, no caso das mulheres jovens e adolescentes, para que abortem por não terem uma situação afetiva estável e não terem engravidado numa relação conjugal "legítima" e socialmente aceitável são exemplos frequentes. Nesses casos, há uma tensão entre a escolha autônoma das mulheres e o peso de motivações que remetem à dupla moral sexual e às convenções de gênero a ela relacionadas.

---

14 Para outras perspectivas críticas feministas da noção de propriedade de si, cf. Pateman (2009 [2002]) e Phillips, 2013.

Parece importante, aqui, como em discussões apresentadas na primeira seção, ressaltar que quando se enquadra o problema do aborto pela perspectiva da autonomia das mulheres, tanto a recusa desse direito quanto as pressões para que se realize são problemáticas. As entrevistas permitem considerar que a via do "auto-sacrifício" pode estar presente tanto na decisão por não abortar quanto na decisão por realizar um aborto. A "voz feminina" que emerge em muitos depoimentos corresponde a uma equação entre a preocupação com os outros e formas convencionais da "reputação" (do depoimento de Anne em Gilligan, 1982, p. 79) e da respeitabilidade que se apoiam na recusa à individualização das mulheres como sujeitos autônomos. O ideal da maternidade e o custo social da recusa a aderir a esse ideal incidem nos sentidos atribuídos ao aborto.[15] O controle social sobre seu corpo, mobilizado de diferentes formas pelo Estado, mas também por aqueles que lhes são próximos – pais, maridos, namorados, amantes – está na base de reivindicações morais que se impõem às mulheres, constrangendo-as, mas podem também compor o modo como raciocinam sobre o aborto.

O foco não está, portanto, apenas no aborto como alternativa socialmente disponível, mas no aborto como alternativa que se viabiliza em condições e contextos nos quais pode ser considerado pelas mulheres autonomamente e disponibilizado sem constrangimentos e com segurança. Essa discussão amplia e complexifica a problemática da escolha voluntária, no sentido que venho discutindo aqui em outros textos (Biroli, 2013a e 2013b). Quando as alternativas entre acesso e proibição, entre escolha voluntária e coerção, são deslocadas para a análise dessas escolhas, ganham destaque o contexto no qual as preferências são produzidas, o horizonte de possibilidades e a economia material das escolhas. Além do que constrange e dá forma às escolhas, entra em cena também o problema das implicações das escolhas realizadas, como dito anteriormente. O sexismo, as desigualdades e as formas de construção do feminino a partir do olhar dos homens em contextos nos quais a dominação masculina tem impacto na construção simbólica e material do gênero fazem parte também das políticas do aborto. Não são suspensos nas situações concretas nas quais as decisões são tomadas e nas relações que permeiam essas decisões e a realização (ou não) de um aborto. Esse contexto

---

15 "Eu não estava fazendo isso tanto por mim mesma, eu estava fazendo pelos meus pais. Eu estava fazendo porque o médico me disse para fazer, mas eu nunca tinha, na minha cabeça, tomado a decisão de que eu estava fazendo isso por mim. Na verdade, eu tinha que me sentar e admitir, 'Não, eu realmente não quero adentrar a seara da maternidade agora. Eu honestamente não sinto que eu quero ser mãe'" (depoimento de Sandra em Gilligan, 1982, p. 86).

situa as relações, não apenas com familiares e amantes – que são certamente multifacetadas e não se restringem a um ideal afetivo, em que amor e reciprocidade organizam as considerações de uns pelos outros –, mas também com agentes públicos da área de saúde.

Na "ética do cuidado" assim definida, as relações e a intersubjetividade precedem a individualidade, mas o foco nas experiências das mulheres faz com que o peso das relações não dilua a singularidade da posição das mulheres nessas relações ou invisibilize as relações de poder. A análise de Gilligan, a seu modo e com seus limites, incorpora a relação entre as decisões das mulheres, os sentidos assumidos pelos papeis de gênero e os constrangimentos e obstáculos ao exercício autônomo das escolhas em contextos concretos.

É um caminho bastante distinto daquele assumido pelo comunitarismo em sua ênfase na intersubjetividade, em que o peso dos sentidos que se pressupõe que sejam compartilhados pela comunidade faz suspender a singularidade das experiências das mulheres. O problema político que venho apresentando a partir das abordagens feministas, em que as experiências e motivações das mulheres estão em conexão com o problema da autonomia, desaparece nesse caso. Essa distinção é importante para os argumentos aqui trabalhados. Para autores como Michel Sandel e Charles Taylor, a escolha tem como pano de fundo problemas cuja significação eu não determino individualmente. Não é, por enquanto, algo que não pudesse ser assumido por abordagens feministas aqui apresentadas, e não me refiro apenas a Gilligan. O caráter social dos sentidos, no entanto, se define numa espécie de tensão entre valores e demandas "coletivas", situadas em comunidades específicas, e a forma como o *self* os mobiliza, vendo-os como algo que faz sentido para si (Taylor, 1991, cap. 4). O fato de que o "coletivo" não é homogêneo, nem mesmo numa comunidade reduzida, e o de que as implicações dos sentidos que assim se definem podem ser bastante distintas para mulheres e homens, não são discutidos.

A crítica à razão instrumental e à valorização do "modelo desengajado do sujeito humano" (Taylor, 1991, p. 101) corresponde nesse caso a uma crítica ao valor da autonomia individual de tipo diferente da que discuti antes. Em Gilligan (1982), a crítica à justiça fundada em um suposto raciocínio moral "universal" requer o reconhecimento de outras formas desse raciocínio, fundadas nas experiências e motivações das mulheres. Produz-se, assim, uma singularização que pode ser tomada como a base para a construção da justiça e da democracia. No comunitarismo, ao contrário, o resultado é o apagamento da posição e dos interesses das mulheres em uma forma de conceber o "coletivo" que é ancorada em valores tradicionais.

O aborto surge como exemplo, na discussão de Taylor, como controvérsia especial por expor com clareza "a natureza teísta ou secular dos fundamentos de uma pessoa" (Taylor, 2005 [1994]), o que não seria comum em outras circunstâncias e embates. Posteriormente, seria um exemplo das contradições presentes no "individualismo da autorrealização",[16] que atravessariam diferentes formas – e "alinhamentos cruzados" – da crítica à razão instrumental e ao desencantamento do mundo na sociedade estadunidense contemporânea. Isso se expressaria na defesa, pela direita, de comunidades tradicionais "enquanto ataca o aborto voluntário e a pornografia", defendendo também formas agressivas do capitalismo que contribuiriam justamente para dissolver as tradições que valoriza (Taylor, 1991, p. 95).[17] Ao mesmo tempo, "do outro lado, encontramos apoiadores de uma posição atenta e mesmo reverencial à natureza, que iriam às últimas consequências para defender o *habitat* da floresta, manifestando-se à favor do aborto voluntário, com base no entendimento de que o corpo da mulher pertence exclusivamente a ela", o que seria resumido como uma posição que se opõe ao capitalismo selvagem mas adere ao individualismo possessivo de maneira mais radical que os maiores defensores do capitalismo (Taylor, 1991, p. 95).

A construção do problema do aborto a partir do debate feminista apresenta deslocamentos, e uma complexidade adicional, ao entendimento do que está em questão quando se discute o direito de uma mulher a interromper uma gravidez. Esses deslocamentos se devem, sobretudo, ao fato de que seu ponto de partida é a experiência das mulheres, com sua posição específica nas relações de poder em sociedades nas quais o gênero incide sobre a trajetória e as alternativas disponíveis para os indivíduos. Não se trata, assim, de uma posição antagônica aos direitos individuais e à afirmação do valor da individualidade, mas de uma construção alternativa dos seus sentidos a partir das experiências concretas das mulheres.

---

16 "Self-fulfilment".

17 Algo semelhante ocorre nas clivagens atuais da política do aborto no Brasil. O candidato à Presidência pelo Partido Social Cristão (PSC) nas eleições presidenciais de 2014, pastor da Igreja Universal do Reino de Deus, tem uma plataforma na qual o "direito à vida", item prioritário na construção da sua candidatura, a defesa do capitalismo e do Estado mínimo convivem harmonicamente. As posições favoráveis ao direito ao aborto perderam, progressivamente, espaço e prioridade nas agendas de candidatos e partidos políticos no Brasil, retirando a singularidade à posição do candidato do PSC, uma vez que a convivência entre posições contrárias ao aborto e a defesa de um Estado bastante reduzido, em que prevalecem as soluções e mercado, poderiam ser atribuídas também a candidaturas mais identificadas com visões liberais do Estado e dos direitos individuais.

Conclusão

Nessa discussão, assumo uma posição clara a favor do direito ao aborto como um direito de cidadania. Sem ele, fica comprometido o igual exercício da autonomia pelos indivíduos porque são definidas limitações, seletivas e segundo o seu sexo, no direito básico a disporem de seu próprio corpo.

Assumindo que o tema do aborto é moralmente controverso, mas incontornável para a democracia, discuti diferentes abordagens da relação entre aborto e autonomia. Meu objetivo não foi apresentar um mapa amplo dessas posições, mas mostrar as principais linhas de força que fundamentam o direito ao aborto na tradição liberal e, em especial, quais são os deslocamentos que se apresentam quando as teorias feministas elaboram a problemática do aborto tomando como ponto de partida as experiências e motivações das mulheres. O debate sobre aborto é modificado e alargado quando se considera, ao mesmo tempo, *o direito das mulheres como indivíduos* e o fato de que a incorporação de *sua posição social tensiona a noção abstrata de indivíduo*. Do mesmo modo, a relação entre o universal e o singular é tensionada, o que no debate sobre aborto implica repensar a noção de autonomia, mas sobretudo o que é necessário ao seu exercício.

Quais experiências ganham validade quando se discute os direitos das mulheres? Quais motivações são consideradas legítimas, e quem as vocaliza? Por que a noção de individualismo como egoísmo é mobilizada pelos atores religiosos para discutir as decisões das mulheres, mas não para discutir as decisões tomadas pelos homens e sua escala de prioridades? Os julgamentos e expectativas na individualização das mulheres e dos homens parecem ser bastante distintos, e certamente o são quando reprodução e aborto estão em questão.

É o que procurei mostrar a partir das análises sobre a justiça no acesso ao aborto e sobre o grau diferenciado de autonomia das mulheres diante das formas de controle existentes. Além desse caminho, que tematiza o contexto em que as escolhas se efetivam e suas implicações, deslocando as concepções de justiça ao confrontar a dualidade entre escolha voluntária e coerção, apresentei também os argumentos da "ética do cuidado" no sentido definido por Carol Gilligan. Nesse caso, a incorporação da posição social concreta das mulheres torna visíveis relações que não são consideradas quando o foco é no indivíduo isolado ou na relação entre "mulher-como-mãe" e feto. Outras pessoas, e outros sentidos das relações e do valor da individualidade, emergem nesses estudos.

Parece-me que também o valor da vida ganha sentidos distintos conforme se considere ou não a posição das mulheres e suas motivações, e é com breves considerações sobre esse ponto que termino esse capítulo. O valor da vida é mobilizado sobretudo pelos grupos religiosos em sua oposição ao aborto. O direito das mulheres de definir o que se passa com seu corpo e qual será sua trajetória é construído como oposto à preservação da vida (do feto) e, nesse sentido, como uma espécie de direito de morte. É possível considerar, no entanto, que o valor da vida atravessa diferentes elaborações, e posições, no debate sobre aborto, estando presente tanto entre aqueles que se apoiam em fundamentos religiosos quanto entre aqueles que se apoiam em fundamentos seculares (Dworkin, 2009 [1993], Taylor, (2005 [1994]). De um lado, esse reconhecimento pode ser importante para expor as estratégias dos grupos religiosos, que restringem o sentido da vida, procurando construir negativamente as posições favoráveis ao direito ao aborto. De outro, parece importante deixar claro que a história das garantias políticas seculares aos indivíduos está baseada fundamentalmente em uma valorização ímpar da vida de cada indivíduo. Não pretendo diluir as diferenças entre as posições, mas expor os limites dos argumentos religiosos que mobilizam noções restritas da vida.

O direito ao aborto é necessário para a valorização da vida – dos indivíduos, enquanto cidadãos aos quais são garantidos direitos iguais e igual respeito a sua integridade física e psíquica. Faz toda diferença, para esse debate, se a vida é concebida como algo sagrado e que está fora do arbítrio humano porque toda a vida é criação divina, se é uma abstração que engloba toda e qualquer vida humana independentemente da consciência e da vontade – posição que tem sido mobilizada em conjunto com a primeira –, ou se o valor da vida se define no respeito aos seres humanos como indivíduos concretos, como sujeitos corporificados de projetos e interesses, como sujeitos que têm relações afetivas e são capazes de refletir sobre elas e sobre sua posição (e as consequências das suas ações) em relação às outras pessoas. Se este último entendimento não é um ponto de chegada, ele é sem dúvida o único ponto de partida possível para a consideração do problema do aborto quando autonomia individual e democracia são valores de referência.

Esse sentido da vida não restringe a discussão a indivíduos isolados e fundamentalmente desinteressados e descuidados uns com os outros. Mas, é preciso deixar claro, a consideração das relações como parte dos dilemas morais do aborto não implica a exclusão da singularidade e do direito ao exercício da autonomia, como procurei mostrar. O valor da vida, como emerge aqui, não depende da noção abstrata do indivíduo, e menos ainda da pressuposição do seu isolamento. Ao contrário, é "a disposição cega para sacrificar as pessoas em nome da verdade" que impõe riscos (Gilligan, 1982, p. 104).

As posições contrárias ao direito ao aborto promovem uma visão pouco refletida sobre o valor da vida, que não permite avançar na consideração sobre as vidas já presentes e existentes, sobre a inviolabilidade da vida como investimento humano e criativo (Dworkin, 2009 [1993]). A integridade dos indivíduos depende do respeito a sua integridade física e psíquica, à sua vida biológica e criativa, com os componentes psicológicos, afetivos e solidários que constituem a individualidade. O respeito à vida assim concebida depende, portanto, da redução dos obstáculos materiais e simbólicos a uma integridade que tem formas bastante concretas e terrenas.

Intrinsecamente relacionada à recusa à integridade e cidadania das mulheres, a concepção de vida mobilizada em oposição ao direito ao aborto respalda o sexismo. Em vez do direito das mulheres a decidir sobre si e sobre o que se passa em e com seu corpo, ganha centralidade a afirmação de que esse corpo tem significados que o tornam alheio à própria mulher – a santificação da maternidade e a objetificação da mulher pela perspectiva masculina fazem parte de uma mesma gramática que nega às mulheres o direito a autonomia. O direito das mulheres à autonomia decisória, como forma de garantia da sua integridade física e da proteção às identidades que lhes são caras (Cohen, 1997), é delimitado pela convergência entre formas de controle exercidas e normatizadas pelo Estado, pelo marido ou por homens que estão à frente de denominações religiosas. Mais uma vez, a gramática que justifica esse controle em nome da importância e santidade da reprodução e da maternidade não é distinta da gramática que justifica o direito dos homens ao corpo das mulheres, componente importante da tolerância social ao estupro e a outras formas de humilhação, violação e violência contra as mulheres. A valorização de formas convencionais da família, que é também uma peça-chave nessas posições, reduz a mulher ao papel de mãe, negando seu valor como indivíduo, o que mais uma vez colabora para justificar desigualdades e violência quando há "desvios".

As discussões aqui apresentadas também colaboram para uma análise crítica de como as teorias da política se situam em relação a essas diferentes dimensões do problema da autonomia e se, e de que forma, incorporam questões e aspectos das experiências dos indivíduos – e, mais especificamente, das mulheres – que são fundamentais para a construção de "uma posição plena e igual para todos os cidadãos, para que eles sejam igualmente respeitados e possam desfrutar do autogoverno, participando tão plenamente quanto o desejarem da vida social e política" (Pateman, 2009 [2002], p. 214). Nesse sentido, o debate sobre aborto se coloca no âmbito alargado do debate sobre "quais direitos são requeridos para minimizar a subordinação e maximizar a liberdade individual, e quais mecanismos são necessários para manter a sua efetividade" (Pateman, 2008, p. 241), enquanto permite ressaltar, por outro lado, os limites e filtros distintos e seletivos à autonomia individual segundo a posição – e no caso, o sexo – dos indivíduos.

Bibliografia

BADINTER, Elisabeth (1985 [1980]). *O amor incerto: história do amor maternal do século XVII ao século XX*. Lisboa: Relógio d´água.

BIROLI, Flávia (2013a). *Autonomia e desigualdades de gênero: contribuições do feminismo para a crítica democrática*. Niteroi: Editora da Universidade Federal Fluminense, Vinhedo: Editora Horizonte.

BIROLI, Flávia (2013b). "Democracia e tolerância à subordinação: livre-escolha e consentimento na teoria política feminista". *Revista de Sociologia e Política*, vol. 21, n. 48; p. 127-42.

BIROLI, Flávia (2014). *Família: novos conceitos*. São Paulo: Editora da Fundação Perseu Abramo.

BOLTANSKI, Luc (2004). *La condition fœtale: une sociologie de l'engendrement et de l'avortement*. Paris: Gallimard.

CLEMENT, Grace (1996). *Care, autonomy, and justice: feminism and the ethic of care*. Oxford: Westview Press.

COHEN, Jean L. (1997). "Rethinking privacy: autonomy, identity, and the abortion controversy", em Jeff Weintraub e Krishan Kumar (eds.), *Public and private in thought and practice: perspectives on a grand dichotomy*. Chicago: The University of Chicago Press.

COLLOURIS, Daniella Georges (2010). *A desconfiança em relação à palavra da vítima e o sentido da punição nos processos judiciais de estupro*. Tese de doutorado em Sociologia. São Paulo: FFLCH, USP.

CORNELL, Drucilla (1998). *At the heart of freedom: feminism, sex, and equality*. Princeton: Princeton University Press.

CUNHA, Franklin (2007). "O aborto e a liberdade", em: Associação Nacional Pró-vida e Pró-família, http://www.providafamilia.org.br/site/secoes_detalhes. php?sc=52&id=48 (consultado em 12 de junho de 2014).

DAVIS, Angela Y. (1983 [1981]). *Women, race, & class*. New York: Vintage.

DEVEREUX, Georges (1955). *A study of abortion in primitive societies*. New York: International Universities Press.

DWORKIN, Ronald (2009 [1993]). *Domínio da vida: aborto, eutanásia e liberdades individuais*. São Paulo: Martins Fontes.

DWORKIN, Ronald (2005 [2000]). *Virtude soberana*. São Paulo: Martins Fontes.

ELSHTAIN, Jean Bethke (1981). *Public man, private woman: women in social and political thought*. Princeton: Princeton University Press.

FINZI, Silvia Vegetti (1992). "Female identity between sexuality and maternity", em Gisela Bock e Susan James (eds.), *Beyond equality and difference: citizenship, feminist politics, female subjectivity*. London, New York: Routledge.

FISCHER, John Martin (2003). "Abortion, autonomy, and control over one's body", em Ellen Frankel Paul, Fred D. Miller and Jeffrey Paul (eds.), *Autonomy*. Cambridge: Cambridge University Press.

FOUCAULT, Michel (1999). *Em defesa da sociedade: curso no Collège de France (1975-76)*. São Paulo: Martins Fontes.

FRIEDMAN, Marilyn (2003). *Autonomy, gender, politics*. New York: Oxford University Press.

GILLIGAN, Carol (1982). *In a different voice: psychological theory and women's development*. Cambridge: Harvard University Press.

HELD, Virginia (ed.) (1995). *Justice and care: essential readings in feminist ethics*. Oxford: Westview Press.

HOOKS, Bell (1984). *Feminist theory: from margin to center*. Boston and Brooklyn: South End Press.

HIGGINS, Jenny (2006). "Sex, unintended pregnancy, and poverty: one woman's evolution from 'choice' to 'reproductive justice'", em Krista Jacob (ed.), *Abortion under attack: women on the challenges facing choice*. Emervylle: Seal Press.

HTUN, Mala (2003). *Sex and the State: abortion, divorce, and the family under Latin American dictatorships and democracies*. Cambridge: Cambridge University Press.

KOHLBERG, Lawrence. Essays on moral development: the philosophy of moral development. San Francisco: Harper & Row.

MACHADO, Maria das Dores Campos (2013). "Discursos pentecostais em torno do aborto e da homossexualidade na sociedade brasileira". *Cultura y Religion*, vol. VII, n. 2; p. 48-68.

MACKINNON, Catherine A. (1987). *Feminism unmodified*. Cambridge: Harvard University Press.

MIGUEL, Luis Felipe e Flávia BIROLI (2014). *Teoria política feminista: uma introdução*. São Paulo: Editora Boitempo.

MILL, John Stuart (2008 [1859]). *On liberty*. Sioux Falls: New Vision Publications.

MINISTÉRIO DA SAÚDE (2009). *20 anos de pesquisas sobre aborto no Brasil*. Brasília, Ministério da Saúde.

MOTTA, Flávia de Mattos (2012). "Não conta pra ninguém: o aborto segundo mulheres de uma comunidade popular urbana", em Silvia Maria Fávero Aremd *et al* (orgs.), *Aborto e contracepção: histórias que ninguém conta*. Florianópolis: Editora Insular.

NUSSBAUM, Martha C. (1999). *Sex and social justice*. New York: Oxford University Press.

OKIN, Susan Moller (1989a). *Justice, gender, and the family*. New York: Basic Books.

OKIN, Susan Moller (1989b). "Reason and feeling in thinking about justice". *Ethics*, vol. 99, n. 2, p. 229-49.

OKIN, Susan Moller (1999). "Is multiculturalism bad for women?", em Joshua Cohem, Mathew Howard e Martha Nussbaum (eds.), *Is multiculturalism bad for women? Susan Moller Okin with respondents*. Princeton: Princeton University Press.

PATEMAN, Carole (1985 [1979]). *The problem of political obligation: a critique of liberal theory*. Berkeley, Los Angeles: University of California Press.

PATEMAN, Carole (1989). *The disorder of women*. Stanford: Stanford University Press.

PATEMAN, Carole (2008). "Afterword", em Daniel O'Neill, Mary Lyndon Shanley e Iris Marion Young (eds.), *Illusion of consent: engaging with Carole Pateman*. University Park: The Pennsylvania State University Press.

PATEMAN, Carole (2009 [2002]). "Soberania individual e propriedade na pessoa". *Revista Brasileira de Ciência Política*, n. 1, p. 171-218.

PHILLIPS, Anne (2013). *Our bodies, whose property?* Princeton and Oxford: Princeton University Press.

RAWLS, John (1971). *A theory of justice*. Cambridge: Harvard University Press.

RUDDICK, Sarah (1989). *Maternal thinking: towards a politics of peace*. Boston: Beacon Press.

SANTOS, Ivanaldo (s/d). "Aborto, eugenia e neonazismo". Associação Nacional Pró-vida e Pró-família, http://www.providafamilia.org.br/site/_arquivos/2008/346__aborto_eugenia_e_neonazismo.pdf (consultado em 5 de maio de 2014).

SCHOEN, Johanna (2005). *Choice and coercion: birth control, sterilization, and abortion in public health and welfare*. Chapel Hill: The University of North Carolina Press.

TAMAYO, Giulia (1999). *Nada personal: reporte de Derechos Humanos sobre la aplicacion de la anticonception quirurgica en el Peru 1996-1998*. Lima: CLADEM.

TAYLOR, Charles (2005 [1994]). *As fontes do self: a construção da identidade moderna*. São Paulo: Loyola.

TAYLOR, Charles (1991). *The ethics of authenticity*. Cambridge: Harvard University Press.

THOMSON, Judith Jarvis (1971). "A defense of abortion". *Philosophy & Public Affairs*, vol. 1, n. 1, p. 47-66.

YOUNG, Iris Marion (1990). *Justice and the politics of difference*. Princeton: Princeton University Press.

O DIREITO AO ABORTO COMO QUESTÃO POLÍTICA

Luis Felipe Miguel

As consequências da criminalização do aborto são conhecidas: mortes, internações hospitalares, mulheres colocadas na ilegalidade, jovens que têm seu futuro comprometido por uma maternidade indesejada. São consequências tão graves, que afetam suas vítimas de tantas maneiras, que o direito ao aborto deve ser considerado um dos direitos humanos. Pode ser considerado uma especificação do artigo 3º da *Declaração universal dos direitos humanos*, que estabelece o direito à vida, à liberdade e à segurança pessoal. Ele é também um requisito imprescindível para o estabelecimento da igualdade entre mulheres e homens. E ainda, como busco desenvolver neste capítulo, uma condição *sine qua non* para o exercício da democracia.

No entanto, a questão do aborto é, no Brasil, encarada como um tabu. Ela passou, em curto espaço de tempo, de um tema ausente para um tema monopolizado pela direita religiosa, adversária dos direitos das mulheres. Nesse sentido, as eleições de 2010 foram emblemáticas. Por um lado, elegeu-se a primeira presidente de nossa história; duas candidatas do sexo feminino receberam quase 7 em cada 10 votos válidos no primeiro turno. Em 2014, novamente, a eleição de Dilma Rousseff (PT) e a boa votação de Marina Silva (PSB) sinalizaram uma certa "feminização" da disputa pela Presidência da República. Mas, ao lado disso, houve a investida dos grupos mais conservadores, que impôs compromissos com políticas retrógradas no que diz respeito aos direitos das mulheres, assim como dos homossexuais. Em 2010, no momento mais tenso da campanha, a candidata Dilma Rousseff teve que vir a público e anunciar que capitulava diante das pressões da direita religiosa.

Esta capitulação se entende, é claro, como uma manobra de *realismo político*, no momento em que as candidaturas conservadoras de Marina Silva (PV)e José Serra (PSDB) se encontravam na ofensiva. No terreno da especulação, é possível dizer que uma resposta diferente naquele momento teria colocado em risco a vitória eleitoral. É possível. Mas o realismo político possui implicações. Ao se alinhar ao discurso de seus adversários – ainda que, muitas vezes, com evidente relutância – e, em especial, ao assinar o documento destinado a apaziguar o eleitorado fundamentalista (a "Mensagem da Dilma", divulgada em 15 de outubro de 2010), Rousseff abriu mão de compromissos políticos de primeira grandeza. A recusa ao chamado "casamento *gay*", mesmo quando amenizada pela eventual admissão de algum tipo de "união" ou "parceria civil", significa aceitar que, aos olhos do Estado, existirão relações afetivas de primeira e de segunda categorias. O recuo quanto à criminalização da homofobia, sob o argumento de que feriria a liberdade religiosa, é um consentimento à existência de espaços na sociedade nos quais os direitos humanos não precisam ser respeitados. E a condenação do direito ao aborto é não apenas a renúncia ao enfrentamento de um grave problema de saúde pública, mas a aceitação de que as mulheres não serão cidadãs por inteiro.

O recuo foi possível graças ao entendimento, amplamente majoritário, de que estas são questões secundárias da disputa política. Interesses sociais tão ou mais poderosos que as igrejas organizadas também pressionam para que políticas progressistas sejam bloqueadas ou revertidas, mas a resistência é, muitas vezes, maior. É possível pensar, por exemplo, na mudança de legislação buscada pela bancada parlamentar ligada ao latifúndio, para gerar brechas que permitam o trabalho em condições análogas à escravidão no campo brasileiro. É pouco razoável pensar que, em nome da garantia de outras políticas governamentais, as forças políticas mais progressistas aceitariam este retrocesso. Quando são os direitos das mulheres ou da população LGBT que estão em jogo, porém, as barganhas são, muitas vezes, aceitas.

Em 2010, mesmo conhecidas feministas não se furtaram a avaliar as opções do comando da campanha de Rousseff, vistas como necessárias: o sacrifício de algo menor, um certo discurso, para garantir algo maior, a vitória (Nublat, 2010). O recuo em relação ao aborto garantiria a permanência de outras políticas de assistência à saúde da mulher ou de combate à violência doméstica. Arriscar perder a eleição, pelo confronto com os religiosos conservadores, seria arriscar perder tudo. Neste capítulo, busco demonstrar que se trata de um entendimento equivocado, por dois motivos principais.

Em primeiro lugar, porque a campanha presidencial de 2010 marcou uma inflexão perigosa na relação entre religião e política no Brasil. Ao ser lançada candidata à Presidência, ainda em 2009, a senadora Marina Silva se viu constrangida a se defender das alegações de que admitia o ensino do criacionismo nas escolas (Salomon, 2009). Podíamos dizer que estávamos, então, à frente dos Estados Unidos, onde a sabedoria convencional da política diz que os candidatos devem esconder sua aceitação de Darwin, a fim de não descontentar a ampla base eleitoral do fundamentalismo cristão. Um ano depois, o cenário era bem outro. Os candidatos competitivos deviam trazer a palavra "Deus" à boca a cada frase, precisavam manifestar sua adesão aos dogmas religiosos e mesmo o papa Ratzinger (Bento XVI) interveio abertamente no processo eleitoral, pedindo votos ao candidato Serra às vésperas do segundo turno, sem que isso tenha causado uma fração do escândalo que deveria motivar. Em 2014, líderes religiosos exerciam abertamente seu poder de chantagem, como ficou claro no episódio do "quatro tuítes" do pastor Silas Malafaia.[1] Mas, de acordo com o argumento que desenvolvo adiante, na primeira seção do capítulo, a separação entre religião e política não é um componente secundário da saúde das nossas instituições. É um fundamento da própria possibilidade da democracia.

Na segunda seção, vou me ater ao problema específico do direito ao aborto. Longe de ser um tema periférico da agenda política, ele coloca em pauta outro problema central, vinculado ao acesso igual de homens e mulheres à cidadania. Sem pretender revisar toda a vasta literatura dedicada ao direito ao aborto ou a polêmica sobre a conveniência de sustentá-lo em um discurso de privacidade ou de igualdade, mostro que o direito ao aborto se estabelece como condição necessária para o acesso pleno das mulheres à esfera política. Trata-se, portanto, de outra questão política crucial. Aqui, como na seção anterior, esforço-me por manter meus argumentos dentro dos limites do liberalismo mais estrito. Isto é, não precisamos ir além da doutrina que funda nossas instituições políticas, compartilhada mesmo pelos grupos conservadores, para justificar de forma cabal tanto a separação completa entre religião e política quanto a legalização do aborto.

---

1 Marina Silva divulgou um programa de governo que abria a possibilidade de reconhecimento da união civil homoafetiva. Silas Malafaia, um influente pastor da Assembleia de Deus, conhecido por seu reacionarismo exacerbado e estilo agressivo, ameaçou, pelo Twitter, retirar seu apoio à candidatura. Em menos de um dia, Silva recuou e modificou o programa. Sua adversária Luciana Genro (PSOL) popularizou a ideia de que o compromisso de Silva com a população LGBT "não durou quatro tuítes do Silas Malafaia".

Na conclusão, por fim, tento, brevemente, entender o motivo pelo qual a luta pelo direito ao aborto ocorre de maneira tão tímida no Brasil, mesmo em comparação com outros países de forte tradição católica.

A necessidade do Estado laico

A laicidade do Estado firmou-se historicamente, na Europa, não como princípio, mas como questão de fato, exigida pelo realismo político. Apenas depois de um longo processo, a necessidade se fez virtude e o Estado laico se impôs como um modelo intrinsecamente superior, tornando a separação da religião uma condição da política moderna. Aliás, a "tolerância religiosa" na Europa é o exemplo preferido – para não dizer o único – de John Rawls, quanto busca demonstrar de que forma um mero *modus vivendi* (coexistência entre doutrinas diferentes pela impossibilidade de qualquer uma delas eliminar as restantes) pode se transformar num consenso (Rawls, 2000 [1993], p. 206).

Embora tenha havido uma experiência anterior de convivência entre diferentes grupos religiosos no seio de uma mesma comunidade política, durante período de domínio mouro, foi a Reforma protestante que deu impulso à tolerância na Europa. Tanto Lutero quanto Calvino, os líderes das duas correntes mais importantes da Reforma, eram favoráveis a que o Estado estivesse a serviço da fé – e nisso não se distinguiam de seus adversários no papado. Porém, logo tornou-se evidente que a cisão no cristianismo ocidental era tão profunda que a tarefa de destruir a dissidência religiosa estava acima da capacidade dos govenantes, fossem eles católicos ou protestantes. De diferentes maneiras, no Sacro Império Romano Germânico, na Inglaterra, na Suíça, na França, foram se impondo fórmulas de acomodação, que permitiam a existência de seitas minoritárias e, na prática, rompiam com a máxima medieval *"une foi, une loi, un roi"* (uma fé, uma lei, um rei), segundo a qual a sobrevivência do Estado dependia da unidade da autoridade e da norma legal, mas também do pertencimento religioso.

Com todos os seus limites e insuficiências, os diplomas legais que estabeleceram a paz religiosa na Europa a partir do século XVI indicam uma mudança radical na relação entre Estado e fé. É o poder secular que exerce autoridade e se faz árbitro da disputa religiosa – enquanto na doutrina medieval era a Igreja que se colocava na posição de juíza da política (Christin, 1997, p. 69; ver tb. Miguel, 2007, p. 96-7).

A coexistência de súditos com diferentes afiliações religiosas é aceita como um mal menor, determinado pelas circunstâncias, já que uma guerra religiosa colocaria em risco a sobrevivência do Estado. Desta situação acaba por emergir, como valor positivo, a liberdade de crença, que passa a integrar o elenco dos direitos liberais básicos – a área de autonomia dos indivíduos, em relação à qual o Estado não deve possui poder coercitivo. Mas há um segundo movimento, que também leva à afirmação da laicidade do Estado como um valor positivo em si mesmo, e que se vincula não ao liberalismo, mas à democracia.

Um passo decisivo, na constituição da democracia moderna, foi a afirmação de que a autoridade política tem sua origem embaixo, ou seja, no povo, e não em cima, na vontade divina. A ordem política medieval se queria determinada por Deus e os soberanos absolutos que a substituíram também encontraram no "direito divino" a fonte de sua legitimação. A visão de uma soberania residente no povo é incompatível com esse enquadramento. Mesmo a ficção contratualista já rompe com ele – motivo pelo qual a obra de Hobbes, ainda que tivesse como objetivo justificar o absolutismo, foi vista com desconfiança pelos monarquistas. Nela, o poder soberano residia no povo e era a sua delegação que constituía a autoridade estatal.

A democracia exige o Estado laico como uma consequência lógica da aplicação de seus princípios. Se a vontade do povo deve ser soberana, então não pode estar constrangida *a priori* pela necessidade de observância a regras dogmáticas de qualquer natureza. A condição de incerteza, de abertura, que é a característica da democracia – uma sociedade fundada sobre sua vontade livremente expressa, como diz Bronisław Baczko (1984, p. 81) – é incompatível com qualquer forma de tutela religiosa.

Os únicos limites que a soberania popular possui legitimamente são aqueles vinculados à preservação das condições de seu próprio exercício – isto é, a garantia de igual respeito às liberdades e direitos de todos. Há muita polêmica sobre quais devem ser, de fato, estes limites, nas situações concretas, mas a diretriz geral é clara. Sem liberdade de pensamento, de associação ou de expressão para todos, não há participação política democrática. Qualquer outra restrição à soberania popular, que não esteja logicamente vinculada à universalização das condições de seu exercício, se coloca contra a democracia como forma de governo.

Os fundamentalistas religiosos não hesitam diante desta conclusão; na verdade, reivindicam abertamente um "Brasil sob as ordens do Senhor" ou *slogans* equivalentes. Cabe, então, aos democratas se opor a essa ofensiva e demarcar com clareza a posição em defesa do Estado laico. A timidez nesta resposta, motivada por um cálculo eleitoral de curto prazo, compromete a democracia.

É bem verdade que a questão da laicidade do Estado nunca esteve completamente resolvida no Brasil. A invocação a Deus no preâmbulo da Constituição, a presença de crucifixos em prédios públicos, a existência de feriados religiosos no calendário oficial e a inscrição "Deus seja louvado", que o presidente José Sarney incluiu nas cédulas do cruzado e que lá permanece, apesar da inúmeras reformas monetárias, são demonstrações disso. Mas são concessões simbólicas, por mais que possam parecer ofensivas e discriminatórias em relação aos não-crentes. Muito mais grave é que as decisões relativas à legislação e às políticas públicas estejam submetidas aos dogmas desta ou daquela seita religiosa.[2]

À medida que uma parcela maior da sociedade adquire independência em relação às visões de mundo determinadas pelas igrejas, os conflitos se tornam mais aparentes. A condenação religiosa à homossexualidade não é algo novo; o que é novo é o fato de existir um movimento LGBT ativo, com forte repercussão social, que se contrapõe a esta condenação e afirma o direito à não-discriminação. A campanha contra a interrupção voluntária da gravidez é um pouco mais recente, já que por muitos séculos os dogmas cristãos foram mais tolerantes quanto à questão, mas o ponto relevante também é a maior visibilidade do discurso oposto, que exige o reconhecimento do direito ao aborto. Qualquer encaminhamento destas discussões que passe ao largo da exigência do caráter laico do Estado desrespeita os preceitos de funcionamento da democracia.

Isto porque o reconhecimento da liberdade de crença religiosa, como direito liberal, e a necessidade da laicidade do Estado, como imperativo democrático, convergem para uma separação estrita entre religião e política que possui uma consequência prática particularmente relevante. Ela implica o abandono, por parte da religião, de qualquer pretensão de se impor coercitivamente. A adequação às normas de comportamento determinadas pela religião deve ser *voluntária*, motivada apenas pelo proselitismo.[3] Isto signi-

---

2   Falo aqui em "dogmas", mas cumpre observar que com frequência os interesses materiais se encontram misturados às questões de fé. A oposição ferrenha da Igreja Católica à escola pública no Brasil, na primeira metade do século XX, deveu-se tanto à vontade de permanecer na posição de guia moral das novas gerações quanto ao desejo de manter o mercado de ensino privado, então dominado pelas escolas confessionais. Na luta por vantagens tributárias e concessões diversas que as igrejas obtêm no Brasil, elas não se diferenciam de outros grupos desejosos de privatizar o Estado em prol de seus interesses.

3   Uso "voluntário", aqui, em seu sentido fraco, de ausência de coação legal e/ou física, deixando de discutir as condições efetivas da produção de uma adesão autônoma, isto é, não maculada por outros tipos de constrangimento.

fica que os próprios religiosos devem se abster de tentar instrumentalizar o Estado em favor de suas crenças particulares. O uso do mecanismo eleitoral como forma de *chantagem* que obriga a decisão política a se curvar a preceitos religiosos fere, assim, princípios basilares tanto do liberalismo político quanto da democracia.

O aborto em questão

Um dos campos centrais em que se desenvolve a batalha pela laicidade do Estado brasileiro diz respeito ao direito ao aborto. A possibilidade de interrupção voluntária da gravidez, por decisão da mulher, coloca em pauta discussões cruciais sobre o Estado, a cidadania e a democracia. A visão mais corrente é de que se trata de uma questão polêmica, dadas as controvérsias éticas e as paixões religiosas que suscita, mas à margem do "núcleo duro" da disputa política, aquele que versa sobre o papel do Estado e a gestão da economia e que define as grandes clivagens ideológicas e partidárias. Defensores da legalização do aborto ou de sua criminalização se encontram nos mais diversos partidos, tanto à esquerda quanto à direita do espectro político, o que já sinaliza que não se trata de uma questão que, de acordo com o senso comum do campo, defina uma posição política ou ideológica. Nas plataformas eleitorais, é um tema que costuma brilhar por sua ausência, provavelmente porque o cálculo dos candidatos indica que seu potencial de desagregação é maior do que os apoios que pode amealhar.

A leitura convencional do debate político, assim, tende a inserir a questão do aborto na vaga área daquilo que, à falta de palavra melhor, pode ser designado como "moral" ou "costumes". São temas que eventualmente podem despertar envolvimento apaixonado, mas possuiriam impacto reduzido na organização do mundo social. Há muito tempo, porém, a teoria feminista procura ressaltar a transcendência da questão. Ela envolve a possibilidade de autonomia plena de cerca de metade do *demos*, isto é, a soberania da mulher em relação a seu corpo. E, como demonstrou Macpherson (1962), para a tradição liberal a *propriedade de si mesmo* é a base indispensável para o acesso à cidadania. A criminalização do aborto gera uma grave assimetria, impondo às mulheres limitações no manejo do próprio corpo com as quais os homens não sofrem.

No caso do Brasil, o debate é fortemente constrangido pela influência da Igreja Católica, que tem na criminalização do aborto o carro-chefe de sua cruzada moral. Há muito tempo, a legislação brasileira permite a interrupção da gravidez apenas caso ela tenha sido fruto de estupro ou ponha em risco a vida da gestante – é algo que se encontra já no Código Penal de 1940. Cerca de um milhão de abortamentos clandestinos, porém, são realizados no país a cada ano, frequentemente em condições precárias, com as complicações decorrentes levando a mais de 200 mil internações hospitalares por ano (Monteiro e Adesse, 2006).

Propostas de revisão da legislação, ampliando a possibilidade de realização legal do aborto, tramitam com dificuldade no Congresso – e convivem com iniciativas de intenção contrária, que visam ampliar a repressão às gestantes, como o projeto de lei n° 2504/2007, de autoria do deputado Walter Brito Neto (PRB-PB), que determina o registro obrigatório de qualquer gravidez detectada em hospitais ou postos de saúde.[4] Nenhum dos dois lados possui qualquer projeto que pareça apresentar chance efetiva de transformação em lei em curto prazo.

Ainda assim, o debate sobre a questão tem ganhado corpo nos últimos anos. Diversos fatores contribuíram para isso, como a pressão dos movimentos de mulheres para que a rede pública de saúde forneça atendimento nos casos de aborto legal e, de outro lado, a crescente prioridade que a Igreja Católica vem concedendo ao tema. Alguns eventos mais circunstanciais contribuem para aumentar a atenção pública, como a reivindicação do direito de abortar fetos sem perspectiva de sobrevida, em particular portadores de anecefalia, que chegou ao Supremo Tribunal Federal em julho de 2004, a partir de liminar favorável concedida pelo ministro Marco Aurélio de Mello, e desde então mobilizou ativistas favoráveis e contrários, ou a visita do papa Ratzinger ao Brasil, em maio de 2007, na qual o tema – que já era prioridade nas preocupações da hierarquia católica – ganhou maior destaque dada a posição do então ministro da Saúde, José Gomes Temporão, defensor da legalização.

Assim, temos dois momentos do debate, o primeiro vinculado ao problema dos fetos anencefálicos, em que se coloca em questão a ampliação ou não do elenco de casos em que se permitiria o aborto legal, e o segundo, emblematizado pela oposição entre o então ministro da Saúde e a Igreja Católica, em que o tema é a interrupção voluntária da gravidez de maneira geral. Embora mais restrito quanto ao objeto, o primeiro momento enquadra

---

4 A justificativa ao projeto esclarece que, entre outros objetivos, ele visa "facilitar a produção de provas nos casos de aborto ilegal, pois o registro de gravidez tornará possível o colhimento de dados probatórios, com objetivo de identificar o agente ativo do aborto" (Câmara dos Deputados, 2007, p. 3).

a discussão de forma mais profunda, focando no direito da mulher dispor do próprio corpo – no caso, não levando a cabo a gravidez de um feto inviável. Já o segundo momento, dada a linha de argumentação dominante apresentada pelo então ministro Temporão e outros, enquadra a discussão em termos de "aborto como problema de saúde pública". Ou seja, enquanto num caso o argumento em favor da legalização do aborto constrói a ideia de um *direito*, no outro ele se sustenta num mero *cálculo utilitário*.

De fato (e essa é uma questão central aqui), a discussão sobre os direitos individuais das mulheres tende a ficar obscurecida no debate sobre o aborto, até mesmo por conta de opções táticas do movimento em favor de sua descriminalização. Como ponderou uma estudiosa, há "uma tendência em subsumir um direito individual de decidir dentro de uma outra ordem de questões mais ampla chamada direitos reprodutivos" (Ardaillon, 1997, p. 385; ênfases suprimidas) – ou então, eu acrescentaria, de uma temática de interesse coletivo, a saúde pública.

Não se trata, aqui, de condenar ou aprovar tal estratégia, que é, ela própria, fruto de um cálculo que busca a maior efetividade na ação política em prol do direito ao aborto, mas de observar que os constrangimentos que cercam o debate sobre no Brasil fazem com que as questões políticas centrais que ela suscita sejam contempladas, quando muito, de uma forma tímida.

Do ponto de vista da reflexão teórica, entende-se que é necessário perceber o direito ao aborto como um problema político com uma centralidade bem maior do que aquela que em geral lhe é atribuída. O que a teoria democrática ou mesmo a teoria política em geral diz sobre o aborto? A resposta, em linhas gerais, é: "nada". As questões de gênero, como um todo, tendem a ser desprezadas pelo *mainstream* da teoria política, como algo acessório, específico e sem alcance maior – o gênero é visto "como antitético ao negócio real da política", como escreveu Joan Scott (1999, p. 46). E a questão do aborto, em particular, encontra-se ausente.

O aborto tende a permanecer à margem da discussão política, como uma questão "moral" – e, como nós sabemos, a moral é a "pré-política". Assim, as questões que são entendidas como questões "morais" (o direito ao aborto, o "casamento *gay*", a questão recente sobre a pesquisa com células-tronco) podem galvanizar a opinião pública, podem gerar imenso debate e polêmica, mas permanecem como integrantes de segunda categoria na agenda política.

Como o aborto surge como questão do âmbito "moral", a Igreja está livre para colocá-lo no topo da sua pauta. É uma de suas prioridades principais, talvez a principal. Os defensores da descriminalização, por outro lado, têm dificuldade para fazer da questão do aborto uma prioridade política. Basta observar que, no Brasil hoje, em 513 deputados federais, não há um único que faça da legalização do aborto um ponto central de sua atuação parlamentar ou que lute para ser identificado amplamente com essa bandeira. Do outro lado, pelo contrário, existem muitos deputados que fazem da negação do direito ao aborto seu cavalo de batalha. A Frente Parlamentar em Defesa da Vida (*sic*) – Contra o Aborto congrega hoje mais de 200 parlamentares, isto é, um terço do Congresso Nacional. Mas entre as 62 frentes parlamentares registradas na Câmara dos Deputados na atual legislatura, não há nenhuma que se proponha defender os direitos das mulheres.

A frente parlamentar contra o aborto usa *como ameaça* a divulgação dos nomes daqueles favoráveis à ampliação dos casos de aborto legal. "Se um deputado não votar contra o aborto por convicção, então que vote por medo [de figurar nas listas]", como disse o deputado Salvador Zimbaldi, do PSB paulista (Agência Câmara, 2005). Trata-se, portanto, de um debate que não ocorre, já que um dos lados aceita se colocar na posição de intimidado. A tramitação do PL 1135/1991, de autoria dos deputados Eduardo Jorge (PT-SP) e Sandra Starling (PT-MG), que retirava do Código Penal a criminalização da interrupção voluntária da gravidez, é outro exemplo significativo. No dia 7 de maio de 2008, ele foi votado na Comissão de Seguridade Social e Família da Câmara dos Deputados – é importante registrar que o projeto se encontrava tramitando na comissão de família, não na comissão de direitos humanos – e rejeitado por 33 votos a zero, isto é, por unanimidade. Os três integrantes da comissão que defendiam o projeto preferiram se ausentar da votação, abrindo espaço para seus suplentes (que, por sua vez, fizeram questão de ir votar contra). No dia 9 de julho de 2008, a medida foi apreciada pela Comissão de Constituição e Justiça e de Cidadania, que aprovou, por 33 votos contra quatro, o parecer do relator "pela inconstitucionalidade, injuridicidade, técnica legislativa e, no mérito, pela rejeição" do projeto de lei. Após apreciação de recursos, o PL foi finalmente arquivado em janeiro de 2011.

Não se trata, evidentemente, de culpar os (poucos) parlamentares que defendem a legalização do aborto por sua precaução excessiva. Afinal, ninguém é suicida no jogo político. O que ocorre é que os defensores do direito ao aborto permanecerão na defensiva enquanto o aborto continuar a ser uma questão moral maiúscula e uma questão política minúscula.

Mas a questão do aborto está vinculada aos direitos elementares do acesso à cidadania, que se funda na soberania sobre si mesmo. Não é necessário buscar correntes marginais do pensamento político para sustentar esta percepção. Ela encontra fundamento na tradição do pensamento liberal. Como demonstrou Macpherson, entre outros, para a tradição liberal a *propriedade de si mesmo* é a base indispensável para o acesso à cidadania. Pensemos em Locke: é o fato de que eu sou proprietário de mim mesmo que me permite, através do trabalho, separar algo que é *meu* da propriedade comum da humanidade. A propriedade de mim mesmo me dá acesso, portanto, à propriedade privada, que na construção teórica lockeana é o direito supremo e o cartão de ingresso à cidadania política.

Sabemos que a empreitada teórica de Locke tem um objetivo excludente. Nele, o contrato de trabalho e o contrato de casamento aparecem como formas de alienação de si mesmo, desqualificando, portanto, os que deles participam para o exercício da cidadania política. Mulheres e trabalhadores, submetidos respectivamente pelo contrato de casamento e pelo contrato, não são cidadãos, como discutiu o importante estudo de Carole Pateman (1993 [1988]).

É possível ler os avanços do movimento operário e do movimento feminista numa chave lockeana (por mais que o próprio Locke seguramente fosse detestar essa abordagem), vendo-os como voltados à *retomada* da propriedade de si mesmos por parte de trabalhadores e de mulheres. De qualquer forma, a exclusão de trabalhadores e de mulheres da cidadania política não é mais admitida, um avanço que, já há algum tempo, vai ser incorporado pelo próprio liberalismo.

Assim, a soberania sobre si mesmo é um direito fundante da possibilidade de ação autônoma na arena política. Mas permanece uma grave assimetria entre homens e mulheres, gerada por aquilo que podemos chamar de *gravidez compulsória*, que representa uma limitação potencial permanente à soberania das mulheres sobre si mesmas. Então, o cidadão, isto é, o homem, ingressa na esfera política dotado de soberania sobre si mesmo, mas para a mulher tal soberania é condicional. Sob determinadas circunstâncias, ela deixa de exercer arbítrio sobre seu próprio corpo e se torna o instrumento para um fim alheio. Nesse processo ocorre uma inversão: em vez da sociedade ficar com a obrigação de garantir as condições para que as mulheres possam levar a cabo gestações livremente decididas, a gravidez passa a ser uma obrigação perante a sociedade.

Como lembra Anne Phillips, parte do argumento em defesa do voto feminino enfatizou que as mulheres cumprem um serviço público no papel de mães e educadoras (e mesmo morrem no parto como soldados no campo de batalha). A consequência desta estratégia foi incorporar as mulheres à política de forma diferente dos homens, sobretudo como mães, contrapostas a soldados e trabalhadores (Phillips, 1993 p. 107). É um lembrete de como os "atalhos" nas disputas políticas – a utilização de discursos mais próximos do senso comum, mesmo que baseados em pressupostos errôneos ou nocivos, a fim de facilitar a obtenção de determinadas conquistas – podem causar dificuldades para avanços posteriores (ver Mouffe, 1992).

Colocar a questão do aborto no terreno do *acesso a um direito* tem a vantagem adicional de tornar claro o balizamento da discussão. Há ainda quem julgue que se trata de uma questão passível de discussão racional e sensível à argumentação científica. Francis Kaplan, por exemplo, desenvolve com competência a tese de que um embrião, embora *esteja vivo* (no mesmo sentido em que um olho está vivo), não é um *ser vivo*, portanto não possui estatuto similar ao dos seres vivos e, *a fortiori*, ao dos seres humanos. E julga que, como os dogmas religiosos se referem à condenação do assassinato, não ao momento em que um dado conjunto de células se torna humano, já que as escrituras e os doutores da fé nunca se alinharam à ideia da "vida desde a concepção", o entendimento de sua tese poderia levar a uma evolução na posição da Igreja (ver Kaplan, 2008, cap. I; para uma resenha de outras linhas de argumentação filosóficas e científicas, ver Boltanski, 2004, cap. VI).

Tal evolução é muito improvável porque a questão do direito ao aborto não se coloca, para a Igreja, nem como uma questão de dogma, nem – muito menos – como uma questão de ciência. É, em primeiro lugar, uma aposta política: ao lado de algumas poucas outras questões, como as relativas ao "casamentro *gay*" ou às experiências genéticas, o aborto aparece como o local em que a autoridade eclesiástica, de resto tão combalida, se mostra capaz de se afirmar. Se muito poucos se dispõem a defender, para não dizer cumprir, as recomendações relativas ao sexo pré-marital, uso de anticoncepcionais ou proteção contra doenças sexualmente transmissíveis, e a capacidade da Igreja de determinar as adesões políticas de seus fiéis foi seriamente comprometida, a luta contra o direito ao aborto mobiliza parte significativa do rebanho. Pelo mundo afora, em aliança com outras seitas, há uma divisão do trabalho em que se combinam intervenção no debate público, pressão sobre legisladores e governantes, chantagem eleitoral e mesmo formas de intimidação violenta, que uma pesquisadora chamou de "estratégias de assédio político" (Doan, 2007).

A inacessibilidade da discussão ao debate equilibrado fica patente num aspecto específico, aquele relacionado ao aborto no caso de gravidez resultante de estupro. Trata-se de uma situação em que grande parte das ambiguidades morais vinculadas ao direito ao aborto desaparece e torna-se impossível negá-lo sem que se assuma explicitamente a recusa à autonomia da mulher.[5] Se é difícil sustentar que a gravidez precisa necessariamente ser levada a cabo caso seja fruto de violência sexual, porém, o caminho pode ser negar a realidade do estupro, como fez recentemente Luiz Gonzaga Bergonzini, bispo de Guarulhos:

> "É muito difícil uma violência sem o consentimento da mulher, é difícil", comenta. O bispo ajeita os cabelos e o crucifixo. "Já vi muitos casos que não posso citar aqui. Tenho 52 anos de padre... Há os casos em que não é bem violência... [A mulher diz] 'Não queria, não queria, mas aconteceu...'", diz. "Então sabe o que eu fazia?" Nesse momento, o bispo pega a tampa da caneta da repórter e mostra como conversava com mulheres. "Eu falava: bota aqui", pedindo, em seguida, para a repórter encaixar o cilindro da caneta no orifício da tampa. O bispo começa a mexer a mão, evitando o encaixe. "Entendeu, né? Tem casos assim, do 'ah, não queria, não queria, mas acabei deixando'" (Agostine, 2011, p. A-16).

Embora as palavras do bispo sejam chocantes para qualquer pessoa dotada de alguma sensibilidade, elas foram recebidas com entusiasmo em alguns círculos antiabortistas e estão reproduzidas em dezenas de *sites* e *blogs* católicos e de "defesa da vida".

De fato, estudos feitos em outros países mostram como o debate público não tem efeito nas posições dos militantes antiabortistas (Yishai, 1993). É evidente que a visibilização dos diferentes registros de argumentos em favor da legalização do aborto não busca exclusivamente, nem mesmo preferencialmente, o convencimento dos adversários. Visa impactar a "opinião pública" e, também por meio dela, os tomadores de decisão. A questão central, então, é como ressituar o problema, retirando-o de seu enquadramento moral, e como mobilizar politicamente, de uma forma que seja sensível aos funcionários públicos e às lideranças, a defesa do direito ao aborto como direito vinculado à autonomia individual e à laicidade do Estado, necessária para o exercício da democracia.

---

5   O trabalho hoje clássico de Judith Jarvis Thomson (1971) é, neste sentido, exemplar. Teóricos deliberacionistas como Gutmann e Thompson (1996, p. 85) julgam que os argumentos de Thomson poderiam levar ao consenso quanto à legalização do aborto em caso de estupro. Essa esperança é, a meu ver, uma demonstração cabal da inadequação da teoria deliberacionista para entender a dinâmica do conflito político *real*, isto é, aquele em que os interesses estão em jogo. Por outro lado, como bem observou Dworkin (2003 [1993], p. 44.), cada exceção aceita (estupro, risco para a mãe, má-formação) deixa claro que mesmo a posição conservadora não julga que o feto seja uma pessoa com direito à vida idêntico ao das outras

Conclusões

O que causa espanto, no caso brasileiro, é como a defesa do direito ao aborto está ausente nas esferas políticas. O tímido apoio à descriminalização, pelo então ministro da Saúde, José Gomes Temporão, causou um enorme escândalo. Não é que não haja quem a defenda – são poucos, mas há, nos três poderes. É que aqueles que defendem o direito das mulheres à interrupção voluntária da gravidez nunca, ou quase nunca, colocam esta defesa entre suas prioridades.

Entre 2003 e 2008, apenas 519 discursos pronunciados no plenário da Câmara dos Deputados mencionaram as palavras "aborto" ou "abortamento" ou a expressão "interrupção da gravidez" ou "interrupção voluntária da gravidez" – num total de 124.318 pronunciamentos no período. Em 225 deles, o aborto era um tema central; em outros 112 era um tema secundário; em 174, havia apenas uma referência lateral; e nos oito restantes a palavra "aborto" aparecia como mera metáfora. O número de dicursos favoráveis à legalização do aborto, à ampliação dos casos de aborto legal ou à redução das punições às mulheres que optam pela interrupção da gravidez fica em apenas 47, nos seis anos pesquisados.[6] São dados eloquentes sobre a quase ausência de vozes em favor do direito ao aborto no legislativo brasileiro.

Não é uma situação que se possa explicar somente pelo peso da igreja católica – e, agora, de muitas denominações evangélicas – na vida pública brasileira. Em Portugal, um país mais católico e mais tradicionalista, em tantos aspectos, do que o Brasil, o aborto foi legalizado, até 10 semanas de gestação, por meio de referendo popular em 2007. Na católica Cidade do México, o aborto foi legalizado até os três meses de gestação em 2008. No Uruguai, em 2008 o Poder Legislativo aprovou a legalização do aborto, mas a medida foi vetada pelo então presidente, o "progressista" Tabaré Vásquez – sendo novamente aprovada e entrando em vigor em 2012. A Itália, que abriga a Santa Sé em seu território e convive com reiteradas tentativas de intervenção do Vaticano em suas decisões políticas, legalizou o aborto (até 90 dias de gestação) já em 1978. Outro país de irrepreensíveis credenciais católicas, a Espanha, legalizou o aborto até 14 semanas de gravidez em 1985, ampliando as garantias da lei em 2010, com a retirada da obrigatoriedade da autorização dos pais às adolescentes de 16 a 18 anos que desejem efetuar o procedimento. Em suma, a coexistência entre uma população católica e o reconhecimento do direito ao aborto já se mostrou factível em muitos lugares do mundo.

---

6   O levantamento foi feito por Mariana da Silva Abreu, sob minha orientação, e os dados estão descritos em sua monografia de graduação (Abreu, 2009).

Ao mesmo tempo, o ambiente em que se desenrola o debate público não é necessariamente hostil à legalização do aborto. Uma pesquisa realizada entre 1996 e 1997 naqueles que eram então considerados os "quatro grandes" jornais diários do país (*Folha de S. Paulo, O Estado de S. Paulo, O Globo* e *Jornal do Brasil*), indicou que a cobertura tende a ser mais favorável do que contrária ao direito ao aborto (Melo, 1997, p. 407-8). Outra pesquisa, que rastrou as matérias sobre aborto na *Folha de S. Paulo* entre 2003 e 2008, identificou 1.613 textos, cerca de dois a cada três dias, entre reportagens, editoriais e artigos de opinião. Já excluídos aqueles em que a palavra "aborto" aparecia apenas como metáfora, constatou-se que os textos francamente contrários ao direito ao aborto eram 10,6%, contra 16,5% de textos com posição nitidamente favorável à legalização ou, ao menos, à ampliação dos casos permitidos por lei. A grande maioria das matérias buscava retratar as duas posições.[7]

Em muitos episódios, a posição dos setores fundamentalistas católicos é apresentada de forma nitidamente negativa – um exemplo claro foi a excomunhão, pelo bispo de Olinda e Recife, José Cardoso Sobrinho, em março de 2009, de familiares e médicos que realizaram aborto legal numa criança de 9 anos, vítima de estupro. Assim, fica claro que o espaço para debate não está fechado na mídia brasileira.

A campanha eleitoral de 2010 mostrou que, quando necessário, parte da grande imprensa usa o discurso antiabortista para alvejar os candidatos de seu desagrado (como antes ocorrera na campanha de 1989, com o chamado "caso Lurian", quando o então candidato Luís Inácio Lula da Silva foi acuado de ter pressionado uma antiga namorada a abortar). Isto ficou claro sobretudo no comportamento da revista *Veja* (ver Biroli e Miguel, 2010). Mas a posição média da própria *Veja* tende a ser, antes, favorável à descriminalização, tendo, entre outros episódios, apresentado a reportagem de capa "Nós fizemos aborto", em que algumas mulheres "anônimas" e muitas celebridades, de Hebe Camargo a Clarice Herzog, assumiam publicamente que haviam realizado abortos voluntários (Barros, Cruz e Sanches, 1997). Seria demais comparar a matéria brasileira ao "Manifesto das 343" intelectuais e artistas publicado em 1971 no *Le Nouvel Observateur*, que deslanchou a luta pelo

---

7   Em geral, as análises baseadas na "valência" do material produzido na mídia – isto é, se ele é positivo ou negativo para determinada posição – tendem a ser comprometidas por seu elevado grau de subjetividade. No caso do aborto, uma vez que as opções estão dadas e costumam ser expressas com bastante clareza, tal problema é menos grave. O levantamento na *Folha de S. Paulo* foi efetuado por um grupo de estudantes da Universidade de Brasília, aos quais agradeço. Para uma descrição dos dados, ver a monografia de graduação de Andrea Azevedo Pinho (2008).

direito ao aborto na França, mas foi uma iniciativa corajosa e importante no sentido de romper o preconceito e colocar o tema em debate. As publicações rotuladas como "femininas" da Editora Abril, a publicadora de *Veja*, têm, em geral, uma posição editorial definida em favor da legalização.

Creio que nem a herança católica (que, como se viu, não é insuperável), nem um bloqueio do debate público na mídia (que não existe), explicam a timidez com que a exigência do direito ao aborto se coloca na agenda pública no Brasil. A explicação deve ser buscada, ao menos em parte, na incapacidade que os movimentos que lutam pelos direitos das mulheres demonstram para colocar o tema no topo de suas próprias agendas.

O desejo de não ameaçar os espaços conquistados, que garantiram um papel mais ativo do Estado em questões como o combate à violência doméstica ou a promoção da igualdade de gênero na educação e na saúde, faz com que itens mais "polêmicos" sejam tratados com cautela. As organizações feministas e mesmo a antiga Secretaria de Políticas para as Mulheres da Presidência da República manifestam com clareza seu apoio à legalização do aborto. Mas uma posição medrosa sobre o assunto ou mesmo a capitulação à chantagem do grupos religiosos não é suficiente para que um político perca seu apoio. Ao que parece, há uma acomodação "realista" às condições atuais do debate no campo político brasileiro que, no entanto, acaba por colaborar com a permanência destas mesmas condições.

Referências bibliográficas

ABREU, Mariana da Silva (2009). *A discussão do aborto no Brasil: análise dos discursos na Câmara dos Deputados*. Monografia de graduação em Ciência Política. Brasília: Universidade de Brasília.

AGÊNCIA CÂMARA DE NOTÍCIAS (2005). "Frente divulgará nomes de deputados favoráveis ao aborto". Notícia de 23 de novembro, no site http://www2. camara.gov.br/agencia/noticias/79381.html (acesso em julho de 2011).

AGOSTINE, Cristiane (2011). "A fé do bispo contra os partidos". *Valor Econômico*, 13 de junho, p. A-16.

ARDAILLON, Danielle (1997). "O lugar do íntimo na cidadania de corpo inteiro". *Revista Estudos Feministas*, vol. 5, n. 2. Rio de Janeiro, p. 376-88.

BACZKO, Bronisław (1984). *Les imaginaires sociaux: mémoires et espoirs collectifs*. Paris: Payot.

BARROS, Andréa, Angélica Santa CRUZ e Neuma SANCHES (1997). "'Nós fizemos aborto'". *Veja*, 17 de setembro, p. 26-33.

BIROLI, Flávia e Luis Felipe Miguel (2010). "Orgulho e preconceito: a 'objetividade' como mediadora entre o jornalismo e seu público". *Paper* apresentado no 34º Encontro Anual da Associação Nacional de Pós-Graduação e Pesquisa em Ciências Sociais (ANPOCS). Caxambu (MG), 25 a 29 de outubro.

BOLTANSKI, Luc (2004). *La condition fœtale: une sociologie de l'engendrement et de l'avortement*. Paris: Gallimard.

CÂMARA DOS DEPUTADOS (2007). "Projeto de lei nº 2504, de 2007". Disponível no endereço eletrônico www.camara.gov.br/sileg/integras/526556.pdf. Acesso em março de 2008.

CHRISTIN, Olivier (1997). *La paix de religion: l'autonomisation de la raison politique au XVIe siècle*. Paris: Seuil.

DOAN, Alesha E. (2007). *Opposition and intimidation: the abortion wars and strategies of political harassment*. Ann Arbor: The University of Michigan Press.

DWORKIN, Ronald (2003 [1993]). *Domínio da vida: aborto, eutanásia e liberdades individuais*. São Paulo: Martins Fontes.

GUTMANN, Amy e Dennis THOMPSON (1996). *Democracy and disagreement*. Cambridge (MA): Belknap.

KAPLAN, Francis (2008). *L'embryon est-il un être vivant?* Paris: Le Félin.

MACPHERSON, C. B. (1962). *The political theory of possessive individualism: Hobbes to Locke*. Oxford: Oxford University Press.

MELO, Jacira (1997). "A polêmica do aborto na imprensa". *Revista Estudos Feministas*, vol. 5, n. 2, p. 406-12.

MIGUEL, Luis Felipe (2012). "Aborto e democracia". *Revista Estudos Feministas*, vol. 20, n. 3, p. 657-72.

MIGUEL, Luis Felipe (2007). *O nascimento da política moderna: Maquiavel, Utopia, reforma*. Brasília: Editora UnB.

MONTEIRO, Mario Francisco Giani e Leila ADESSE (2006). "Estimativas de aborto induzido no Brasil e grandes regiões (1992-2005)". *Paper* apresentado no XV Encontro Nacional de Estudos Populacionais. Caxambu (MG), 18 a 22 de setembro.

MOUFFE, Chantal (1992). "Feminism, citizenship and radical democratic politics", em BUTLER, Judith e Joan W. SCOTT (eds.), *Feminists theorize the political*. New York: Routledge.

NUBLAT, Johanna (2010). "Feministas dão aval a recuo de Dilma sobre aborto". *Folha.com*, 28/10/2010 (http://www1.folha.uol.com.br/poder/821577- -feministas-dao-aval-a-recuo-de-dilma-sobre-aborto.shtml). Acesso em 17 de fevereiro de 2011.

PATEMAN, Carole (1993 [1988]). *O contrato sexual*. Rio de Janeiro: Paz e Terra.

PHILLIPS, Anne (1993). *Democracy and difference*. University Park: The Pennsylvania State University Press.

PINHO, Andrea Azevedo (2008). *O debate sobre o aborto no Brasil: enquadramentos midiáticos, conseqüências políticas*. Monografia de graduação em Ciência Política. Brasília: Universidade de Brasília.

RAWLS, John (2000 [1993]). *O liberalismo político*. São Paulo: Ática.

SALOMON, Marta (2009). "Apoio de petistas a Sarney é insustentável, diz Marina". *Folha de S. Paulo*, 23/8/2009, p. 4.

SCOTT, Joan (1999). *Gender and the politis of history*. Revised edition. New York: Columbia University Press.

THOMSON, Judit Jarvis (1971). "A defense of abortion". *Philosophy and Public Affairs*, vol. 1, n. 1, p. 47-66.

YISHAI, Yael (1993). "Public ideas and public policy: abortion politics in four democracies". *Comparative Politics*, vol. 25, n. 2, p. 207-28.

DO DEVER AO PODER DE SER MÃE
Sobre direito ao aborto e maternidade

Maria Aparecida Azevedo Abreu

A criminalização da prática de aborto por mulheres no Brasil contrasta com o número elevado de mulheres que o praticaram.[1] Tal criminalização está associada à morte de muitas mulheres, a quem não lhes são ofertados serviços públicos de qualidade para realizar o aborto. A partir disso, há uma diferenciação social que se traduz em destinos de classe diversos: mulheres ricas pagam serviços de qualidade razoável, enquanto mulheres pobres pagam serviços de péssima qualidade que, na medida em que trazem complicações para a sua saúde e as levam a procurar, então, o sistema público de saúde, para tratar das consequências, levam ao extremo de que sejam denunciadas pelo crime tipificado como aborto. Tal desigualdade já seria suficiente para tornar a prática do aborto um problema de equidade no campo da saúde pública. No entanto, pretendo acrescentar aqui alguns argumentos morais que, apesar de não tornar inválidos todos os demais atinentes à escala do problema de saúde pública, levam ao cerne da questão moral e do direito que envolvem o aborto.

A discussão moral mais frequente que envolve o direito ao aborto é aquela relativa à dicotomia entre a possibilidade de a mulher escolher se vai le-

---

1 Agradeço aos comentários incentivadores de Marta Machado e Maíra Fernandes a argumentos ainda rudimentares desse texto. Luis Felipe Miguel e Flávia Biroli também me estimularam a desenvolver melhor alguns argumentos embora, talvez, a minha perspectiva não seja a preferida deles. Os comentários de Graziela Moraes, Cristina Buarque e Ivo Coser contribuíram para dar ao texto a estrutura que adquiriu. Por fim, os comentários de Sergio Costa, em seminário ocorrido na Escola de Direito da FGV/SP, foram úteis para que acertos, buscando evitar equívocos fossem feitos. Os problemas que permaneceram no texto são todos de responsabilidade minha.

var adiante uma gravidez indesejada e o direito do embrião/feto à vida. Nos debates presentes em todo o mundo relativos a esta questão a dicotomia se expressa na tensão direito à escolha *versus* direito à vida. Os lados do debate público, neste ponto, são identificados com as expressões, respectivamente, *pro-choice* e *pro-life*.

Outra discussão moral que está presente de forma latente, mas menos polarizada, é a relativa à tensão direito da mulher à escolha de levar ou não adiante uma gravidez *versus* dever (ou responsabilidade) de cuidado, sendo que este último acompanha – ou deveria acompanhar – também os genitores do sexo masculino, principalmente após o nascimento da criança.

A combinação dessas duas questões morais, acredito, permite enfrentar os problemas relativos à criminalização do aborto não só no Brasil, mas em qualquer comunidade política. Para esse enfrentamento, é necessário abordar o aborto e a maternidade como são, inclusive do ponto de vista físico/biológico. Tentarei aqui colocar as questões em termos e exemplos abstratos.[2] Após essa exposição geral, apresentarei as situações de acordo com a legislação brasileira.

As dicotomias acima apresentadas serão analisadas a partir dos argumentos que estão presentes no debate internacional, para além da relevância do problema de saúde pública, que é a defesa da privacidade da mulher e a de sua autonomia. Como estratégia de exposição, adotarei o seguinte roteiro: (i) exposição do problema moral/criminal relativo à prática do aborto; (ii) a tensão entre o direito do embrião/feto à vida e o direito da mulher de escolher se levará a cabo uma maternidade indesejada; (iii) a tensão entre o direito da mulher de escolher se levará a cabo uma maternidade indesejada e o dever de cuidado, atríbuído a mães e pais.

Na execução dessa exposição, apresentarei aquele que acredito ser o principal argumento que justifica a prática do aborto por uma mulher que não deseja permanecer grávida, nem mesmo ser mãe daquele embrião/feto: o de que ninguém deve ser obrigado a ferir-se para proteger a vida de quem quer

---

2   O fato de utilizar aqui, argumentos abstratos e de ordem moral não diminui, na minha perspectiva, a importância do debate político sobre o tema. Neste sentido, o sentido de moral, aqui, diz respeito a tudo aquilo que leva um agente a agir, e daquilo que pode ser exigido de alguém, em uma sociedade que não está regida, nem governada por alguma orientação religiosa ou moral específica. O ponto de vista, aqui, é o da pluralidade de concepções de vida e de planos de vida, sendo a maternidade uma parte importante desses planos, mas somente naquilo em que é escolhida pelas mulheres. Para um destaque dos aspectos políticos que envolvem o debate sobre o aborto, ver Miguel (2012).

que seja. Este argumento, acredito eu, é o mais abstrato e fundacional para que todas as questões relativas ao direito ao aborto e aos deveres incluídos na maternidade sejam enfrentadas, interpretadas e analisadas.

Após tal exposição, analisarei brevemente como o crime de aborto está caracterizado no ordenamento jurídico brasileiro, para que fique clara a necessidade de mudança legislativa, tendo em vista um adequado enquadramento das questões anteriormente expostas e, por fim, apresentarei as consequências da interpretação adotada neste texto. Como consequência principal será indicada uma abordagem da maternidade como algo que está na esfera de escolha da mulher, escolha essa que é exclusiva. Com essa abordagem, a maternidade deixa de ser um dever para se tornar um poder, na medida em que dele se pode abdicar. Esta interpretação comporta também um adequado enquadramento dos demais direitos reprodutivos da mulher, que não serão abordados especificamente neste texto.

Aborto: enquadrando a sua prática.

No debate sobre direito ao aborto, é frequente que ele seja colocado como uma questão eminentemente própria da população feminina, que, na medida em que biologicamente é aquela que tem a capacidade de engravidar, tem a possibilidade de se deparar com o dilema entre levar a gravidez adiante ou decidir pela prática do aborto. No entanto, para um enquadramento criminal sistemático da prática do aborto, é necessário abordar conjuntamente o aborto praticado por terceiro, especialmente quando o terceiro é aquele que será o pai da criança. Esta abordagem permite enfrentar melhor a dicotomia entre o direito à vida do embrião/feto e o direito da mulher grávida de escolher pela interrupção da gravidez ou não.

A prática do aborto pode ser efetivada pela própria mulher grávida, ou por terceiro, *com* ou *sem* autorização da mulher. Não me preocuparei aqui com a situação em que o terceiro pratica *com* a autorização da mulher, pois acredito que ele – o terceiro – é um coautor secundário, e seu enquadramento moral é absolutamente subsidiário em relação à definição de qual o status da prática de aborto pela própria mulher. O mesmo não ocorre com o aborto praticado por terceiro sem autorização da mulher, como passo a expor.

Tanto o aborto quanto a gravidez levada a cabo por meio de parto (humanizado, normal ou cesariana) - e acredito que não seja necessário apresentar fotos ou relatos médicos envolvendo os dois procedimentos para comprovar essa afirmação - envolvem lacerações, ferimentos e alterações que constituem danos físicos às mulheres. Tais danos são enfrentados voluntariamente por elas, seja pelo desejo de ser mãe do ponto de vista biológico e, para isso, a decisão de ficar grávida, seja pela escolha de interromper ou não a gravidez.

Do ponto de vista dos direitos individuais mais básicos que são atribuídos a qualquer indivíduo, homem ou mulher, em uma comunidade política, a garantia da integridade física e a consequente vedação da atribuição de um dever de ferir-se para salvar a vida de outrem parece ser inquestionável. Diante desse preceito fundamental, é possível extrair como consequência que ninguém deve ser obrigado a ferir-se, seja qual for a situação. Até mesmo procedimentos cirúrgicos destinados a salvar a vida de alguém devem ser autorizados pelo próprio paciente, ou pelo responsável, no caso de sua incapacidade jurídica, seja por menoridade, seja por razões mentais.

Se isso é verdade, parece razoável concluir que a mulher não pode ser obrigada nem a levar uma gravidez adiante, nem a realizar um aborto. Tal afirmação, aparentemente bastante singela, excluiria a culpa de qualquer mulher no caso de ela própria praticar o aborto e tornaria um violador de um direito individual aquele que obrigá-la a abortar. Esse enunciado abstrato, no entanto, não é utilizado como argumento para afastar a culpabilidade e, no limite, tornar inválidas as leis que tipificam a conduta do aborto praticado pela mulher como crime. As discussões mais fortes, tanto do ponto de vista teórico quando no debate ativista, constituem-se em torno da dicotomia entre o direito à vida do embrião/feto e o direito da mulher de escolher entre levar adiante ou interromper uma gravidez, expressa na tensão entre a defesa do direito à vida ou da autonomia.

Embora o debate sobre a desejabilidade normativa da autonomia das mulheres seja bastante denso - provavelmente muito mais do que aquele que será empreendido neste texto -, acredito que ele não seja o mais profícuo para tratar do aborto de forma abrangente. Isto porque a discussão sobre a autonomia, a intimidade e a identidade das mulheres como grávidas e mães não abarca a que envolveria também a identidade e a autonomia dos homens que se tornarão pais e deverão arcar com a responsabilidade e os deveres dessa condição. O fato de muitos homens abandonarem mulheres grávidas de seus filhos e mesmo suas famílias não diminui a exigência normativa expressa no seu dever de cuidado e sua responsabilidade para com seus filhos. Além disso, se se pretende que a responsabilidade pelo cuidado com os filhos seja cada vez mais igualitária, a situação dos pais também deve ser levada a sério e considerada. Levando isso em conta, não é possível defender o direito do pai de forçar a mulher a abortar, por este procedimento envolver danos que somente podem ser enfrentados de forma voluntária. Neste sentido, o fato físico de que é o corpo da mulher que suporta tanto a gravidez quanto o aborto deve ser levado a sério ao seu extremo.

Considerando o aborto provocado por terceiro, seja por indução enganosa a tomar remédios, ou por meio de lesão corporal, como enquadrá-lo? Se considerarmos que o feto/embrião é apenas uma extensão do corpo da mãe, de acordo com um argumento de origem lockeana, uma lesão corporal ou indução à ingestão de medicamento que leve ao aborto apenas deverá ser tratada como lesão corporal e nada mais. No entanto, parece razoável pensar que, no caso, se trata de algo a mais, inclusive porque a mulher vítima da agressão passará por procedimentos penosos além dos danos físicos mais imediatos à agressão. Esse algo a mais será a vida do embrião/feto? Do ponto de vista estrito de política criminal, não é necessário admitir que há uma vida além da própria mãe para que se caracterize como mais grave a lesão corporal a uma mulher grávida. No entanto, do ponto de vista moral, aspecto que também informa o direito penal, talvez seja difícil concordar que não há vida, em absoluto, no embrião, e ainda mais difícil de concordar que não haja no feto.

Restaria, neste caso de discordância, adotar a argumentação de Judith Tarvis Thomsom, cuja estrutura inspirou bastante este texto, mas com termos e dilemas postos, acredito eu, de maneira mais sensível ao debate atual, de que o feto é "dependente" da mãe, não sendo, portanto, uma vida autônoma. Embora acredite que a argumentação de Thomsom seja ainda válida, não penso que seja a mais adequada, pois é possível justificar o direito ao aborto, mesmo admitindo uma vida do feto equiparável à da mulher grávida. Neste sentido, pode-se explicitar que a premissa mais forte deste texto é o de que a vida do feto é, no máximo, equivalente à da mulher grávida. Esta premissa é bastante forte em um debate em que os argumentos contrários ao aborto parecem desconsiderá-la, sobrevalorizando a vida do embrião/feto.

Direito à vida e autonomia da mulher

Nos debates em relação ao direito ao aborto travados no campo jurídico, tanto brasileiro quanto de outros países, há uma forte controvérsia sobre quando começaria o direito à vida, se desde a concepção, ou se em algum momento posterior, durante a gestação, ou se com o nascimento da criança com vida. Este debate foi o que marcou o julgamento da ação de descumprimento de preceito fundamental que tratou da interrupção voluntária de gravidez nos casos de anencefalia do feto (ADPF 54). Fundamentos religiosos justificando a concepção de início da vida desde a concepção estão presentes em todos os lugares e, no contexto brasileiro, marcou inclusive o debate constitucional relativo aos direitos fundamentais que se consagrou no texto atualmente em vigente, desde 1988.

Na Califórnia, estado dos Estados Unidos da América (EUA), de acordo com a narrativa apresentada por Kristin Luker acerca do debate que culminou com a aprovação da Lei em relação ao aborto da Califórnia, conhecida como Lei Beleison, na disputa pelo texto da lei, aprovado em 1967, foi bastante debatido que não deveria ser colocada em dúvida a equiparação dos direitos do feto com os da mãe, especialmente por demandas do governador Ronald Reagan, pressionado por movimentos *pro-life*. No entanto, abriu-se uma grande margem de discricionariedade médica, pois era legal a prática do aborto, sem necessidade de qualquer autorização judicial, desde que autorizado por uma junta médica, com os fins de preservar a saúde física e mental da mulher. Assim, para que o aborto fosse autorizado, bastava um parecer de uma junta médica justificando a recomendação de que ele fosse praticado por estar em risco qualquer aspecto da saúde da mulher.

Essa legislação, embora tivesse ampliado a moldura legislativa da autorização legal para o aborto, não contrariava os movimentos pró-vida, pois preservava o estatuto de igualdade entre a mulher grávida e o feto. No entanto, em 1973, ano em que se deu a decisão da Suprema Corte divisora de águas sobre o tema nos EUA, o número de abortos na Califórnia era de 1 para cada 3 gravidezes. Esses números não eram suficientes para despertar qualquer movimento pró-vida, pois a decisão sobre o aborto permanecia, ao menos de acordo com a ficção legal, nas mãos de uma junta médica, e na realidade, essa junta médica era, em sua maioria, masculina.

Paralelamente à Lei Beleison, crescia o movimento feminista numa nova linguagem, não somente pró ao direito ao aborto, mas ao direito de escolha, assumindo portanto uma linguagem de direitos das mulheres. Tal movimento teve seu ápice em 1973, no julgamento pela Suprema Corte, do caso *Roe versus Wade*, que que o direito ao aborto foi garantido às mulheres com fundamento na 14.a Emenda da Constituição dos Estados Unidos, na medida em que foi interpretado como algo que dizia respeito a uma questão de privacidade das mulheres. Tal decisão, além de seus fundamentos jurídicos, foi baseada também em uma percepção de que a opinião pública estadunidense estava muito mais voltada para o lado *pro-choice* do que para o lado *pro-life*. De fato, os ativistas que detinham mais visibilidade, inclusive aqueles dos meios acadêmicos, eram os defensores do direito ao aborto. Por conta disso, a partir de 1973, o movimento *pro-life* começou a ganhar força, embora tenha tido sucessivas derrotas até agora, não se sabendo até quando.

Naquele contexto, entre os defensores do argumento pró-vida, a maternidade era vista como um destino, e ainda que ela fosse uma surpresa, tal destino somente poderia ser modificado por meio de alguma razão *externa* à vontade da mulher, e por isso, o aborto deixa de ser um problema exclusivo da intimidade das mulheres e passa a ser um problema público. Ali, muito mais com o intuito de proteger a reserva de mercado de um grupo de médicos recém chegados à vida profissional, era a eles que cabia definir quando ou não começava a vida. Esse contexto deixa clara a preferência social expressa naqueles que aprovaram a lei por conferir a um grupo de homens, investidos de saber técnico, o poder de decidir quando começa ou não a vida. Como indicado na seção anterior, este debate não é o mais adequado para o enfrentamento da questão, pois não abrange a questão central, a meu ver, que é: o quanto a vida da mulher é relativa à vida do feto/embrião?

Neste sentido, mesmo admitindo que há vida desde a concepção e, portanto, o feto/embrião teria direito à vida, é necessário também reconhecer que há uma outra vida, que se iniciou muito antes da concepção e que é extrememente necessária, incondicional para que essa vida concebida possa vir a existir. Ronald Dworkin expõe que, muitas vezes, essas vidas apresentam convicções diferentes das demais, com o intuito de justificar o direito à escolha de não ter o filho no caso de uma gravidez indesejada. Dworkin, abordando o domínio da vida no campo do aborto e da eutanásia, frisa a necessidade de que as escolhas sobre o domínio da vida que envolvem cada indivíduo estejam sob o escrutínio da própria mulher. Do contrário, ter-se-á uma verdadeira tirania. Diante disso, elenca três questões sobre a morte (sempre envolvendo eutanásia e aborto, sendo que, aqui, o foco do texto é apenas sobre o aborto): a autonomia, os interesses fundamentais e a santidade, ou sacralidade da vida.

Além desse argumento centralizado na dignidade ou sacralidade da vida, a autonomia é o valor que mais tem sido reivindicado pelas mulheres ao defender seu direito ao aborto. A autonomia sobre o próprio corpo é um dos valores mais caros do feminismo e extrapola os domínios do aborto. Essa autonomia, para o escopo deste texto, de forma bastante simplificada, garantiria à mulher a deliberação sobre o destino de seu corpo e de tudo aquilo que fosse extensão a ele. Na definição de Friedman, a autonomia diz respeito ao comportamento da pessoa de acordo com os seus mais profundos desejos e valores que foram afirmados de forma reflexiva. Essa definição, bastante abrangente é, ao mesmo tempo, bastante exigente, não só com os sujeitos, mas também em relação às circunstâncias sociais que delimitam suas ações. O que se propõe, aqui, é que não é necessário utilizar da sofisticada conceituação e demanda de autonomia para defender ou mesmo reivindicar o direito das mulheres de decidirem pelo aborto. A autonomia, como conceito bastante amplo, multifacetado, polissêmico e, provavelmente, inatingível de forma plena por homens e mulheres, talvez não componha a estratégia adequada para defender tal direito.

Em relação estritamente ao direito ao aborto, a defesa da utilização do argumento da autonomia foi feita por Jean Cohen, ao debater a interpretação dada pela Suprema Corte Americana no caso *Roe versus Wade*, a partir da interpretação da lei californiana acima mencionada. Cohen procura responder à crítica feminista ao referido julgamento segundo a qual, ao reservar ao aborto o espaço da privacidade da mulher e, portanto, livre da interferência do Estado, a Suprema Corte teria retrocedido em relação às demandas feministas de inclusão das questões domésticas na esfera pública. O "pessoal é político" foi um lema da segunda onda do feminismo e, para a conquista de igualdades no campo doméstico, onde as atividades de cuidado acabam sobrecarregando as mulheres, é necessário que o que ocorre na esfera doméstica seja tratado no domínio público, e tal necessidade se reforça se considerarmos que a violência contra as mulheres ocorre predominantemente no espaço doméstico, nas relações com os cônjuges e parentes do sexo masculino. Na estrutura familiar e doméstica é onde o patriarcado, estrutura social associada ao machismo, produz seus efeitos mais nocivos para a liberdade das mulheres e para uma desejável igualdade entre os sexos.

Além disso - um ponto não apontado por Cohen - reservar a prática do aborto ao campo da intimidade da mulher, resolve o problema de não criminalizá-la, mas não lhe dá a possibilidade de contar com o apoio do Estado para levar adiante o exercício de sua autonomia, que é escolher se vai ou não levar a gravidez adiante, com o suporte de instituições de saúde, sejam elas públicas ou privadas. No caso dos EUA, por exemplo, há hospitais que se recusam a realizar a interrupção voluntária de gravidez, por acreditarem ser moralmente errado. Com essa recusa, é possível a situação em que uma mulher tenha de peregrinar entre cidades e até mesmo estados para que possa ter acesso a um serviço de saúde para realizar o procedimento pretendido de forma segura.

Outro argumento apresentado por Cohen, auxiliar ao da defesa da autonomia, que é o do direito da mulher de recusar a identidade de mãe, pode ser considerado mais fraco, pois tal argumento poderia ser também invocado por um homem que não queira ser pai e, recusando essa identidade, procure afastar sua responsabilidade pelos cuidados e manutenção da criança relativos à paternidade. Aplicado o mesmo direito de recusar uma identidade aos homens, só que a identidade de pai, estaria legitimada a interferência na decisão sobre a prática ou não do aborto e, no limite, estaria também legitimado o abandono dos filhos.

Voltando à autonomia, embora, para o caso, ela seja uma reivindicação mais forte e adequada do que a simples privacidade, acredito que não é o melhor argumento porque as responsabilidades pelo cuidado decorrentes de ter um filho envolvem a perda de autonomia, como será vista na seção seguinte e, além disso, a autonomia, na hierarquia dos bens a serem protegidos, é inferior, à vida. Diferentemente, se enfrentarmos, adotando o enquadramento descrito na seção anterior, o que significam ter um filho e fazer um aborto, procurando afastar qualquer santidade, qualquer sacralidade que envolva a questão, é possível levar às últimas consequências o fato físico que envolve ser mãe (do ponto de vista biológico, exclusivamente) e fazer um aborto (também do mesmo ponto de vista).

Gerar um filho, seja por parto normal, natural ou cesárea, envolve uma série de processos de modificações do corpo, de lacerações, de alterações fisiológicas que ninguém, nem mesmo uma mãe adulta, ou um pai adulto é obrigado a passar por seu filho, em qualquer idade que ele esteja. Aliás, ninguém é obrigado a ferir-se para salvar a vida e outrem. Neste sentido, se um indivíduo tem a vida como direito, embora este seja provavelmente o direito mais próximo de ser caracterizado como absoluto, isso significa que a vida não será ferida, mas não que alguém terá de lesar ou ferir o seu próprio corpo para protegê-la. Essa regra está compreendida pelas regras de natureza enunciadas por Hobbes, na primeira parte do Leviatã. E, aqui, a invocação de Hobbes, embora pareça extemporânea, é bastante propícia, pois o direito à decisão de ser mãe ou não ser vem sendo afastado, ou enfraquecido, por fundamentos que remontam à natureza da mulher e, se é de um direito reprodutivo que se fala, algum resvalo na natureza a fundamentação deve ter. Além disso, a relativização da vida da mulher em relação à vida do feto remonta a uma desvalorização da primeira que torna necessário invocar argumentos anteriores à igualdade jurídica e política plenas, conquistadas em momentos específicos em cada sociedade. A regra segundo a qual "ninguém é obrigado a ferir-se" também pode ser considerada praticamente um postulado do direito penal, de fundamento extremamente individualista: é também um resguardo legítimo do indivíduo em face de qualquer intervenção do Estado. Mas não é apenas ter um filho contra a vontade que produz ataques ao próprio corpo que contraria postulados básicos de uma ordem liberal ou criminal. Fazer um aborto contra a vontade também envolve lacerações, sofrimentos e ferimentos, que a grávida terá de escolher.

Diante desse quadro, o que se pode exigir de uma mulher grávida que ainda não decidiu ser mãe? Que ela seja uma santa ou abnegada e encare todos os processos fisiológicos de ser mãe – é possível que muitas assim o façam, mas o ponto é que não é legítimo *exigir* delas que o façam – independentemente de isso ir absolutamente contra todos os seus desejos, planos e condições de assumir a identidade, com todas as decorrências, de mãe? Ou se pode permitir a ela que abrevie uma transformação corporal, vital e jurídica indesejada? Negar direito de escolha à mulher é negar-lhe a própria condição de sujeito com livre arbítrio. E esta condição – a de sujeito com livre arbítrio – já foi alcançada plenamente pelas mulheres, há pelo menos mais de um século, quando conquistaram o direito de votar.

Restaria, ainda, examinar um último argumento, que é apresentado por aqueles que são contrários ao direito da mulher ao aborto, mesmo no caso em que se encontra em risco a saúde da mulher. De acordo com os defensores desse argumento, o aborto envolveria um assassinato voluntário e planejado, enquanto a morte da mãe seria algo decorrente da natureza. Em relação à interpretação de que o aborto seria um assassinato, ela não é suficiente para afastar o direito à sua prática, pois isso afastaria, também, a legítima defesa como elemento de exclusão de imputabilidade penal, regra cara aos sistemas penais liberais. Sobre o fato de ser voluntário e planejado, o questionamento cabe sobre em que momento essa vontade e esse planejamento estariam presentes, se a mulher decide por interromper a gravidez. Estaria no momento do ato sexual? Infelizmente, não atrelamento não é possível, em primeiro lugar em razão de o ato sexual não ser voltado para a reprodução – e as relações homoafetivas estão aí para demonstrar isso – e também por haver a possibilidade de, mesmo com o uso de todos os mecanismos anticoncepcionais, a gravidez ser possível. Admitidas essas razões para afastar a relação volitiva entre ato sexual e desejo de ser mãe, a única razão que parece persistir para justificar o não reconhecimento jurídico do direito de interromper voluntariamente a gravidez, em qualquer caso, é o de culpar – e condenar – a mulher a pagar pelo ato sexual que praticou.

Esse tipo de culpabilização parece estar presente mesmo quando a mulher decide levar a gravidez adiante, nos casos em que são relatadas formas de violência obstétrica no momento do parto. Essa culpabilização é destinada de forma exclusiva às mulheres, e não aos homens.

Autonomia da mulher e dever de cuidado

Além da dicotomia entre o direito à vida e o direito da mulher a escolher o seu destino após a concepção, em seu útero, de um bebê, sua autonomia, como já indicado na seção anterior, deve ser confrontada com as responsabilidades e o dever de cuidado decorrentes da maternidade.

Do ponto de vista jurídico, o dever de cuidado e a responsabilidade dos pais pela educação e desenvolvimento de seus filhos são decorrentes da assunção da condição de mãe ou pai. Essa condição não é obtida apenas biologicamente, mas também por adoção. Neste sentido, e de forma coerente com a posição adotada neste texto, talvez fosse mais correto afirmar que todo filho (a) deve ser adotado, na medida em que deve ser desejado e resultado de uma decisão de uma mulher e/ou de um homem, de serem mãe e pai, respectivamente. A própria possibilidade de adoção por casais homoafetivos reforça a concepção de que a constituição de uma família depende muito menos de um destino biológico e mais de uma escolha e de uma decisão profundas a respeito da formação de um novo núcleo familiar. O cuidado com os filhos restringe, inequivocamente, a liberdade de mães e pais. Horas de sono reduzidas, liberdade para ir e vir a qualquer momento restringida são as consequências mais elementares do dever de cuidar e prover o ambiente da criança daquilo que é necessário para que ela cresça em condições razoáveis de saúde e de afeto. Se, por um lado, a liberdade sofre algumas restrições, por outro, responsabilidades aumentam, como a necessidade de um orçamento familiar adequado para o provimento de alimentação e os bens primários necessários para a vida da criança. As vidas de pais e mães deixam de ser as mesmas a partir da responsabilidade e do dever de cuidado com seus filhos. E note-se que mesmo essa responsabilidade é limitada. Nenhum filho pode, alegando não ter recebido afeto suficiente, reivindicar judicialmente esse afeto dos pais. Em casos extremos, pode haver a perda do pátrio poder, mas essa é uma medida extraordinária, que só é tomada quando a vida junto à família pode trazer maiores prejuízos à criança ou ao adolescente do que o afastamento dela.

Mas até onde vai esse dever do cuidado? Pais, mães e filhos são indivíduos e enquanto os filhos são menores os primeiros – pais e mães – têm deveres assimétricos em relação a eles. Não se trata de uma relação de igualdade, e não poderia ser diferente. No entanto, essa assimetria certamente não envolve que cada um –seja pai, seja mãe – se disponha a sofrer danos corporais para cuidar dos filhos. Qualquer omissão que se caracterize em razão de problemas de saúde de mães e pais pode fazer, no limite extremo, com que percam o pátrio poder, como já indicado acima, mas não que sejam presos ou que sejam obrigados a levantar da cama extremamente doentes, ou que cortem um braço, ou mesmo a que tomem remédios, para cuidar adequadamente de um filho.

Pois, quando se obriga uma mulher a, a partir da concepção, levar uma gravidez adiante sob pena de ser presa, é justamente a isso que ela está sendo obrigada: a ferir-se para, supostamente, salvar a vida de alguém. Ou seja, a mulher, que em qualquer situação estaria isenta, como indivíduo, de ser exigida a ferir-se para cuidar de seu filho, ou de quem quer que seja, enquanto está grávida parece sofrer uma diminuição de seu status jurídico e passa a ter deveres maiores do que aqueles que ela teria em relação a um filho já nascido. Neste aspecto, mais do que igualar a vida do feto à vida de uma mãe – o que já seria questionável, dadas as discussões sobre o início da vida -, o feto parece, juridicamente, valer mais do que qualquer outro indivíduo.

Mas o que faz com que a mulher grávida seja tão exigida?

Duas vidas: limites e alcance da maternidade

Reforçando a estratégia aqui adotada, e admitindo o argumento de que há, sim, duas vidas, quando uma mulher está grávida - por uma questão lógica de que o aborto pode ser praticado por terceiro contra a vontade da mulher - vou desenvolver aqui o quanto não é necessário o discurso da autonomia e sim um discurso individualista muito mais simples para defender o direito da mulher de não ter o filho ou tê-lo, conforme a sua escolha.

O debate sobre a autonomia, no campo das desigualdades de gênero, extrapola a questão do aborto. No debate internacional, como já apontado acima, Marilyn Friedman, associou-o com os valores da independência e da autossuficiência e definiu que a autonomia enfatiza o referencial normativo de uma pessoa se comportar de acordo com os seus mais profundos valores que ela, de forma refletida, tenha reafirmado. Pois, no caso do aborto, é possível indicar que menos que isso é necessário para defender os direitos da mulher a abortar (ou não), conforme a sua decisão. O debate sobre autonomia somente é possível a partir do momento em que se levam a sério os direitos relativos à condição de indivíduo. E o que está sendo defendido aqui é que a mulher, se tratada como simples indivíduo (que pode ou não ser autônomo – a autonomia é um referencial, e não uma realidade) possui o direito de abortar.

Para ilustrar a aplicação da argumentação construída neste texto, tome-se o seguinte exemplo: uma mulher fica sabendo que está grávida. Ela tem uma vida: profissional, de estudos, de brincadeiras, ou do quer que seja. Ficou grávida por um ato de responsabilidade não somente sua. Mas ela suportará os principais efeitos físicos nos próximos oito ou nove meses. Esses efeitos podem ser mais ou menos desagradáveis. É de sua vida que se está falando. E a quem é cobrado que altere toda a sua vida, o seu próprio corpo, que faça uma cirurgia, para salvar a vida de outrem? Isso só é passível de ser levado a cabo se a vida feminina de que estamos falando quiser. Do contrário, não é possível exigir que ela se fira, tenha todos os seus hormônios alterados, sofra lacerações, contra a sua vontade. Da mesma forma, não é possível obrigá-la a interromper a gravidez, porque isso também importa lacerações e consequências em seu corpo. Ora, ninguém, nem um homem, nem uma mulher, em vida adulta, é obrigado a ferir-se para salvar a vida de quem quer que seja: nem mesmo de seus filhos. Aos filhos, os pais devem cuidado e, se quiserem salvá-los, numa atitude de heroísmo, que os salvem, mas isso não lhes será exigido.

O que proponho como interpretação para que o aborto não seja considerado crime - e isso pode ser feito inclusive por decisão judicial, e não somente por lei, embora esta seja necessária para que o Estado possa prover os meios seguros, para os fins de efetivação do direito ao aborto - é que não é possível exigir da mulher conduta diversa. Repetindo: ninguém é obrigado a ferir-se, a mutilar-se, a dilacerar-se, para salvar a vida de alguém. Este é um princípio válido para todo direito penal liberal e não é necessária a sofisticação de qualquer argumentação diferente. Além disso, a escolha de ser mãe envolve toda uma vida, mas creio não ser esse o argumento principal, pois, do contrário, pais também poderiam argumentar não querer ser pais, e, por contrato, buscar obrigar uma mulher a fazer aborto, o que, na linha de raciocínio adotado neste texto, é inadmissível.

Mas então, o que fez com que os paladinos da defesa da vida desde a concepção se tornassem indiferentes à quantidade de mulheres que morrem por não poder fazer o aborto em condições seguras, especialmente no Brasil? O que parece responder esta pergunta é uma certa inclinação à culpabilização da mulher pelo ato sexual supostamente "irresponsável" e também uma desconsideração de tudo aquilo que a maternidade e o que o próprio aborto são. Considerada a realidade, sem idealizações, sem tabus, verifica-se que nem o destino de ser mãe é o mais idílico, nem a escolha pelo aborto é sem adversidades ou danos. A questão é: qual o destino que a mulher quer para si e para quem está à sua volta? Essa pergunta ganha ainda mais sentido, e perde qualquer dimensão egoísta se considerarmos que a reprodução é uma dimensão da vida que interessa a todos – homens, mulheres, sociedade, Estado -, mas que é colocada de maneira a sobrerrelevar a responsabilidade da mulher. Considerando mais este aspecto da reprodução, fica ainda mais difícil culpar – mais difícil ainda condenar – qualquer mulher por escolher não levar adiante uma gravidez.

Objeções

Adotando a argumentação aqui exposta como justificativa para que a mulher tenha o direito de decidir pela interrupção voluntária da gravidez ou não, tem-se como consequência que tal interrupção pode ser decidida a qualquer momento. A primeira objeção a ser apresentada a este argumento é: seria legítimo, então, a mulher decidir, aos oito meses de gravidez, por abortar? Judith Thomsom, em seu artigo "Uma defesa do aborto", utiliza uma argumentação cujo núcleo é parecido com o aqui adotado, na medida em que relativiza o direito à vida do embrião/feto. No entanto, ela utiliza como para sua argumentação um caso hipotético em que uma pessoa se descobre conectada vitalmente com um violinista famoso e que, a partir de então, quer se desconectar dele e essa desconexão é justificada do ponto de vista da pessoa que se conectou com ele involuntariamente, relativizando o "direito à vida do violista". Nessa relativização, ela enuncia que o "direito à vida não consiste no direito de não ser morto, e sim no direito de não ser morto injustamente", que está de acordo com a exposição aqui adotada, mas, a meu ver, não justifica adequadamente o direito da mulher grávida de escolher abortar. Além dessa enunciação, bastante útil, principalmente no momento em que foi feita, Thomsom continua, ainda, sustentando que o "feto é dependente da mãe", e que "existem alguns casos em que abortar é matar injustamente". Para solucionar isso, ela apresenta o seguinte argumento: "concordo que o desejo de que a criança morra não deve ser satisfeito por ninguém se for possível desconectar a criança viva".

No entanto, de acordo com a argumentação aqui exposta, o que legitima a escolha pelo aborto é justamente a impossibilidade de obrigar a mulher a passar, durante nove, oito, sete ou seis meses, por alterações corporais, náuseas, e o próprio destino da maternidade, sem que ela queira. Ocorre que, a partir dos sete meses de gravidez o procedimento abortivo se assemelhará em muito ao parto e, acredita-se, se não houver tabu no enfrentamento destas questões, é possível que a mulher seja convencida – e não forçada – a levar sua gravidez a cabo e colocar a criança à diposição para adoção.

Outra objeção a ser apresentada é a de que, levada a argumentação aqui exposta ao extremo, o procedimento abortivo poderia passar a ser adotado como mais um método contraceptivo. Neste aspecto, acredito que, do ponto de vista moral, há justificativa que a mulher o adote. No entanto, do ponto de vista de sua própria saúde, a adoção do aborto como método contraceptivo deve ser desestimulada e, acredito, somente a possibilidade de um debate aberto na esfera pública, sem os tabus que atualmente o cercam em razão de sua criminalização, será capaz de apresentar os esclarecimentos necessários acerca da utilização do aborto como método contraceptivo. Além disso, foi bastante destacado aqui que o aborto também é um procedimento que envolve lacerações e danos ao corpo da mulher, colocando em risco até mesmo sua capacidade reprodutiva futura, e esses riscos devem ser colocados de forma clara, sem preconceitos, tanto no debate público, quanto na orientação médica individual sobre qual melhor procedimento a ser adotado em cada caso, em cada situação de vida que circunda uma gravidez, desejada ou não.

A terceira objeção que seria aquela decorrente de qualquer atrelamento da vontade de ser mãe ao simples ato sexual, condenando já de antemão a mulher a suportar as maiores consequências desse ato, que não é solitário, nem exclusivamente individual, a um destino que somente pode ser assumido após uma decisão refletida. Nesse aspecto, se a conceituação de autonomia de Friedman faz algum sentido, ela ganha relevância maior nessa decisão, que não deveria ser tomada com referenciais normativos, muito menos dogmático-religiosos que não forem aqueles adotados e assumidos pela própria mulher grávida.

O crime de aborto no Brasil

Feita essa defesa geral do direito ao aborto, vejamos como o crime de aborto é caracterizado no Brasil. Ele está tipificado no Código Penal, nos artigos 124 a 128, nas seguintes formas:

Aborto provocado pela gestante ou com seu consentimento
Art. 124 – Provocar aborto em si mesma ou consentir que outrem lho provoque:

Pena – detenção, de um a três anos.

Aborto provocado por terceiro
Art. 125 – Provocar aborto, sem o consentimento da gestante:
Pena – reclusão, de três a dez anos.
Art. 126 – Provocar aborto com o consentimento da gestante:
Pena – reclusão, de um a quatro anos.
Parágrafo único. Aplica-se a pena do artigo anterior, se a gestante não é maior de quatorze anos, ou é alienada ou débil mental, ou se o consentimento é obtido mediante fraude, grave ameaça ou violência

Forma qualificada
Art. 127 – As penas cominadas nos dois artigos anteriores são aumentadas de um terço, se, em consequência do aborto ou dos meios empregados para provocá-lo, a gestante sofre lesão corporal de natureza grave; e são duplicadas, se, por qualquer dessas causas, lhe sobrevém a morte.
Art. 128 – Não se pune o aborto praticado por médico:

Aborto necessário
I - se não há outro meio de salvar a vida da gestante;

Aborto no caso de gravidez resultante de estupro
II – se a gravidez resulta de estupro e o aborto é precedido de consentimento da gestante ou, quando incapaz, de seu representante legal.

A tipificação do aborto no Código Penal brasileiro, conforme transcrito acima, já estabelece a diferenciação entre o aborto praticado pela mulher grávida (art. 124) e por outrem (arts. 125 a 127), ao conferir à conduta praticada pela mulher grávida uma pena menor. O Código Penal, positivado por meio do Decreto- Lei de 1940, com alteração de sua Parte Geral por meio de Lei de 1984, já reconhece, portanto, alguma diferenciação relativa à vontade da mulher, ainda que não a autonomize completamente.

A despeito de tal criminalização, no Brasil, em estudo feito por Debora Diniz e Marcelo Medeiros, cujos resultados foram publicados em 2010, estimou-se que uma em cada cinco mulheres de até 40 anos realizaram aborto. Admitindo a argumentação exposta nas seções anteriores deste artigo, a culpabilidade da mulher, no tipo do art. 124, poderia ser afastada por inexigibilidade de conduta diversa. A inexigibilidade de conduta diversa é um princípio de direito penal, constituindo uma causa supralegal de exclusão da culpabilidade. Por meio da exclusão da culpabilidade, uma conduta, embora seja tipificada como crime, não é assim caracterizada no caso concreto, por faltar a culpa, elemento essencial para que uma conduta seja classificada como crime. No entanto, ainda que esse afastamento tenha sido aplicado por algum juiz, em casos isolados, encontra-se presente na literatura jurídica brasileira apenas em relação aos casos de aborto por anencefalia, e parece estar ausente dos debates morais acerca do aborto. Embora essa seja uma saída judicial, possível e capaz de resolver casos individuais de injustiça, ela não resolve o problema do ponto de vista geral, que é o de o Estado poder garantir, à mulher grávida, os serviços de saúde necessários para que ela possa realizar um aborto em segurança. Essa garantia está de acordo com o estabelecido em convenção da ONU, sobre a eliminação de todas as formas de discriminação contra a mulher. Encontra-se, também, em desacordo com o preceito constitucional do art. 226, em seu parágrafo 7.o: "Fundado nos princípios da dignidade da pessoa humana e da paternidade responsável, o planejamento familiar é livre decisão do casal, competindo ao Estado propiciar os recursos educacionais e científicos para o exercício desse direito, vedada qualquer forma coercitiva por parte de instituições oficiais ou privadas".

A culpabilidade sempre será verificada por autoridade competente do poder judiciário, e não poderá ser aplicada indiscriminadamente por qualquer agente público, por exemplo, no atendimento de serviços de saúde. Para que o serviço de saúde possa ser oferecido em geral, sem que seja necessária autorização judicial, é necessário que a conduta seja destipificada. Na atual situação, se a mulher decidir realizar um aborto com meios domésticos, seja por meio da utilização de objetos ou de medicamentos, e em consequência disso tiver complicações de saúde, ao buscar os serviços de saúde ela pode ser denunciada, além de todos os julgamentos sociais presentes, até mesmo quando ela manifesta sofrimento e dores no parto, como é relatado nas diversas pesquisas sobre violência obstétrica.

Como se isso não bastasse, mesmo nos casos do artigo 128 do Código Penal, o aborto necessário e no caso de gravidez resultante de estupro, é necessária uma autorização judicial para que o aborto possa ser realizado pela rede pública. Essa necessidade torna todo o processo demorado e bastante constrangedor e violento para a mulher que, além de se submeter ao procedimento ofensivo que é o aborto, também tem de passar por todo o processo de comprovação da gravidade de sua saúde, ou mesmo de um crime de estupro para poder ter acesso a esse serviço sem correr riscos.

Consequências: o poder de ser mãe

Levada a argumentação aqui exposta adiante, aplicando-a sobre os casos concretos, tem-se que, a partir da concepção, a mulher fica livre de ter o destino, o dever de ser mãe, passando esse dever a estar associado exclusivamente ao momento em que ela escolhe ser mãe, seja em decorrência da geração biológica, seja do mecanismo civil de adoção de uma criança.

A geração de uma criança deixa, então, de ser um dever para passar a ser um poder, na medida em que a mulher pode abdicar ou não dele. Com o termo poder, não se pretende aqui afirmar uma preponderância biológica da mulher sobre os homens, ou de controle sobre a vida, mas sim a de colocar em evidência que a exclusividade biológica da mulher de gerar uma criança não pode se tornar um ônus para ela, nem um pretexto para que se exerça um controle ainda maior sobre o seu corpo e seu destino. Poder, aqui, está em seu sentido mais elementar: algo de que se pode abdicar, mas que pode ser exercido nos limites da discricionariedade daquele que o detém. Em destaque, então, está o poder sobre si próprio, que diz respeito à autonomia mas não a só ela.

Além disso, o uso da palavra poder reforça ainda um aspecto relacionado aos direitos reprodutivos que é bastante oportuno no debate contemporâneo. Em todo o mundo, e especialmente no Brasil, onde o número de cesáreas é bastante alto, tendo como referência os padrões da Organização Mundial de Saúde, a pauta de empoderamento da mulher para que ela possa não só decidir a ser mãe, mas também escolher qual procedimento será adotado no parto faz parte da demanda por ampliação dos direitos reprodutivos da mulher.

Por fim, os casos de violência obstétrica também estão vindo à tona com mais frequência, e a concepção de que a maternidade é um poder, e não um fardo – ou uma pena por ter praticado atos sexuais -, pode contribuir para que casos de violência deixem de ocorrer.

Com a argumentação aqui exposta, portanto, não se pretendeu diminuir a importância, nem o esplendor da maternidade. Ao contrário, procurou-se reforçar a sua importância na medida em que é fruto de um desejo voluntário e, na medida do possível, consciente de constituir um núcleo familiar e seu esplendor apenas na medida em que esse desejo aparece, não como uma obrigação inescapável.

Referências bibliográficas

BIROLI, Flávia (2013). *Autonomia e desigualdades de gênero: contribuições do feminismo para a crítica democrática*. Niterói: Editora da UFF.

COHEN, Jean L. (2012). "Repensando a privacidade: autonomia, identidade e a controvérsia sobre o aborto". *Revista Brasileira de Ciência Política*, n. 7, p. 165-204.

DINIZ, Debora e Marcelo MEDEIROS (2010). "Aborto no Brasil: uma pesquisa domiciliar com técnica de urna". *Ciência & Saúde Coletiva*, vol. 15, supl. 1, p. 959-66.

DWORKIN, Ronald (2009). *Domínio da vida: aborto, eutanásia e liberdades individuais*. São Paulo: Martins Fontes.

FRIEDMAN, Marylin (2003). *Autonomy, gender, politics*. New York: Oxford University Press.

LUKER, Kristin (1984). *Abortion and the politics of motherhood*. Berkeley: California University Press.

MIGUEL, Luis Felipe (2012). "Aborto e democracia". *Revista Estudos Feministas*, vol. 20, n. 3, p. 657-72.

THOMSOM, Judith J. (2012). "Uma defesa do aborto". *Revista Brasileira de Ciência Política*, n. 7, p. 145-164.

POLÍTICA, DIREITOS HUMANOS E ABORTO
Uma análise das opiniões de líderes pentecostais brasileiros

Maria das Dores Campos Machado

No segundo semestre de 2014, em menos de um mês, duas mulheres que pretendiam realizar aborto no Estado do Rio de Janeiro morreram durante os procedimentos médicos realizados em clínicas clandestinas e as circunstâncias brutais em que os corpos apareceram chocaram a população fluminense.[1] Jandira Magdalena Cruz[2] foi à uma clínica na cidade de Campo Grande, Região Metropolitana do Rio, no dia 26 de agosto, mas seu corpo, mutilado e carbonizado só foi encontrado muitos dias depois. Já Elisangela Barbosa[3] teria realizado o aborto com ajuda médica no dia 20 de agosto, em uma casa no município de São Gonçalo. Na noite do dia seguinte foi levada já sem vida à um hospital de Niterói por um motorista desconhecido que, relatou ter sido parado e forçado por traficantes de uma favela a realizar o translado de Elisangela. Segundo sua versão, os traficantes teriam encontrado o corpo abandonado nas proximidades da favela e queriam evitar a vinda de policiais à região.

---

1 Agradeço a Bolsa de Produtividade em Pesquisa concedida pelo CNPq para o Projeto "Religião e formação de lideranças políticas na contemporaneidade" que foi desenvolvido de maneira articulada com o estudo *Pentecostal Leaders in Latin America: Political and Socio-Economic Attitudes*. Sou grata ao financiamento do Pentecostal and Charismatic Research Initiative (PCRI) da University of Southern California a esta segunda investigação que envolveu também os professores Paul Freston, Joanildo Burity; os doutorandos Laura Machado e Robson Souza; e as bolsistas PIBIC/UFRJ: Maria Rita Galhardo e Anna Paula Coimbra.

2 http://g1.globo.com/rio-de-janeiro/noticia/2014/09/corpo-de-gravida-morta-em-aborto-e-enterrado-em-niteroi-rj.html.

3 http://g1.globo.com/rio-de-janeiro/noticia/2014/09/corpo-de-gravida-morta-em-aborto-e-enterrado-em-niteroi-rj.htmljandira

As mortes destas mulheres foram bastante exploradas nos meios de comunicação do Estado, mas aqui eu gostaria de chamar atenção para dois artigos de opinião que foram publicados, na mesma página do Jornal o Globo, no dia 23 de outubro. Com o título "Aborto, o alto preço da ilegalidade", o artigo de autoria de Lena Lavinas e Debora Thomé associava as mortes das duas mulheres à "atitude covarde" dos atores sociais e políticos que não enfrentam o desafio de legalizar a interrupção voluntária da gravidez. Já o segundo artigo, intitulado "O cumulo da covardia" e escrito pelo deputado Federal Eduardo Cunha, atribuía as mortes ao pouco empenho dos órgãos competentes na punição dos responsáveis pelas práticas abortivas no país e às penas brandas aplicadas aos mesmos quando estes chegam a ser julgados. Ou seja, a necessidade de revisão das legislações relativas à interrupção da gravidez aparece nos dois artigos, mas as propostas vão em direções opostas. Enquanto as feministas sinalizam para a necessidade de legalizar o aborto, o legislador pentecostal propõe a "radicalização da ação penal contra os médicos" que realizam os procedimentos para a interrupção da gestação. Nas suas palavras, "o aborto deveria ser tratado como crime hediondo" e o médico que o realiza deveria ter cassado o seu registro profissional e receber uma pena bem maior do que a prevista pelo nosso código penal.

Menciono estes dois textos porque eles expressam posições de segmentos ideológicos que se enfrentam não só nas mídias impressas, televisivas e redes sociais, como também nas casas legislativas de nosso país: o feminista e o pentecostal. Grupos ideológicos que disputam a um só tempo o sentido da vida humana e a amplitude dos direitos humanos em nossa sociedade. Pareceu-me instigante também a mediação de gênero nas opiniões apresentadas e o fato dos articulistas empregarem no caso das feministas o adjetivo covarde e no segundo o substantivo covardia para falar das circunstâncias da morte das duas mulheres que, embora jovens, já eram mães.

Em ambos os textos, a defesa da vida se fez presente. As duas feministas argumentavam que o direito à vida é um direito das mulheres. E o aborto seria um direito individual". O legislador evangélico demonstrava claras pretensões de assumir a presidência da Câmara Federal na legislatura seguinte, revelando-se perplexo com o desprezo da vida humana, defendeu a vida do feto e apresentou "o aborto como uma covardia". Uma covardia contra "a criança ou feto que não tem nenhuma chance de defesa". Nas entrelinhas encontrava-se a ideia de que não só os médicos estariam violando o direito à vida do feto, mas também as mulheres que geraram estes fetos e decidiram pela interrupção da gravidez.

O argumento central desta minha comunicação é que os pentecostais estão reconfigurando seus discursos com a adoção de argumentos científicos e jurídicos para ajusta-los aos processos em curso na sociedade brasileira, especialmente ao fortalecimento do ideário dos direitos humanos e ao avanço dos movimentos feministas e gay. Aponto também para o discurso de minoria religiosa assumido pelas principais lideranças religiosas pentecostais que só se faz possível com a assunção do princípio da laicidade do Estado. Laicidade entendida de maneira bem distinta dos movimentos feministas e das minorias sexuais que defendem de forma mais veemente esta bandeira hoje. No discurso predominante entre os pentecostais, o estado laico é aquele que se mostra neutro em relação aos diferentes grupos religiosos e em especial à Igreja Católica que teve desde o início da colonização uma posição de muitos privilégios no Brasil. Ou seja, quando falam de Estado Laico, inspiram-se mais no modelo desenvolvido na sociedade norte-americana do que no modelo francês de laicidade.

Chamo atenção para este ponto, porque muitas vezes os atores que participam do debate público sobre o tema no Brasil parecem não dar devida atenção às formas diferenciadas de laicidade que podem ser identificadas nas configurações nacionais e as possibilidades de articulações dos sistemas de valores evangélicos com os outros campos discursivos. Na minha opinião, se nós feministas e simpatizantes dos movimentos LGBT quisermos ter sucesso na luta pela ampliação da cidadania temos também que aprofundar os estudos sobre a relação dos grupos religiosos com os discursos científicos e com o ideário dos direitos humanos.

Com intuito de contribuir para este debate, apresento nas seções seguintes algumas reflexões com base em dados levantados em uma investigação realizada entre 2011 e 2013 com cinquenta e oito líderes pentecostais[4] de várias regiões do Brasil. O nosso objetivo naquela pesquisa era mapear as posições das lideranças masculinas (50) e femininas(8) em relação a uma série de questões sociais, políticas e econômicas da contemporaneidade, entre elas os direitos humanos, a política e o aborto. Temas que pareciam muitas vezes de forma espontânea, ou seja, antes do estimulo dos entrevistadores, e de maneira articu-

---

4   Estes líderes desenvolviam atividades nas cidades de Salvador, São Paulo, Belo Horizonte, Brasília, Campinas e Rio de Janeiro. Quase todos tinham cargo eclesiástico – pastores/as, missionários/as, bispos, presbíteros – e dezoito entrevistados do sexo masculino acumulavam ou haviam se licenciado de seu cargo na igreja para assumir uma cadeira na Câmara Federal, Assembleias Legislativas ou nas Câmaras Municipais das cidades listadas acima. Os demais eram pastores que dirigiam instituições assistenciais e assessores políticos com atuação no Congresso Nacional.

lada nos discursos dos líderes. De modo que os/as pentecostais entrevistados/as frequentemente recorriam a noção de direitos dos homens, embora o sentido da expressão nem sempre fosse o mesmo. Neste capítulo examinarei o uso desta categoria nas opiniões dos líderes sobre duas temáticas: a participação crescente dos pentecostais na política brasileira e o aborto.

As relações paradoxais entre o cristianismo e os direitos humanos

Nos últimos anos, observamos uma tendência de crescimento das publicações com análises sociológicas sobre as relações das religiões com os direitos humanos.[5] De modo genérico, os estudiosos reconhecem a hegemonia do ideário dos direitos humanos nas sociedades ocidentais contemporâneas e enfatizam o caráter ambivalente da relação dos coletivos religiosos com aquele ideário.[6] Na interpretação de Carrette (2014), a base ética dos direitos humanos emerge de muitas tradições religiosas que defendiam a dignidade humana, mas a despeito deste laço seminal ou fundacional, a atuação dos grupos religiosos nas sociedades nem sempre se alinha com os princípios dos direitos humanos. Isto é, dependendo do contexto histórico, as religiões podem proteger grupos minoritários ou ajudar na construção de uma identidade política destas minorias, mas também podem causar divisões, opressões e intolerâncias.

Na mesma direção, Santos (2009), argumenta que a relação das religiões com os discursos dos direitos humanos é bastante complexa e diferenciada em função tanto das especificidades das tradições religiosas quanto da conjuntura política. Isto em parte pela heterogeneidade dos discursos no interior das próprias tradições e, em parte, pela pluralização e a ampliação das áreas de interseção entre as diferentes comunidades confessionais e entre estas e a perspectiva dos direitos humanos que tem servido de referência para a atuação do Estado liberal. De qualquer maneira, no ideário secular, a religião tem a ver com a esfera do compromisso privado e é matéria de um dos diferentes direitos do homem: o direito à liberdade religiosa. Situação que favorece a multiplicação das denominações confessionais e abre brechas para diálogos e tensões entre estas duas perspectivas.

Parece consensual também que o diálogo e mesmo a incorporação dos princípios dos direitos humanos nos discursos religiosos atuais seriam mais

---

5 Santos (2013); Freston (2011); Rosado-Nunes (2008); Machado (2010) e Machado e Piccolo(2011); Vital e Lopes (2013), Steil e Toniol (2013), entre outros.

6 Entre eles, encontram-se: Gauchet (2002), Hervier-Leger (2005), Santos (2013), Casanova (2009) e Davie (2012).

fáceis em algumas áreas temáticas, como a da desigualdade econômica e da injustiça social, do que no caso da moralidade pessoal – sexualidade e comportamento reprodutivo - e da educação de crianças, em especial na orientação sexual. Persistem, contudo, as divergências teóricas no tratamento da atuação de coletivos religiosos na sociedade civil e na política institucional. Observa-se que, enquanto alguns apostam na revisão da associação estabelecida por Weber entre modernidade e secularização, outros se alinham em torno da tradição francesa que enfatiza a laicidade do Estado e a laicização das sociedades ou seguem Habermas, tomando a religião como um entre os muitos discursos existentes na atualidade.

No campo sociológico, a presença crescente de muçulmanos na Europa, a expansão do pentecostalismo no continente Americano, assim como as discriminações oriundas do intercruzamento das dimensões religiosas e econômicas em grandes setores populacionais de várias partes do mundo têm suscitado análises comparativas que fortalecem a perspectiva das múltiplas modernidades[7] e reconhecem a existência de múltiplos "padrões de diferenciação e fusão das religiões e do secular" no ocidente (Casanova, 2009; Berger et ali., 2008). Mas se nos Estados Unidos e nos países europeus as investigações já permitiram um avanço com a incorporação da temática dos direitos humanos nas análises da sociologia da religião, no caso da América Latina, esta linha de interpretação ainda tem sido pouco explorada.[8]

Em artigo recente (Machado, 2013), tentei demonstrar a pertinência desta vertente teórica para se estudar as articulações da religião com a política na atualidade brasileira, e os embates atuais em torno das políticas públicas delineadas no campo da saúde reprodutiva, educação sexual e direitos das minorias sexuais. As polêmicas, envolvendo de um lado pentecostais e católicos tradicionalistas e do outro feministas e militantes das comunidades LGBTT, expressam disputas de sentido a respeito dos valores propagados nos ideários religiosos e dos direitos humanos,[9] mas também os conflitos no campo legal entre os direitos de coletividades e os direitos individuais de professar a fé na contemporaneidade brasileira. De qualquer maneira, não se

---

7   Ver Eisenstand (2001); Hefner (1998); Berger, Davie e Folkas(2008); Casanova (2010 e 2009)

8   Paul Freston (2011) encontra-se entre aqueles primeiros estudiosos que lançaram mão desta ideia das modernidades múltiplas para explicar as especificidades do processo de autonomização das esferas nos países Latino-americanos.

9   Para a batalha em torno do sentido da vida ver Emmerick (2013); Duarte, et. Ali. (2009); Rosado Nunes (2008); Luna (2007) e Gomes (2009).

pode entrar nesta seara sem reconhecer a contribuição dos segmentos cristãos para o próprio desenvolvimento do ideário secular constituído em torno dos direitos humanos.

A importância da luta dos protestantes europeus pela liberdade religiosa na definição dos princípios basilares da Declaração dos Direitos Humanos de 1789[10] já foi bastante explorada na literatura especializada dispensando maiores comentários. O papel significativo de líderes religiosos cristãos nos movimentos dos direitos humanos de diferentes países do continente americano depois da Declaração Universal da ONU também é assinalado por vários autores. Nos Estados Unidos, por exemplo, a atuação de Marthin Luther King no movimento dos direirtos civis dos negros é amplamente reconhecida, e na América Latina, as análises também indicam uma forte relação de setores católicos e protestantes com a cultura dos direitos humanos (Cleary: 1997; Freston: 2011; Hagopian:2009; Machado:2010 etc).

Sinteticamente, sugere-se que os movimentos sociais que abraçaram a perspectiva dos direitos humanos, a partir dos anos 60, na América Latina encontravam-se mais alinhados ao catolicismo (Freston: 2011, p. 7). Isso, em razão não só da hegemonia dessa tradição na região e da grande capacidade de articulação no contexto internacional, mas também em virtude das mudanças teológicas ocorridas no Concílio Vaticano II e nas Conferências de Medellín e Puebla, que favoreceram o protagonismo no campo dos direitos humanos. Além disso, o caráter fragmentário do protestantismo, assim como a expansão do pentecostalismo para os segmentos pobres e de pouca escolaridade parecem ter dificultado a aproximação dos grupos protestantes com os movimentos de direitos humanos da região.

No caso do Brasil, as análises das contribuições dos grupos cristãos para o desenvolvimento de uma cultura dos direitos também destacam o papel dos segmentos católicos desde a primeira constituição republicana. Na visão de Giumbelli (2008: 82-83), os segmentos católicos foram atores políticos importantes na definição do direito à liberdade religiosa assegurada na Constituição de 1891, que foi decisiva para preservar a força política, as propriedades e parte da influência social da Igreja no país. Na mesma direção, Paula Montero (2012:169) argumenta que a luta dos católicos pelos direitos de liberdade de consciência naquele contexto histórico acabou modelando a definição dos direitos civis na primeira constituição Republicana. Nas palavras desta autora,

---

10 Ver Huber (1995); Johnson (1996) e Whitte (2006)

é preciso reconhecer que a Igreja Católica no Brasil - ainda a mais influente instituição religiosa no país – sempre atuou, materialmente e simbolicamente, na formulação de uma ideia de direitos (individuais, coletivos e culturais) e foi ator importante na construção de um modelo de sociedade civil pelo menos em três grandes importantes momentos: do início da República até os anos 1970 lutou contra as forças positivistas e anticlericais pela definição dos atos civis e da liberdade religiosa; nas décadas de 1970 e 1980, colaborou na construção dos direitos sociais; nas décadas seguintes, alinhou-se às lutas pelos direitos étnicos. Em linhas gerais, pode-se afirmar, portanto, que da República até o fim do período ditatorial, a Igreja Católica foi parte integrante dos processos de legitimação das demandas de proteção aos direitos individuais de liberdade de consciência.

A ambivalência desta relação da Igreja Católica com a perspectiva dos direitos humanos seria, entretanto, logo sugerida pelas militantes feministas que enfrentaram a oposição dos atores políticos deste campo religioso durante o processo constituinte instaurado na segunda metade dos anos 80 e seguem denunciando a ingerência da instituição nas políticas públicas direcionadas às mulheres.[11]Posteriormente, outros atores coletivos e pesquisadores viriam reforçar esta percepção de que a mediação dos discursos religiosos e dos direitos humanos não era uma tarefa simples, com militantes homossexuais e/ou analistas chamando atenção para a oposição da Igreja às políticas de prevenção da Aids, bem como à inclusão dos direitos sexuais no rol dos direitos humanos.[12]

A participação dos segmentos evangélicos neste processo de criação e fortalecimento de uma cultura dos direitos humanos no Brasil é bem menos explorada, e isto não só em função de sua condição de minoria no interior do cristianismo, mas também pela posição de apartamento da maioria dos grupos confessionais dos debates políticos em grande parte da história republicana. Assim, encontramos um número reduzido de análises sobre a participação dos evangélicos no debate em torno das liberdades religiosas na primeira metade do século XX e do engajamento de atores deste segmento nas ligas camponesas e nos movimentos de enfrentamento ao autoritarismo militar que marcou os anos 60, 70 e início da década de 80 do século passado (Novaes:1985; Freston:1992 etc.).

E o que dizer das relações atuais dos pentecostais com os movimentos sociais e o ideário dos direitos humanos? De forma sintética, pode-se

---

11 Ver Rosado-Nunes (2008).

12 Luna (2010); Machado (2010); (Machado e Piccolo, 2011) Seffner (2008)

afirmar que, até o final dos anos 70, a sociologia da religião destacava a rejeição a política e às mobilizações sociais como características comuns da maioria dos grupos pentecostais que se expandiam entre os pobres.[13] A politização dos pentecostais, entretanto, tornar-se-ia visível logo na década de 80 quando fizeram com que o número de parlamentares oriundos deste segmento pulasse de 2 para 18 nas eleições de 1986 e superassem pela primeira vez, no Congresso Nacional, o montante dos legisladores dos setores protestantes históricos.

A atuação dos atores políticos pentecostais, na Assembleia Constituinte, chamou atenção dos estudiosos que se dividiram em duas vertentes. Algumas análises estabeleciam analogias entre a agenda moralista dos parlamentares pentecostais com o movimento da Maioria Moral em evidência nos Estados Unidos, caracterizando o grupo como a nova direita cristã (Pierucci: 1989); outras procuravam as causas da politização na correlação de forças tanto no campo político quanto na esfera religiosa, questionando a ideia de que a doutrina pentecostal só pudesse fomentar ações políticas no campo conservador (Fernandes:1977 e Freston:1993). Nas duas últimas décadas observa-se um significativo incremento no número de publicações sobre esta politização dos pentecostais, chamando atenção o consenso em torno da grande plasticidade destes grupos na sociedade brasileira.[14]

Mas se a expansão numérica dos pentecostais e o processo de revisão da cultura de rejeição da política despertou o interesse dos pesquisadores pelas relações destes atores coletivos e individuais com os demais segmentos da sociedade civil e com a sociedade política, as discussões sobre as relações entre o sistema de valores dos pentecostais e o dos direitos humanos ainda tem muito o que avançar.[15] Trabalhos recentes sugerem uma apropriação peculiar dos direitos humanos com uma ênfase na liberdade religiosa, mas não realizam uma análise sistemática das percepções de direitos e de cidadania em disputa entre os evangélicos. Freston (2011), um dos autores que tem se dedicado a esta questão, argumenta que a cosmovisão pentecostal valoriza "a agência pessoal dos indivíduos" e lança mão da magia para combater o mal, apresentando, portanto, características contrastantes com o ideário dos direitos humanos "que tende a colocar esses mesmos indivíduos como reféns dos processos sociais". Além disso, afirma Freston (*idem. p.* 13), os movimentos dos direitos humanos

---

13 Para os pentecostais ver Novaes(1985); Rolim (1985 e 1987)

14 Ver Birman (2003); Mariano (2005, 2007), Oro(2004), Machado(2006); entre outros.

15 Mariano(2007); Giumbelli (2008); Machado e Piccolo (2011); Duarte et ali(2005); Freston (1992) e Montero (2009 e 2012); Gomes (2009); Vital e Lopes (2013).

parecem ter dificuldade de incorporar um movimento religioso das camadas populares que tem um caráter proselitista, e um discurso de empoderamento dos indivíduos através da descoberta da capacidade criativa ou agência pessoal.

Paula Montero (2009:3), embora seguindo uma perspectiva distinta, também traz contribuições importantes para este debate ao indicar que, mesmo na área dos direitos sociais, existe uma certa disputa de sentidos e que é importante estudar os processos de mediação no qual "as categorias de um campo discursivo se movem para outro produzindo traduções e, consequentemente, novas significações". Exemplificando, afirma que o discurso da teologia da prosperidade dos neopentecostais difunde uma ideia de direito dissociada do conceito de cidadania, que nas teorias democráticas é relacionada aos direitos de propriedade, acesso aos bens de participação política. Este discurso teológico apresenta uma noção do direito de acessos aos bens que tem mais a ver com a circulação do dom e do contra dom do que com a lógica do mercado tão cara ao pensamento liberal. Esta nova significação resulta também em formas originais de percepção da inclusão social e da ordem legal que contrastam com o repertório moral católico que priorizaria as noções de fraternidade e comunidade.

Ainda que os vínculos com os movimentos sociais sejam débeis, a participação das lideranças pentecostais em importantes debates travados na esfera pública brasileira nos últimos dez anos - como foi o caso da assinatura do Acordo Bilateral entre a Santa Sé, e a República Federativa do Brasil ou do Programa Nacional de Direitos Humanos (PNDH3) - sugere uma apropriação seletiva dos princípios dos direitos humanos com uma ênfase no princípio da livre expressão e organização religiosa.[16] O interesse dos parlamentares pentecostais em participar e dirigir a Comissão dos Direitos Humanos e Minorias da Câmara Federal expressa também uma reconfiguração dos atores religiosos deste segmento para se ajustar às formas atuais de ordenação social. Em minha interpretação, o movimento político que fez com que o pastor pentecostal Marco Feliciano, do Partido Social Cristão, ocupasse, por um ano (03/2013 a 02/2014), a presidência da referida Comissão revela, a um só tempo, o reconhecimento da importância atual do ideário dos discursos humanos na contemporaneidade e a disputa entre os segmentos tradicionalistas e os movimentos sociais de caráter libertário em torno da amplitude do mesmo.

---

16 A tendência de selecionar os elementos de outras formações discursivas não se restringe, entretanto, ao campo pentecostal, como já tive oportunidade de mostrar (Machado e Piccolo, 2011). Para o debate sobre o PNDH3 ver por exemplo Dos Santos (2013)

É importante registrar que estou partindo do pressuposto de que o pentecostalismo é um fenômeno bastante heterogêneo e que podem ser encontrados vários discursos sobre a modernidade, a política e a ordem social contemporânea nesse campo confessional e nas igrejas renovadas. Esses discursos expressam controvérsias em torno das relações de gênero e da sexualidade humana e devem ser analisados à luz dos diálogos do ideário religioso com outros campos discursivos, como as ciências humanas, a psicologia, as perspectivas dos direitos humanos e mesmo com as ideologias dos movimentos sociais em curso na sociedade brasileira.

Do direito à livre expressão religiosa ao "direito de representação política" no Parlamento

Inicialmente gostaria de enfatizar que, dado o caráter plural do movimento pentecostal, existem formulações discursivas diferenciadas sobre a política e sobre os direitos dos indivíduos e dos grupos religiosos na contemporaneidade neste segmento confessional. Neste sentido, embora a Declaração dos Direitos Humanos de 1948 e o artigo 5° da Constituição de 1988 do Brasil definam os direitos no campo da religião em termos individuais, observa-se a predominância de uma interpretação dos direitos em uma chave mais corporativa, na qual o grupo confessional poderia pleitear direitos coletivos. Assim, na formulação discursiva hegemônica entre os legisladores pentecostais e fazedores de opinião pública neste setor, a participação na política eleitoral é associada à um direito de uma minoria religiosa que sempre foi preterida pelo Estado e pela elite política, os chamados "crentes" ou evangélicos (Machado e Burity, 2014). Ou seja, tratar-se-ia de uma busca de equiparação com os demais segmentos sociais que se fazem representar na esfera política e atuam na definição das leis brasileiras.

Na hierarquia de status definida culturalmente na sociedade brasileira, é forte a associação do catolicismo com os segmentos brancos das camadas mais abastadas e média da população e com os grupos mais escolarizados, enquanto os pentecostais são percebidos como mais pobres, menos escolarizados e com grande presença de negros e mestiços. No discurso hegemônico entre os líderes pentecostais, os membros deste segmento não podem mais ser tratados de forma subordinada, uma vez que representam a segunda tradição religiosa mais numerosa no país e que dispõem de valores importantes para a revisão da cultura política nacional. O sentimento de revolta com os padrões de valoração culturalmente estabelecidos aparece em vários depoimentos das lideranças pentecostais. Um pastor da Assembleia de Deus, septuagenário, afirmou que sua "geração foi criada e aprendeu com os pais o seguinte: - A Igreja é de Deus, política é do cão, é do diabo e é evidente que uma coisa não se mistura com a outra! " Entretanto, nos últimos tempos ele reviu sua rejeição à política, reuniu a sua "diretoria e disse: - Olha pessoal, hoje nós somos alguns milhões de brasileiros, e nós somos brasileiros tanto quanto qualquer um outro, como somos para pagar impostos, também temos os nossos direitos. Então, por que não fazer parte do governo? Foi quando nós começamos a eleger alguns deputados, não é?"

A percepção da grande capacidade de mobilização das comunidades pentecostais aparece reiteradamente nas falas dos líderes para justificar a desconstrução da visão negativa da política e o engajamento dos integrantes destas comunidades nas agremiações partidárias, nos processos eleitorais e nos debates políticos. Um pastor, que atualmente exerce seu primeiro mandato como representante do Distrito Federal na Câmara dos Deputados, declarou-nos saber que o sistema político é perverso e corrompido, mas que "o cristão tem que estar onde tem trevas. Então, se (a política) é corrompida, tem trevas ou escuridão, nós temos que brilhar ali." Neste sentido, ele vem se esforçando nos últimos anos para convencer os membros de sua igreja de que "nós somos cidadãos, nós pagamos impostos, somos regidos por uma Constituição, nós temos deveres com a nação e temos direitos. Então, não é justo que nós fiquemos de fora, fiquemos no mundo sem participar das demandas que afetam a todos nós".

Como se pode depreender das citações anteriores, o processo de reconfiguração do discurso sobre a relação dos pentecostais com a política tem ocorrido com a incorporação de argumentos de natureza legal, que imbricados com as formulações religiosas ganham ali um sentido próprio ou muito particular. É indiscutível o caráter individualista do ideário pentecostal, mas não se pode ignorar também que na passagem das reflexões do plano individual para o plano da sociedade civil e da política, muitos deslocamentos podem ocorrer.

A elaboração desta narrativa da minoria religiosa que não quer só exprimir seu pensamento, mas quer fundamentalmente influenciar no desenho das políticas sociais e delimitar o processo de construção dos direitos humanos no país, é um deles. Nesta revisão discursiva o indivíduo, que é o portador tanto do direito da livre expressão religiosa quanto do direito de voto, aparece muitas vezes subsumido pelo grupo religioso ou a Igreja cujos interesses devem orientar a ação política.

A reconfiguração do discurso em relação à política segue em ritmo e sentido diferenciado, com alguns entrevistados revelando uma visão minimalista da política que enfatiza a representação dos interesses dos evangélicos nos espaços de poder e outros demonstrando uma valorização das ações coletivas a partir da sociedade civil. Mesmo entre os que trabalham com a concepção tradicional da política, foram identificadas construções discursivas diferenciadas, com alguns líderes apresentando a política como um meio de resistência e ou "sobrevivência para os cristãos" que estão sofrendo com o avanço do relativismo e do secularismo. Já outros discursos apresentam a política como via para implementação de uma hegemonia evangélica na medida em que o segmento confessional em questão for crescendo.

Mas é preciso deixar claro que se trata de uma ideia ainda muito vaga de projeto político e neste debate, como nas questões relacionadas à doutrina e às formas de governo das comunidades confessionais, não é fácil construir uma proposta discursiva consensual (Machado e Burity, 2014) O que se tem na realidade são narrativas sobre a nação cristã que ora envolve os católicos e ora os apresentam como os responsáveis pelos vícios culturais dos brasileiros. Parece predominar, entretanto, a visão de que é necessário atuar na qualificação dos pentecostais, formar cidadãos mais ativos e preparar uma liderança política que possa ocupar os espaços do poder, propor leis e políticas públicas condizentes com o ideário cristão.

Segundo uma liderança, "quando os membros da igreja votam em seus candidatos, eles têm consciência de que não estão votando numa pessoa, estão votando nas ideias defendidas pela igreja [...]". Esse tipo de formulação demonstra que a reconfiguração em curso entre os pentecostais, especialmente aquela relacionada à atuação na política, segue uma via bastante peculiar com a liderança interpretando o poder legislativo como um espaço em que os diferentes grupos vão ser representados e defender seus interesses, mas onde as normas legais serão definidas em função da moralidade da maioria ali representada. Isto é, as leis devem espelhar os valores cristãos.

O direito à vida para além dos princípios laicos da Constituição brasileira

As pesquisas brasileiras indicam posições diferenciadas entre os evangélicos em relação à interrupção voluntária da gravidez, com algumas igrejas demonstrando-se mais flexíveis em relação à demanda dos movimentos feministas de revisão da legislação existente no país.[17] Mesmo no pentecostalismo, é possível identificar importantes lideranças, como Edir Macedo e o senador Marcelo Crivella, bispos da Igreja Universal do Reino de Deus, que apresentam um discurso mais liberal em relação ao aborto (Machado 2000; 2006; 2012).

A visão predominante entre os pentecostais é, entretanto, bastante tradicionalista e, a despeito da grande competição com a Igreja Católica no recrutamento de fiéis e nas parcerias com as agências governamentais, tem possibilitado atuações conjuntas entre atores religiosos dos dois campos do cristianismo na sociedade civil e no Congresso Nacional. Estas iniciativas compartilhadas apareceram em vários relatos, mas privilegiaremos aqui o depoimento de uma liderança feminina que, na ocasião das entrevistas, fazia lobby junto aos parlamentares que integravam a 54ª Legislatura da Câmara Federal.

> Aqui no Congresso Nacional eu e o Padre Pedro temos ido de gabinete em gabinete, fazendo uma conscientização das leis abortistas, homossexualistas. E é muito interessante fazer esse trabalho porque em todo gabinete tem católicos e evangélicos. Então o Padre Pedro representa os católicos e eles se sentem contemplados com a presença dele, e eu represento os evangélicos [...]

Deve-se esclarecer que os legisladores pentecostais se relacionam prioritariamente com os atores políticos vinculados à Renovação Carismática Católica, segmento que também vem estabelecendo ações conjuntas com pastores pentecostais na sociedade civil, através de movimentos como o Pró-vida, o Pró-familia e o Encristus.[18] A lobista citada acima declarou à equipe de nossa pesquisa que,

> Nós nos juntamos à rede Pró Vida e Pró Família, onde atuam instituições católicas e espíritas. A gente faz congressos, faz reuniões para estudar, para discutir e para se unir mais. Nas igrejas evangélicas, por

---

17 Mariz (1998) e Gomes (2009).

18 O objetivo do movimento é "favorecer o encontro de evangélicos e católicos, que desejam buscar a santidade e a unidade fraternalmente, movidos pela efusão do Espírito Santo que experimentam em suas Comunidades. Este encontro tem um sentido espiritual, discipular, bíblico e apostólico. Não se trata de uma "comissão" interconfessional, nem de uma instância representativa dos dirigentes das Comunidades participantes – embora algumas se fazem representar por presidentes, bispos ou delegados oficiais. Trata-se, sobretudo, de um encontro de irmãos e irmãs que se reconhecem chamados pelo Senhor Jesus Cristo a uma vida de santidade e unidade, conforme o Evangelho". http://www.encristus.com.br/dinamic/index.php?option=com_conten t&view=article&id=48&Itemid=56

98 Flávia Biroli e Luis Felipe Miguel (orgs.)

exemplo, a gente não tinha a bandeira do aborto, mas hoje tem. Eu tenho feito cursos com os católicos de ajuda a mulheres que abortaram e também de prevenção ao aborto, assim, quando faço palestras dentro das igrejas, eu agora falo deste tema.

A política de aproximação dos dois segmentos religiosos foi uma iniciativa de católicos enviados pela Conferência Nacional dos Bispos do Brasil, segundo o depoimento de Elias Castilho, secretário executivo da Frente Parlamentar Evangélica no Congresso Nacional.[19] Um fato que teria favorecido essa política foi o parecer contrário, emitido em 2008, por um parlamentar pentecostal,[20] a um projeto de lei de políticos do Partido dos Trabalhadores,[21] o *PL 1135/1991*, que pretendia suprimir o artigo que caracteriza crime o aborto provocado pela gestante ou com seu consentimento. O parecer do deputado foi endossado pelos demais integrantes da Comissão de Segurança Social e Família do Congresso Nacional e os dirigentes da Igreja Católica perceberam que as alianças com os evangélicos neste campo poderiam ser muito produtivas nos embates com as feministas.

De qualquer maneira, constata-se entre os entrevistados uma visão generalizada de que a globalização contribuiu para a difusão de ideologias nocivas à família tradicional cristã e amplificou os riscos de desestruturação moral da sociedade brasileira (Machado, 2013). Nesta construção discursiva, a ameaça vem de fora - das fronteiras territoriais nacionais, mas tem uma forte acolhida na elite política tradicional assim como em movimentos sociais locais. A existência de propostas de leis no Congresso Nacional com intuito de regularizar o trabalho das profissionais do sexo, descriminalizar o aborto ou ampliar o permissivo legal são interpretadas como sinais de que a batalha a ser travada pelos cristãos requer a presença dos mesmos nas casas legislativas.

Levantamentos realizados no parlamento brasileiro (Emmerick, 2013 e Luna, 2013) confirmam a mobilização destes atores religiosos e indicam um incremento no número de projetos de leis relacionados direta ou indiretamente ao fenômeno da interrupção da gravidez, nas últimas duas décadas, com uma clara predominância das proposições contrárias às demandas do movimento feminista de maior autonomia das mulheres. Ou seja, excetuando as iniciati-

---

19 Entrevista realizada em Brasília em 08/02/2012.

20 Vinculado à Igreja Internacional da Graça de Deus e um dos representantes do Estado de São Paulo naquela legislatura.

21 O PL 1135/1991 foi apresentando pelos deputados Eduardo Jorge e Sandra Starling. Ver:http://www.camara.gov.br/internet/ordemdodia/ordemDetalheReuniaoCom.asp?codReuniao=17828.

vas de alguns poucos legisladores relacionados à Igreja Universal do Reino de Deus, as demais propostas visam revisões nas leis com objetivo de transformar o estatuto jurídico do feto (que passaria a ser uma "pessoa portadora de direitos") e ou de reduzir os direitos das mulheres (Emmerick, *idem*).

Em nossa pesquisa, vários pentecostais argumentam que os arranjos legais devem expressar os valores da maioria da população que é cristã. Este tipo de formulação demonstra que, a despeito de sentirem uma minoria discriminada pelos católicos, muitos líderes se identificam com aqueles no que se refere ao combate às tentativas de descriminalização do aborto por parte das feministas. Assim, uma parcela significativa dos entrevistados entende que só os casos de risco à saúde materna e de estupro justificariam a interrupção de uma gravidez e não haveria porque mexer na legislação brasileira.

Reforçando a tese de ausência de univocidade no campo pentecostal sobre a temática, foram identificados, entretanto, discursos dissonantes em relação às normas jurídicas vigentes. A posição mais próxima das demandas do movimento feminista foi expressa por um pastor de um grupo dissidente da igreja da Assembleia de Deus, que declarou ser necessário separar as opções religiosas, que são questão privadas, da conduta política que deve seguir o princípio da laicidade. Muitas vezes, diz ele, "o que eu acredito deve ser negociado em vista daquilo que é possível e não se pode simplesmente fechar os olhos diante da mortandade de tantas mulheres por uma convicção pessoal. É preciso negociar essas questões".

Esta linha de argumentação, que se aproxima da perspectiva do mal menor, é vista com muita apreensão por parte de alguns entrevistados que atuam como legisladores ou prestam assessorias àqueles. Uma importante liderança do Fórum Evangélico Nacional de Ação Social e Política (FENASP) afirmou que os legisladores evangélicos que defendem estas teses no Congresso "não têm consciência cristã". Na sua visão, é preciso ampliar as alianças e atrair militantes de outros grupos cristãos e foi com este objetivo que ele e os demais dirigentes decidiram alterar o nome daquela entidade para Frente Nacional Cristã de Ação Social e Política.

Nas falas destas lideranças sobre o aborto e a cultura da morte, observa-se um esforço de articular a concepção do direito natural concedido por Deus aos seus filhos com a percepção liberal dos direitos individuais. O princípio da inviolabilidade do direito à vida, que se encontra no artigo 5 da Constituição de 1988, aparece com frequência no discurso dos legisladores pentecostais sobre os reclamos das feministas em relação ao direito das mulheres sobre seu próprio corpo.

Na visão predominante no círculo pentecostal, para além do conflito que pode se delinear entre o direito da mulher grávida de decidir pela interrupção da gravidez e o direito à vida do feto, a condição de vulnerabilidade deste último exigiria uma proteção especial, colocando-o em uma posição de vantagem em relação àquela. Neste sentido, alguns líderes defendem mudanças no artigo 5º do 1º Capítulo, que trata dos direitos e garantias fundamentais dos brasileiros, incluindo, os termos "desde a concepção", na passagem que fala da inviolabilidade do direito à vida. Tanto nas entrevistas quanto nos projetos legislativos dos entrevistados, argumentos de natureza científica são acionados para dar mais legitimidade à posição que visa alterar o estatuto jurídico do feto.

Neste sentido, as falas e os projetos assinados pelos pentecostais relativos à gravidez e à possibilidade de interrupção da mesma corroboram a interpretação de Montero (2012:176), de que "quando os agentes religiosos têm que agir publicamente, eles se veem obrigados a aprender, em cada situação específica, a gramática e a semântica relacionada ao modo de organização de cada cultura pública em particular".

Resumidamente, embora a posição hegemônica entre os líderes entrevistados fosse a favor da manutenção da lei já existente, podem ser identificadas posições tanto mais liberais que defendem a descriminalização do aborto, quanto conservadoras, na medida em que alguns propõem a suspensão dos permissivos atuais, o registro público da gravidez nos hospitais e a criminalização da interrupção da mesma. E o mais desafiador, é que esta parece ser a visão predominante entre os líderes que hoje ocupam cadeiras no poder legislativo. Ou seja, as interpretações mais tradicionalistas do direito à vida foram apresentadas preferencialmente por aqueles que se colocam como representantes políticos do "povo evangélico". Fato que pode jogar uma cortina de fumaça nas pequenas mudanças em curso no segmento pentecostal como um todo.

Considerações finais

As últimas três décadas foram marcadas pelo fortalecimento do ideário dos direitos humanos na sociedade brasileira e pelo avanço de movimentos sociais que, apesar de apresentarem relações seminais com o liberalismo, expressam valores bem diferentes: o feminismo e o pentecostalismo. A estratégia das feministas para implementar suas agendas culturais passa pela adoção da gramática dos direitos humanos e pela tentativa de inclusão de seus pleitos no rol destes direitos, o que tem incrementado as disputas em torno do sentido de direito humano entre os diferentes atores políticos individuais e coletivos.

É certo que, embora enfrentando muita dificuldade, os movimentos feministas conseguiram incluir vários de seus temas na agenda de discussão das igrejas evangélicas, e vozes e iniciativas mais liberais começam a ser percebidas na imprensa, na mídia televisiva e na rede social de diferentes denominações. A tendência de ampliação do sacerdócio feminino nas comunidades pentecostais e a criação das Igrejas inclusivas voltadas prioritariamente para as minorias sexuais são alguns dos exemplos mais significativos neste sentido. Contudo a maioria dos líderes pentecostais rejeita o ideário feminista que vem orientando as políticas públicas brasileiras no campo da saúde reprodutiva, da educação sexual e dos direitos humanos.

Minoritário frente aos católicos, o grupo pentecostal aciona o discurso dos direitos para defender suas pretensões de maior participação no debate público e no próprio jogo político. Certamente trata-se de uma apropriação do ideário dos direitos humanos que ganha um contorno especial quando se tenta articular os valores deste campo com a formulação cristã do direito natural dos homens. Assumindo uma concepção da vida bem diferente daquela que informa as feministas, estes atores religiosos veem no poder legislativo um espaço importante de atuação para evitar que o ordenamento jurídico da sociedade se afaste dos valores cristãos. Ou seja, trata-se de uma reconfiguração discursiva que preserva a posição de rejeição ao pleito de legalização do aborto.

Bibliografia

BERGER, P., G. DAVIE e E. FOKAS (2008). *Religious America, secular Europe? A theme and variations*. Burlington: Ashagate Publishing Company.

BLANCARTE, R. (2008). "El porque de un estado laico"., em G. Liendo, V. Barrientos e M. Huaco (comps.), *Memorias del Primer Seminario Internacional Fomentando las Libertades Laicas*. Lima: Universidad Nacional Mayor de San Marcos.

BURITY, Joanildo (2008). "Religião, política e cultura". *Tempo Social*, vol.20, n. 2, p. 83-113.

CLEARY, E. (1997). *The struggle for human rigts in Latina American*. Westport: Praeger.

CARRANZA, B., Cecilia MARIZ e Marcelo Ayres CAMURÇA (orgs.) (2009). *Novas comunidades católicas: em busca do espaço pós-moderno*. Aparecida: Ideias e Letras.

CARRETTE, Jeremy (2014) "The Pardox of Religion and rigths" http://www.opendemocracy.net/openglobalrights/jeremy-carrette/paradox-of-religion--and-rights. Acesso em 6/5/2014.

CASANOVA, José. 2010. "Religion Challenging the Myth of Secular Democracy." *In Religion in the 21st Century: Challenges and Transformations*, 19-36. Edited by Lisbet Christoffersen, Hans Raun Iversen, Hanne Petersen and Margit Warburg. Farnham/Burlington: Ashgate.

CASANOVA, J. (2009). "Religion, politics and gender equality: public religions revisited" http://www.unrisd.org/unrisd/website/document.nsf/%28httpPubli cations%29/010F9FB4F1E75408C12575D70031F321?OpenDocument.

CASANOVA, J. (2008). "Public religions revisited", em H. de Vries (ed.), *Religion: beyond the concept*. New York: Fordham University Press.

DAVIE, Gracie. (2012). "Law, Sociology and religion: an awkward threesome." *Oxford Journal of Law and Religion*, vol. 1, n. 1, p. 235-47.

DOS SANTOS, Tatiane (2013) "Cultura religiosa e direitos humanos no cotidiano do legislative brasileiro". *Cultura y Religion*, vol 7, n°2, p. 156-70.

DUARTE, Luiz Fernando Dias *et al*. (2009) Valores Religiosos e Legislação no Brasil. Rio de Janeiro, Garamond.

EISENSTADT, Shmuel Noah. (2001). "Modernidades múltiplas." *Sociologias*, n. 35, p. 39-163.

EMMERICK, Rulian (2013). *Religião e direitos reprodutivos: aborto como campo de disputa política e religiosa*. Rio de Janeiro: LumenJuris.

FERNANDES, Rubem César (1977) "O debate entre sociólogos a propósito dos pentecostais". *Cadernos do ISER 6*, Rio de Janeiro, Tempo e presença:.57-58.

FRESTON, Paul (1992) "Evangélicos na Política brasileira". *Religião e Sociedade*, 16/1-2:26-43.

FRESTON, Paul (2011) "Religious pluralism, democracy and human rights in Latin America", em T. Banchoff e R. Wuthnow (eds.), *Religion and the global politics of human rights*. Oxford: Oxford University Press.

GAUCHET, Marcel (2002). *La democracia contra si misma*. Santa Fé: Homosapiens Ediciones.

GIUMBELLI, Emerson (2008). "A presença do religioso no espaço público: modalidades no Brasil". *Religião e Sociedade*, vol. 28, n. 2, p. 80-100.

GOMES, Edilaine (2009) "A religião em discursos: a retórica parlamentar sobre o aborto", em Duarte, L. F. *et al.*, *Valores religiosos e legislação no Brasil*. Rio de Janeiro: Garamond.

HABERMAS, Jurgen (2007). *Entre naturalismo e religião: estudos filosóficos*. Rio de Janeiro: Tempo Brasileiro.

HABERMAS, J. (2007) "Religião na esfera pública...", in: *Id. Entre Naturalismo e Religião: Estudos Filosóficos*. Rio de Janeiro: Tempo Brasileiro, trad. de Flávio Siebeneichler, p. 235-278.

HAGOPIAN, Frances (2009). "Social Justice, moral values, or institutional interests?", em Frances Hagopian (org.), *Religious pluralism, democracy, and the Catholic Church in Latin America*. Notre Dame: University Notre Dame Press.

HEFNER, Robert W. (1998). "Multiple modernities: Christianity, Islam, and Hinduism in a globalizing age". *Annual Review of Antropology*, n. 27, p. 83-104.

HERVIEU-LEGER, D. (2005). *O peregrino e o convertido: a religião em movimento*. Lisboa: Gradiva.

HUBER, Wolfgang (1996) "Human Rigths and Biblical Legal Thought". Witte, John and Van Der Vyver, John (edts.) *Religious Human Rigths in Global Perspective*. Martinus Nijhoff Publishers: Boston, p. 47-63.

HUNT, Lynn (2009) *A invenção dos direitos humanos*. Companhia das Letras: São Paulo.

JONHNSON, Luke T.(1996) "Religious Rights and Christians Text". In Religious Humans Rights in Global Perspectives, ed. John Witte and John van der Vyer, 65-95. The Hague: Martinus Nijhoff.

LUNA, Naara (2010). "Aborto e células- tronco embrionárias na campanha da Fraternidade: ciência e ética no ensino da igreja". *Revista Brasileira de Ciências Sociais*, vol. 25, n°74.

LUNA, Naara. (2013) "O direito à vida no contexto do aborto e da pesquisa com células-tronco embrionárias: disputas de agentes e valores religiosos em um estado laico". *Religião & Sociedade* (Impresso), vol. 33, p. 71-97.

LUNA, Naara (2007). Provetas e clones: uma antropologia das novas tecnologias reprodutivas. Rio de Janeiro: Editora Fiocruz.

MACHADO, Maria das Dores Campos (2000). "O tema do aborto na mídia pentecostal". *Revista Estudos Feministas*. Florianópolis, vol.8, n°1.

MACHADO, Maria das Dores Campos (2006) *Política e religião: a participação dos evangélicos nas eleições.* Rio de Janeiro: Fundação Getúlio Vargas.

MACHADO, Maria das Dores Campos (2010). "Igrejas cristãs e os desafios da ampliação direitos dos humanos na América Latina". *Praia Vermelha*, vol. 20, p.157-67.

MACHADO, Maria das Dores Campos (2013) "Discursos pentecostais em torno do aborto e da homossexualidade na sociedade brasileira". *Cultura y Religión*, vol.17, p. 48-68.

MACHADO, Maria das Dores Campos (2012). "Aborto e Ativismo religioso nas eleições de 2010". *Revista Brasileira de Ciência Política*, n. 7, p. 25-37.

MACHADO, Maria das Dores Campos e Joanildo BURITY (2014) "A ascensão política dos pentecostais no Brasil na avaliação de líderes religiosos". *Dados*, vol. 57, n°3, p. 601-29.

MACHADO, Maria das Dores C. e PICCOLO, Fernanda. (2011) *Religiões e Homossexualidades*. Rio de Janeiro: FGV

MARIANO, Ricardo (2007). "A reação dos evangélicos brasileiros ao novo Código Civil". *Sociedad y Religión*, vol. XVII, p. 41-60.

MARIANO, Ricardo (2005). "Pentecostais e política no Brasil". *ComCiência*, vol. 65.

MONTERO, Paula (2012). "Controvérsias religiosas e esfera pública: repensando as religiões como discurso". *Religião e Sociedade*, vol. 32, n°1, p. 167-83.

MONTERO, Paula (2009) "Secularização e espaço público: a reinvenção do pluralismo religioso no Brasil". Etnográfica, vol. 13, n. 1, p. 7-16.

NOVAES, Regina (1985) *Os Escolhidos de Deus*. Rio de Janeiro, Cadernos do ISER.

ORO, Ari Pedro (2004) "Religiões e eleições em Porto Alegre: um comparativo entre 2000 e 2004". *Debates do NER*, n. 6.

PIERUCCI, Antônio Flávio de Oliveira (1989) "Representantes de Deus em Brasília: a Bancada Evangélica na Constituinte", *Ciências Hoje*:104-132.

ROLIM, Francisco Cartaxo (1990) "Assembleia de Deus" In *Sinais dos Tempos: Diversidade Religiosa no Brasil*, Publicações do ISER:47-52.

ROSADO-NUNES, Maria José Fontelas (2008) "Direitos, cidadania das mulheres e religião". *Tempo Social*, vol.20, n. 2, p.67-81.

SANTOS, Boaventura, de Souza (2013) *Se Deus fosse um ativista dos direitos humanos*. São Paulo: Cortez.

SEFFNER, F. *et al.*(2008) "Respostas religiosas à Aids no Brasil:impressões de pesquisa acerca da Pastoral DST/AIDS na Igreja Católica". *Ciências Sociais e Religião*, n°10, p. 159-80.

SNYDER, Jack (2014) "On a wing and a prayer: can religion revive the rights movement?" http://www.opendemocracy.net/openglobalrights/jack-snyder/on-wing-and-prayer-can-religion-revive-rights-movement

STEIL, Carlos Alberto e Rodrigo TONIOL (2013). "Além dos humanos: reflexões sobre o processo de incorporação dos direitos ambientais como direitos humanos nas conferências das Nações Unidas". *Horizontes antropológicos*, vol.19, n. 40.

VITAL, Christina e P. V. LOPES (2013). *Religião e política: uma análise da atuação de parlamentares evangélicos sobre direitos das mulheres e dos LGBTs no Brasil*. Rio de Janeiro: Fundação Heinrich Boll, ISER.

WITTE, John (1988). "Law, Religion, and Human Rights: A Historical Protestant Perspective". *The Journal of Religious Ethics* Vol. 26, No. 2, p. 257-262.

ABORTO E CÉLULAS-TRONCO EMBRIONÁRIAS NO SENADO
Choque de moralidades sobre a gestão da vida

Naara Luna

O capítulo aborda o debate legislativo no Senado Federal sobre o estatuto do feto e do embrião humanos com respeito às disputas morais que cercaram os temas do aborto e da pesquisa com células-tronco embrionárias humanas nas legislaturas de 2003-2006 e 2007-2010 no governo Lula.[1] Foram examinados os discursos dos parlamentares e as proposições legislativas encaminhadas no período 2003-2010. Também foram objeto de análise audiências públicas realizadas no Senado para debater o projeto da nova lei de biossegurança.

O debate sobre o aborto e sobre a pesquisa com células-tronco embrionárias compreende argumentação moral acerca da gestão da vida. No tocante ao aborto, invoca-se o valor da autonomia tanto da mulher como do feto: a gestante quanto a seu direito de decidir sobre o processo que ocorre em seu corpo; e o feto, na consideração desse ente como pessoa, para o qual a mulher é um suporte do desenvolvimento, e seu direito à vida. Quanto à pesquisa com células-tronco, o período abrange o debate legislativo e a aprovação da Lei de Biossegurança e sua contestação no Supremo Tribunal Federal. Outros atores que participam desse debate são especialistas presentes em audiência no Senado. Chocam-se os argumentos acerca do estatuto do embrião congelado e o desenvolvimento de pesquisas e terapias que beneficiem pessoas com diversas enfermidades. Entre atores mais engajados destacam-se os religiosos.

---

1   O capítulo é uma versão da comunicação de mesmo título apresentada no 37° Encontro Anual da Anpocs, em 2013. O texto integra o projeto "Do aborto à pesquisa com células-tronco embrionárias: o estatuto do embrião e do feto e o debate sobre direitos humanos no Brasil", financiado com o Auxílio APQ1 da FAPERJ.

O presente capítulo se inspira na discussão apresentada no livro *Valores religiosos e legislação*. Considera que os temas do aborto e da pesquisa com células-tronco embrionárias são debatidos em um contexto caracterizado pela pluralização de normas e emergência de novas convenções sociais. Constatam-se nesse contexto tensões relativas ao exercício da liberdade individual e outras referentes ao surgimento de uma complexa malha de regulações envolvendo distintos saberes e poderes (Duarte *et al.*, 2009, p. 8): nesse sentido, não apenas a dimensão da regulação pelo Direito nos debates legislativos deve ser levada em conta, mas a contribuição dos saberes biomédicos na conformação desses entes que estão sob análise: embriões, fetos, mulheres grávidas, pessoas portadoras de enfermidades. Como afirmam Duarte *et al* (2009, p. 8): "dimensões historicamente reconhecidas como pertencentes à vida privada desde a modernidade emergem como pauta de importantes discussões na cena pública": tal é o caso do aborto. Por outro lado, a pesquisa com células-tronco embrionárias só pode ser debatida no contexto de disponibilidade de embriões humanos para pesquisa e experimentação, o que depende do desenvolvimento da reprodução assistida no país, com geração de embriões excedentes (Luna, 2007, Rehen e Paulsen, 2007). A pesquisa com células-tronco embrionárias depende da reprodução humana in vitro e de intervenções nos corpos das mulheres pelas tecnologias reprodutivas, a despeito desse aspecto não vir em primeiro plano nesse debate, bem como de decisões privadas acerca do destino desses embriões extracorporais não transferidos para o útero.

É fundamental frisar que o debate sobre o aborto e o debate sobre as pesquisas com células-tronco embrionárias têm origens distintas, sendo unidos em uma mesma controvérsia pelos setores pró-vida ou antiaborto. A questão do aborto é colocada pelo movimento feminista em função da autonomia das mulheres com respeito à reprodução. Na perspectiva feminista, o ônus de uma gravidez indesejada recai sobre a mulher, portanto, a ela caberia decidir se deveria ou não levar a gestação adiante e ter a criança (cf. Machado, 2010). A Suprema Corte nos Estados Unidos em 1973 no caso Roe vs. Wade decidiu que a legislação do Texas que criminalizava o aborto a não ser quando praticado para salvar a vida da mãe era inconstitucional. A decisão reconhece o direito de privacidade da mulher e impede os estados da federação de estabelecerem legislação proibitiva do aborto: qualquer lei estadual que proibisse o aborto para proteger o feto nos dois primeiros trimestres de gravidez era inconstitucional, sendo que no segundo trimestre de gestação os estados podem regular o aborto com o objetivo de proteger a saúde da mãe (Dworkin, 2003).

Descreve-se o exemplo francês a partir da descrição de Machado (2010). Na França, a legalização foi aprovada mesmo contra fortes resistências em 1975. A ministra da saúde Simone Veil apresentou à Assembleia o projeto de lei sobre a interrupção voluntária de gravidez, apontando em seu discurso de apresentação os 300 mil abortamentos clandestinos realizados por ano, o que indicava que a inefetividade da legislação proibitiva para dissuadir a prática. A Assembleia aprovou a despenalização da interrupção voluntária da gravidez, autorizando-a nas primeiras dez semanas. A ênfase nas políticas de saúde pública estava nos direito à contracepção e aos medicamentos contraceptivos. Em lugar da ênfase na saúde pública, rejeitavam-se as prisões de mulheres e se reivindicava o atendimento legal do aborto, a fim de fazer valer a autonomia das mulheres sobre seus corpos. Na década de 70, as posições contrárias ao aborto ainda não haviam se constituído como movimentos sociais consolidados. Antes que a lei entrasse em vigor, parlamentares contrários demandaram sua inconstitucionalidade no Conselho Constitucional. A resposta foi favorável à constitucionalidade da lei e à descriminalização do aborto: "Não existe equivalência entre o direito não apenas à vida, mas também à saúde de quem já é pessoa, como a mãe, e a salvaguarda do embrião, que pessoa ainda deve tornar-se" (*apud* Machado, 2010, p. 154).

No Brasil, o código penal tem artigos datados de 1940 no capítulo I "dos crimes contra a vida" que definem o aborto como crime passível de pena (artigos 124 a 127) e no artigo 128 quando não é punido: aborto praticado por médico "se não há outro meio de salvar a vida da gestante"; "se a gravidez resulta de estupro e o aborto é precedido de consentimento da gestante ou, quando incapaz, de seu representante legal". Ou seja, a legislação brasileira inclui o aborto nos crimes contra a vida e contra a pessoa, exceto por esses dois únicos permissivos. Em abril de 2012, o Supremo Tribunal Federal acolheu a interpretação proposta pela Arguição de Preceito Fundamental 54, autorizando a antecipação de parto de anencéfalo, considerando não estar incluído no crime de aborto, o que abriu uma terceira possibilidade legal.

Em seu livro *La condition fœtale*, Luc Boltanski (2004) ressalta uma característica sociológica da prática do aborto identificada nos estudos comparativos de várias sociedades: seu caráter clandestino e oficioso, de não dito. O aborto é reprovado em princípio e tolerado na prática. A ocultação dessa prática permanece mesmo nos países onde houve a legalização. O movimento feminista, ao trazer a público essa questão, vai transgredir a separação entre as dimensões oficiais e as dimensões oficiosas que presidiam o engendramento dos seres humanos.

Já a pesquisa com células-tronco embrionárias está no contexto de um debate da comunidade científica: para o avanço do conhecimento científico e de possibilidades terapêuticas, além dos experimentos em células-tronco adultas e embrionárias de animais, seria importante permitir a experimentação com células-tronco embrionárias humanas, que são extraídas de embriões humanos entre o 5º e o 6º dia de desenvolvimento após a fecundação. Só é possível ter acesso a embriões humanos nesse estágio precoce a partir das práticas de fertilização *in vitro*, usadas na reprodução assistida. Uma vez que laboratórios no país e em diversas partes do mundo têm em estoque embriões congelados excedentes dessas tentativas de procriação, segmentos da comunidade científica reivindicam a autorização legal de usar esse material genético para experimentação. A justificativa é que as células-tronco embrionárias teriam plasticidade superior às células-tronco adultas (obtidas de tecidos adultos, ou de tecidos de embriões mais diferenciados, após o sétimo dia de desenvolvimento em humanos), sendo mais promissoras na reconstrução de tecidos (cf. Rehen e Paulsen, 2007).

Em termos históricos, primeiramente se forma um movimento contrário ao aborto, o movimento pró-vida, que defende o direito à vida do feto desde a fecundação. Nos Estados Unidos, esse movimento se articula fortemente após a aprovação da legalidade do aborto no país. Também com a bandeira do direito à vida desde a fecundação e o reconhecimento de dignidade da pessoa humana desde a concepção, articula-se a resistência à pesquisa com embriões humanos e o questionamento das técnicas de fertilização *in vitro* que produziriam embriões humanos destinados à destruição ou ao congelamento, uma vez que nem todos são transferidos. Grupos religiosos estão fortemente representados na composição desses movimentos. A Igreja Católica em particular emitiu diversos documentos contrários à reprodução assistida, pela dignidade da vida humana nascente e contra qualquer tipo de aborto. Durante o período sob análise, um dos sinais dessa resistência por parte da CNBB é a promoção da Campanha da Fraternidade de 2008 com o lema "Fraternidade em defesa da vida" (Luna, 2010). É a resistência desse movimento pró-vida na defesa do direito à vida desde a fecundação que une o debate público sobre o aborto e a polêmica do uso das células-tronco embrionárias humanas. Em ambos os casos, o processo reprodutivo depende de participação da mulher, mas no caso da reprodução assistida, como o processo ocorre fora do corpo dela, ela deixa de ter protagonista e o aparato biomédico assume a dianteira.

Do ponto de vista dos valores morais e das configurações culturais referentes a valores privados, tanto pode haver respostas no sentido de flexibilização das normas como de reforço, o que cria novos embates e disputas no espaço público (Gomes, Natividade, Menezes, 2009, p. 15-16). Para esse estudo, como instrumento analítico, será usada a noção de controvérsia conforme faz Giumbelli:

Mas o que gostaria mesmo de fazer é precisar o modo como considero a ideia de *controvérsia*. Quando se observa uma polêmica, na qual, acerca de um dado assunto, intervém uma série de agentes sociais, pode-se tratá-la apenas como uma convulsão efêmera, fadada a arrefecer tão logo outros assuntos ganhem o centro das atenções. De fato, é assim que se passa com a maioria das controvérsias. No entanto, sem negar sua ocorrência passageira, pode-se considerá-las como um momento de expressão e redefinição de pontos e problemas, os quais permanecem importantes, às vezes até cruciais, na constituição de uma sociedade, mesmo quando não despertam interesse generalizado ou intenso. Se é apenas em determinadas ocasiões que se polemiza sobre "religião", isso não quer dizer que essa noção não seja essencial para entender traços constitutivos da sociedade de que fazem parte as personagens da controvérsia. A controvérsia é uma espécie de drama social, que revela mas também reconfigura definições de realidade, explicitando o conflito que existe em torno dessas definições. (Giumbelli, 2002b, p. 96-97)

Segundo Giumbelli (2002a), a observação de controvérsias públicas constituídas em torno de grupos religiosos permite analisar os argumentos e estratégias dos principais atores envolvidos. As controvérsias constituem um revelador privilegiado para padrões, normas, valores vigentes nas sociedades que abrigam esses grupos. Aparatos estatais, o que inclui questões legais, e o universo da mídia são outros personagens relevantes nas controvérsias. Inspirada pela perspectiva de Giumbelli para o estudo das controvérsias, parte-se do pressuposto que a análise dos discursos e dessas polêmicas é capaz de revelar valores representações e demandas de uma dada sociedade. Este artigo vai analisar os valores e representações integrantes dos discursos dos sujeitos que configuram esse debate (Gomes, Natividade e Menezes, 2009, p. 16)

Questões morais: vida, pessoa, estatuto do feto e do embrião

Os meios tecnológicos como as técnicas de reprodução assistida e os dispositivos jurídicos orientados à defesa da procriação planejada e voluntária criam novas categorias muitas vezes inclassificáveis, quando se estabelecem direitos do feto dentro do útero, ou se propõem cirurgias fetais (Boltanski, 2004). Na perspectiva de análise do presente artigo, destacam-se os meios tecnológicos, a partir dos quais são criados embriões extracorporais humanos e as células-tronco embrionárias, além das diversas técnicas de visualização fetal e de medicina fetal também, que são argumentos no caso do aborto. Contudo, ressalta-se a importância das tecnologias jurídicas no reconhecimento desses entes. É por isso que o presente artigo analisa o debate legislativo e a criação de proposições que garantem ou negam a condição de pessoa do embrião e do feto no contexto do aborto e das pesquisas com células-tronco.

Boltanski (2004) analisa os dispositivos que organizam a relação entre sexualidade e engendramento, quando o poder da mãe é subordinado a uma autoridade superior que assegura a confirmação pela palavra do ser engendrado na carne. Essa autoridade é identificada como o "Deus Criador" (muitas vezes em conjunção com a ciência), o sistema de parentesco e o Estado-nação. Uma das contribuições do autor para analisar o debate sobre o aborto é a identificação de categorias fetais, sendo a principal oposição entre o feto autêntico (cujo nascimento é desejado) e o feto tumoral, o não integrado ao projeto parental. Há outras representações de feto em correspondência com os arranjos citados: o feto criacionista (em referência ao "Deus Criador", o feto bárbaro (relativo ao parentesco) e o feto totalitário (arranjo com o Estado). O tecnofeto é uma figura surgida de novas tecnologias médicas de concepção (fertilização *in vitro*) e de imagem (visualização fetal), e das tecnologias jurídicas que regulam esses entes. A figura do tecnofeto tem destaque não apenas na argumentação do debate sobre o aborto, mas também na discussão sobre o estatuto do embrião extracorporal, que envolve a reprodução assistida e as pesquisas com células-tronco embrionárias, conforme se verá adiante.

Outro ponto essencial no tocante aos argumentos morais que fundamentam essa controvérsia refere-se às noções de vida e de pessoa. Para tanto, vai-se seguir a análise proposta por Dworkin. Seu livro *Domínio da vida: aborto, eutanásia e liberdades individuais* explora a tradição constitucionalista do direito dos Estados Unidos, abordando essas duas questões morais contemporâneas que envolvem vida e morte. Dworkin (2003, p. 12s) identifica uma confusão intelectual no debate público sobre o aborto, com respeito à posição pró-vida que afirma que: a vida humana começa no momento da concepção, o feto uma pessoa já a partir desse momento, o aborto é um assassinato ou uma agressão à santidade da vida humana. Segundo o autor, duas ideias diferentes estariam embutidas nessas frases: 1. a objeção derivativa do aborto que pressupõe a existência de direitos e interesses detidos por todos os seres humanos, inclusive os fetos, e estes seriam criaturas com interesses próprios desde o início; 2. a objeção independente (por não depender de nenhum interesse particular) segundo a qual o aborto é errado porque desconsidera o caráter sagrado de qualquer forma de vida humana. No primeiro caso, o governo deveria proibir ou regulamentar o aborto por sua responsabilidade derivativa de proteger o feto, já no segundo caso, o governo teria a responsabilidade independente de proteger a vida. A objeção derivativa reconhece no feto uma pessoa ou sujeito de direitos, já a objeção independente argumenta pelo valor sagrado da vida humana. Segundo a análise antropológica, trata-se dos temas da relação entre pessoa e vida. Segundo Dworkin, dizer que o aborto é uma iniquidade porque a vida humana é sagrada é diferente de dizer que é errado porque o feto tem o direito de viver (2003, p. 14). A retórica do movimento pró-vida pressupõe que o feto é desde sua concepção uma pessoa em sua plenitude moral com direitos e interesses de importância igual aos de outros membros da mesma comunidade. Na perspectiva de Dworkin, para que algo tenha interesses, não basta ter potencial para crescer e se desenvolver até se tornar um ser humano (2003, p. 20). Não há sentido em afirmar que alguma coisa tenha interesses próprios a não ser que seja dotada de uma forma de consciência. O autor argumenta que somente no estado avançado de gravidez um feto teria consciência da dor (as fibras do tálamo formariam sinapses com o córtex por volta da 25ª semana), porque somente haveria substrato neural para sensação da dor em torno do 7º mês (30 semanas) com ocorrência da maturação cortical, o que coincide com a definição de viabilidade (2003, p. 21-23). Dworkin também discorda que se possa atribuir retroativamente interesses a um feto que não chegou a nascer. Seria necessário distinguir entre a retórica pública de integrantes do movimento pró-vida (de que o feto seria um sujeito dotado de interesses) e suas opiniões que, na hipótese de Dworkin, estariam relacionadas à sacralidade da vida (2003, p. 26). O autor considera ambígua a pergunta se um feto é um ser humano a partir da concepção ou a partir de algum momento posterior da gravidez e propõe duas perguntas morais: "quando uma criatura humana adquire interesses e direitos" e "quando a vida de uma criatura humana começa a incorporar um valor intrínseco e com quais conseqüências" (2003, p. 29). A questão jurídica se o feto é ou não uma pessoa constitucional diria respeito à Constituição exigir que os Estados tratem um feto como se tivessem os mesmos interesses de crianças e adultos. Já a questão sobre se o feto é uma pessoa moral busca saber se são estendidos ao feto os direitos morais que adultos e crianças têm (p. 31s). Há duas controvérsias sobre o aborto: 1. se o feto tem propriedades moralmente relevantes, como interesses (inclusive o de permanecer vivo), e direitos que protejam esses interesses; 2. verificar se o aborto é moralmente errado por profanar a santidade e a inviolabilidade da vida humana. Em categorias antropológicas, a primeira controvérsia diz respeito ao feto ser ou não uma pessoa, e a segunda, ao valor sagrado da vida.

Na conclusão, Dworkin descarta o que chama de questão metafísica no centro do debate, isto é, saber se o feto é ou não uma pessoa por não haver argumento decisivo nem solução conciliatória aceitável, pois, para um lado, a questão é saber se bebês podem ser assassinados e, para o outro, se as mulheres podem ser vítimas de superstição religiosa. O exame do que as pessoas pensam em relação ao aborto revela outra explicação: o verdadeiro é argumento raiz da divergência é levar a sério um valor que nos une como seres humanos: a *santidade* e a inviolabilidade de cada etapa da *vida* humana. As divisões mostram a complexidade do valor e o modo distinto como culturas, grupos e pessoas diferentes interpretam seu significado.

Uma abordagem adequada dessas questões referentes ao estatuto do feto e do embrião no contexto do aborto e do uso de embriões em pesquisa demanda deve considerar a configuração de valores em que esses tópicos se tornam problemas morais. O debate sobre o conferir ou não direitos ao embrião, entre os quais está o direito à vida, e o debate sobre a legalidade do aborto fundamentada na autonomia feminina e no direito à saúde, o problema da liberdade do desenvolvimento da pesquisa científica, todos essas dimensões estão inseridas na configuração individualista de valores que é própria da cultura ocidental moderna. O discurso pró-vida vai representar o embrião de laboratório gerado por FIV e o feto em desenvolvimento no útero materno como indivíduos na concepção elaborada por Dumont: "o ser moral independente, autônomo, e por consequência essencialmente não social, que veicula nossos valores supremos e ocupa o primeiro lugar na nossa ideologia de homem e de sociedade" (1992, p. 35).

A partir da análise do material coletado no Senado será possível ilustrar os termos em que a controvérsia se dá.

Metodologia

A pesquisa foi feita no site do Senado Federal (www.senado.gov.br) utilizando o mecanismo de busca disponível em "Pronunciamentos" e "Projetos e Matérias Legislativas". Para ambas as investigações foram utilizadas a seguintes palavras-chave: "aborto", "nascituro", "reprodução assistida", "fertilização in vitro" e "embrião". Os dados obtidos para cada palavra-chave foram armazenados separadamente. As informações sobre as audiências públicas foram obtidas do mecanismo de busca "reuniões (ata)" disponível na página da Comissão que realizou a audiência.

Foram coletados dados como: discursos de parlamentares, projetos de lei (PL) e outras proposições legislativas, além de informações sobre os senadores autores dos discursos e dos PLs. Informações sobre a profissão e a religião dos atores envolvidos foram consideradas relevantes para o mapeamento de suas posições no debate.[2]

Quadriênio 2003-2006

No quadriênio 2003-2006, vinte e três senadores proferiram quarenta e um discursos contendo as palavras-chave aborto e embrião. A palavra aborto constou em dez pronunciamentos pelos seguintes motivos: 1) liminar do Supremo Tribunal Federal autorizando aborto de anencéfalo (dois senadores discursaram a favor da liminar);[3] 2) Norma Técnica do Ministério da Saúde autorizando aborto em caso de estupro sem a necessidade de apresentação do boletim de ocorrência (um parlamentar foi contrário a essa NT); 3) planejamento familiar (quatro parlamentares discursaram sobre este tema abordando os métodos contraceptivos e os problemas do aborto inseguro); 4) Comissão Tripartite para revisão da legislação punitiva sobre o aborto (um parlamentar criticou a iniciativa do Governo pelo seu caráter pró-escolha). Dos senadores que discursaram sobre aborto, cinco se declararam antiaborto, dois pró-escolha e dois foram favoráveis à interrupção da gravidez em caso de feto anencefálico.

Trinta e três discursos foram proferidos no Senado Federal contendo a palavra embrião. Todos tratavam do projeto da Nova Lei de Biossegurança que autorizava a obtenção de células-tronco de embriões humanos. Quinze senadores se declararam favoráveis à pesquisa com os embriões excedentes das clínicas de fertilização in vitro, e apenas dois parlamentares se posicionaram contrários a liberação dessa pesquisa.

Cinco projetos de lei foram encontrados a partir de busca com as palavras-

---

2 Agradeço a meu assistente de pesquisa, o bolsista de iniciação científica Felipe Guimarães Lamim (UFRRJ) que realizou o levantamento e em cujo relatório eu me baseio para obter os dados.

3 Trata-se da liminar deferida pelo Ministro Marco Aurélio Mello em resposta à Arguição de Descumprimento de Preceito Fundamental 54 (ADFP 54) que pleiteava a autorizar a antecipação de parto de anencéfalo mediante o laudo médico sem necessidade de autorização judicial.

-chave aborto, embrião e reprodução assistida. Três desses PLs criavam um terceiro permissivo para aborto acrescido ao art. 128 do PL 2848/1940. Esses projetos acrescentam o aborto de anencéfalo aos casos não punidos pela lei. O quarto projeto pretendia normatizar a reprodução assistida. A proposição legislativa de mais relevo foi o projeto da Lei de Biossegurança: o artigo 5º autorizava a extração de células-tronco de embriões restantes de fertilização *in vitro*, condicionada ao consentimento dos genitores, com propósito do desenvolvimento de pesquisa científica ou de terapia. A autorização era restrita aos embriões congelados por pelo menos três anos no momento da aprovação da lei, ou os já congelados nesse momento, que viessem a completar os três anos de criopreservação.

Dois assuntos foram marcantes no Senado Federal no primeiro mandato do governo Lula: a discussão sobre as células-tronco embrionárias e sobre o aborto de anencéfalos.

O embrião esteve no centro de inúmeras discussões propostas pelo Executivo, Legislativo e Judiciário brasileiro durante o primeiro mandato do Governo Lula (2003-2006). O Senado Federal, durante esse período, tratou de questões ligadas ao aborto como anencefalia, obrigatoriedade do boletim de ocorrência para aborto legal em caso de estupro e a formação de uma Comissão Tripartite para revisão da legislação punitiva sobre interrupção da gravidez. Mas foi a utilização de células-tronco embrionárias em pesquisas científicas o tema mais amplamente discutido neste primeiro quadriênio do governo PT.

Recapitulando esses assuntos e as polêmicas envolvidas, destacam-se alguns argumentos. No caso da anencefalia, caracterizada pela ausência parcial do encéfalo, a discussão gira em torno do sofrimento da mãe de ter que levar adiante uma gravidez de um bebê que certamente não terá mais que poucos minutos de vida extra-uterina. A polêmica neste caso fica em torno da existência de vida no concepto haja vista uma semelhança entre o feto sem cérebro e a definição de morte cerebral que, além de ter respaldo legal, não encontra objeção dos religiosos. De outro lado, argumenta-se que a vida humana deve ser respeitada desde a concepção permanecendo o direito deste concepto de viver o tempo que lhe pertence, sem equiparação entre morte cerebral e anencefalia.

O Ministério da Saúde expediu norma técnica (NT) autorizando a interrupção da gravidez em caso de estupro sem a necessidade da apresentação do Boletim de Ocorrência nos hospitais que realizam procedimento de aborto legal. A alegação para essa medida era que a maioria das vítimas de estupro não presta queixa nas delegacias de polícia sobre a violência sofrida, pois ter que relatar isso é vivenciado como mais uma situação de sofrimento e constrangimento. A reação contrária argumentava que esta NT daria margem ao aborto irrestrito no Brasil, pois as mulheres poderiam mentir para conseguir a interrupção da gravidez. Outro argumento era que esta medida prejudicaria o combate à violência sexual, já que os casos não constariam nas estatísticas policiais de crimes denunciados.

No ano de 2005, o governo federal, através da Secretaria Especial de Políticas para as Mulheres, instituiu uma Comissão Tripartite, formada por membros do Executivo, do Legislativo e da sociedade civil com o objetivo de rever a legislação punitiva sobre o aborto há mais de uma década atravancada na Câmara Federal. As críticas a essa iniciativa vinham de parlamentares com posicionamento antiaborto que questionavam o caráter "pró-escolha" da Comissão.

Contudo, o tema mais controverso desse período (2003-2006) foi a discussão sobre utilização de células-tronco embrionárias (CTEH) em pesquisas científicas. Essa questão surge do debate sobre o projeto da nova Lei de Biossegurança, criado originalmente para legislar sobre organismos geneticamente modificados (devido à preocupação imediata com as sementes transgênicas) ao qual se adicionou, por demanda de representantes da comunidade científica, o artigo 5° que autorizava a extração de células-tronco de embriões humanos restantes de reprodução assistida.[4] A polêmica consistia que para a obtenção de CTEH era necessária a total destruição do embrião. Por isso, se cogitou a utilização apenas dos excedentes inviáveis congelados nas clínicas de fertilização in vitro. Como o destino destes embriões seria provavelmente o descarte o grande argumento foi "lixo ou pesquisa", assomado ao relato e as reinvindicações de pessoas com a esperança de encontrarem cura para suas enfermidades a partir da promissora pesquisa com embriões humanos.

Considerando apenas o ano de 2004, quando se deu a maior parte do debate legislativo sobre a Nova Lei de Biossegurança, dois senadores se posicionaram em seus discursos contra a pesquisa com células-tronco embrionárias humanas: Flávio Arns (PT-PR) e Heloísa Helena (PSOL-AL). O senador Flávio Arns defendeu o uso de células-tronco adultas, além de se preocupar com a seleção genética de embriões e argumentar que a vida do embrião não pode ser tratada como objeto. Heloísa Helena alertou que pode haver riscos no futuro com o uso das células embrionárias, propôs uma lei separada

---

4   Para a descrição completa do debate legislativo sobre a Lei de Biossegurança veja Cesarino, 2006.

apenas para lidar com o problema dos embriões e ponderou que concepções de foro íntimo permeavam essa discussão. Nove senadores se posicionaram em seus pronunciamentos favoravelmente às pesquisas com células-tronco embrionárias humanas: o argumento mais repetido por cinco deles foi proporcionar esperança de cura aos doentes. Quatro senadores invocaram o argumento lixo ou pesquisa, referente ao destino dos embriões: seria melhor destiná-los à investigação do que serem descartados. Também quatro senadores argumentaram sobre uma lei separada para tratar especificamente do problema dos embriões. Três senadores afirmaram que apenas concepções científicas e jurídicas deveriam permear a discussão, enquanto três outros defenderam a importância da laicidade do Estado sem pressão dos grupos religiosos nas questões legais. Apenas um levantou a preocupação com a seleção genética de embriões. Um senador lembrou a importância do avanço do conhecimento científico no país.

No dia 6 de junho de 2004, uma audiência na Comissão de Educação e Assuntos Sociais reuniu seis convidados para falar do novo projeto de Lei de Biossegurança com respeito à pesquisa com células-tronco embrionárias humanas. Os expositores foram: Dr. Marco Antônio Zago, Professor titular da Faculdade de Medicina e Diretor Científico do Hemocentro da USP, Ribeirão Preto, São Paulo; Dr. Dráuzio Varela, médico oncologista; Drª Mayana Zatz, Diretora do Centro de Estudo de Genoma Humano da USP; Senador Tião Viana, doutor em medicina tropical; Dr. André Marcelo Soares, Professor de Bioética da PUC, Rio de Janeiro; Drª Patrícia Pranke, Professora da Faculdade de Farmácia e Pós-Graduação em Medicina da Universidade Federal do Rio Grande do Sul. Apenas o Dr André Marcelo Soares, filósofo com estudos na área de bioética, o único que não tinha formação na área biomédica, se posicionou contra o uso de embriões humanos em pesquisa. Ele criticou o "propósito beneficente claramente utilitarista" da utilização dos excedentes das clínicas de fertilização e falou da importância de ouvir não apenas os argumentos técnico-científicos sobre esse tema. Todos os demais cinco expositores defenderam o uso dos embriões excedentes do tratamento de reprodução assistida em pesquisa. O segundo argumento mais usado, citado por três especialistas, foi a defesa da dita "clonagem terapêutica" (uso das células-tronco embrionárias na técnica de transferência nuclear para produzir tecidos compatíveis com os do doador). Foram citados por dois peritos os seguintes tópicos: termo pré-embrião com referência aos embriões congelados; a importância do uso das células-tronco embrionárias para o reparo de órgãos e tecidos; uso para tratamento de doenças genéticas; no tocante ao início da vida, coloca-se a ideia de que a inserção no útero vai garantir a vida para o embrião e o argumento que não há problema em usar o embrião até o 14° dia porque ele não teria sistema nervoso. Um dos peritos concordou com a necessidade de ouvir não apenas os argumentos técnico-científicos sobre o tema. Os tópicos a seguir apareceram na fala de apenas um expositor: a vida não ter início nem fim, por ser um ciclo; a sugestão de doar embriões para casais que queiram adotá-los; comparação do uso das células-tronco embrionárias com a doação de órgãos; a comparação com o DIU e a pílula do dia seguinte porque destroem o blastocisto como a pesquisa com células-tronco embrionárias humanas e são autorizados pelo governo; a necessidade de dar voz aos pacientes (possíveis beneficiados) para concluir a matéria.

No tocante à gestão da vida, além dos diversos argumentos referentes ao bom uso dos recursos biológicos (racionalidade científica utilitária) que justificariam o aproveitamento desses embriões e da potencialidade maior para cura de doenças genéticas e reparo de órgãos e tecidos, é importante destacar as diferentes compreensões sobre o início da vida: 1. só a inserção no útero garante o desenvolvimento; 2. após o 14° se desenvolve o sistema nervoso;[5] 3. o entendimento de que não haveria um início absoluto da vida com a concepção, pois antes do embrião vivo havia espermatozoides e óvulos vivos, gerados por outras células vivas. Essa última noção dissolve a ideia de individualidade dos entes vivos, pois a vida seria um fluxo. Ainda com respeito à gestão da vida, chama-se atenção para as modalidades em que o desenvolvimento do embrião é interrompido com medidas biomédicas consideradas legais no Brasil: o contraceptivo de emergência (pílula do dia seguinte) e o DIU.

Dos senadores que participaram da audiência, doze se pronunciaram durante a mesma. Destes, apenas um, Flávio Arns, se colocou contra a pesquisa com embriões humanos, sendo os demais onze favoráveis. Ressalta-se também que sete desses senadores declararam seu pertencimento religioso católico, dos quais seis manifestaram-se favoráveis às células-tronco embrionárias humanas a despeito da posição da Igreja Católica ser contrária.

Não cabe nos objetivos deste artigo analisar os processos de votação da Lei de Biossegurança, o que já foi feito em outra parte (Cesarino, 2006), inclusive com análise da participação dos atores religiosos (Luna, 2013). Em 2005, ano da aprovação da Lei de Biossegurança, nove senadores discursaram a respeito do tema. Dois pediram urgência na aprovação da lei, dois celebraram a apro-

---

5   Na realidade, a partir do 15° surge a linha primitiva, estrutura que é o primórdio da medula espinhal, apenas no 23° dia surge a placa neural, esta mais propriamente o início do sistema nervoso.

vação dessa lei. O argumento mais usado referiu-se ao destino dos embriões: lixo ou pesquisa, propondo o uso racional e aproveitamento do recurso biológico dos embriões em vez do desperdício que representaria o descarte. Dois senadores ressaltaram sua importância na cura de doenças e dois senadores se referiram à constitucionalidade dessa lei. Apareceram no pronunciamento de apenas um senador os seguintes argumentos do lado contrário às células-tronco embrionárias humanas: uma declaração de voto contrário à pesquisa com as CTEH, a defesa legal da vida desde a concepção, inclusive no caso do embrião congelado, e a defesa do uso de células-tronco adultas, todos proferidos pelo senador Paulo Arns. Em contraponto a essas posições, houve um discurso pela importância da separação Estado e Igreja. Também foram objeto de um pronunciamento temas mais referentes à política científica: a importância do desenvolvimento científico; o desejo de que a pesquisa com CTEH faça parte da rotina médica em pouco tempo; a falta de recursos para pesquisa com CTEH; a preocupação que os pobres tenham acesso ao tratamento com CTEH e um alerta contra a manipulação genética de embriões humanos.

Quadriênio 2007-2010

No quadriênio 2007-2010, foram proferidos setenta discursos contendo as palavras-chave aborto e embrião. As motivações principais destes pronunciamentos foram (por ordem de acontecimento): 1. visita do Papa ao Brasil; 2. declarações do Governador Sérgio Cabral de que as favelas seriam fábricas de marginais; 3. Campanha da Fraternidade em Defesa da Vida, da CNBB que abordou o tema do aborto; 4. julgamento no STF sobre a constitucionalidade da utilização de células-tronco embrionárias em pesquisa; 5. caso da menina pernambucana de nove anos que engravidou de gêmeos do padrasto e a excomunhão pelo arcebispo de Olinda dos médicos que realizaram o aborto e da mãe que o autorizou; 6) discussão sobre o Plano Nacional de Direitos Humanos (PNDH-3); 7) polêmica do aborto durante a campanha eleitoral de 2010 para presidente.

No segundo quadriênio do governo Lula, no que tange a esta pesquisa, o assunto mais marcante foi a autorização da utilização de células-tronco embrionárias em pesquisas científicas, quando se julgou a Ação de Inconstitucionalidade 3510 (ADI 3510) contra o artigo da lei de biossegurança que aprovava a obtenção de células-tronco embrionárias humanas. Dos trinta e três discursos contendo a palavra embrião, apenas um não estava relacionado à lei de biossegurança. Além disso, foram constatadas críticas dos senadores à posição conservadora da Igreja Católica com respeito ao caso da menina pernambucana e críticas a declarações pró-escolha do Ministro da Saúde José Temporão, que defendeu a legalização do aborto como problema de saúde pública, e do governador do Rio de Janeiro Sergio Cabral que associou o aborto à prevenção da formação de marginais. Nesse segundo mandato, apenas um discurso tratou da anencefalia, sendo favorável à interrupção da gravidez em caso dessa anomalia. No ano de 2010, o PNDH-3 foi rebatido pelo seu teor pró-escolha, por apresentar no texto original a proposta de "apoiar a aprovação do projeto de lei que descriminaliza o aborto, considerando a autonomia das mulheres para decidir sobre seus corpos". Também foi criticada a inserção do tema do aborto no debate eleitoral: estava em debate a posição da então candidata Dilma Roussef acusada de ser favorável ao aborto, e o jogo político de acusações que envolveu a campanha presidencial.

No quadriênio, foram apresentadas apenas duas proposições legislativas, ambas de 2007, o primeiro da legislatura, contendo a palavra-chave "nascituro" em dois Projetos de Lei. O PLC 104/2007 "dispõe sobre a obrigatoriedade da implementação de protocolo terapêutico para a prevenção vertical do HIV, em hospitais e maternidades". O PLS 7/2007 "Altera a Lei n° 9.250, de 26 de dezembro de 1995, para incluir o nascituro no rol de dependentes que possibilitam dedução na base de cálculo do Imposto de Renda Pessoa Física".

Considerando as duas legislaturas conjuntamente, o governo Lula (2003-2010), no que se refere ao embrião humano, teve sua atuação legislativa focada na discussão sobre as células-tronco embrionárias (CTEH). O argumento "lixo ou pesquisa", norteador da decisão pró-pesquisa dos parlamentares, não foi suficiente para simplificar essa questão que gerou manifestações em todos os anos das duas legislaturas. O conflito religioso esteve presente principalmente nas audiências públicas sobre CTEH, nas quais os senadores declararam o pertencimento religioso católico ao mesmo tempo em que reconheciam a importância das pesquisas com embriões de laboratório. É possível observar também, nos dois mandatos do governo do PT, iniciativas favoráveis ao aborto seja para facilitar a interrupção da gravidez nos casos previstos por lei como estabelece a Norma Técnica do Ministério da Saúde que autorizava aborto em caso de estupro sem a necessidade do Boletim de Ocorrência seja para revisar a legislação sobre aborto, atividade exercida por uma Comissão Tripartite. Além disso, o Plano Nacional dos Direitos Humanos (PNDH-3) se apresentou como uma iniciativa pró-escolha. Por outro lado, foram verificadas reações contrárias por parte de senadores a essas propostas acusando-as de promover a aborto.

Considerações finais

O debate sobre o aborto e sobre a pesquisa com células-tronco embrionárias compreende argumentação moral acerca da gestão da vida. No tocante ao aborto, invoca-se o valor da autonomia tanto da mulher como do feto: a gestante quanto a seu direito de decidir sobre o processo que ocorre em seu corpo; e o feto, na consideração desse ente como pessoa, para a qual a mulher é um suporte do desenvolvimento, e o direito do feto à vida. Quanto à pesquisa com células-tronco, chocam-se os argumentos acerca do estatuto do embrião congelado e o desenvolvimento de pesquisas e terapias que beneficiem pessoas com diversas enfermidades.

Quando se analisa o material levantado no Senado no período sob exame, dois aspectos chamam atenção. O primeiro é o pequeno número de proposições legislativas apresentadas a partir das palavras-chave analisadas: apenas cinco na primeira legislatura do governo Lula e dois na segunda. Os três projetos de lei apresentados com referência ao aborto dizem respeito ao aborto de anencéfalo. Isso mostra os limites para a alteração da lei e ampliação dos permissivos: considera-se lícito estender a possibilidade de aborto apenas quando o feto é inviável. Embora se considere a autonomia reprodutiva da mulher em decidir se quer levar adiante esse tipo de gestação, ainda assim apenas em uma esfera bem restrita a grávida pode manifestar seu direito de decidir. Além do projeto da nova lei da biossegurança e de um projeto que regulamenta a reprodução assistida, as duas outras proposições legislativas apresentadas enfatizam a condição de pessoa do "nascituro" (termo usado no documento): ao inseri-lo como dependente no imposto de renda e ao considerá-lo paciente junto com a gestante que o porta nos protocolos de prevenção ao HIV. Há pouco espaço para debate sobre aborto e ampliam-se os projetos que atribuem a condição de pessoa ao feto e ao embrião.

Outro ponto foi o destaque alcançado pela Lei de Biossegurança quanto à possibilidade do uso de embriões humanos em pesquisa. De um ponto de vista utilitário, julgou-se melhor usar esse material biológico para impulsionar a pesquisa científica, na expectativa de desenvolvimento de terapias para doenças incuráveis e do avanço científico. Na controvérsia, prevaleceu um olhar antes sobre os pacientes, pessoas já nascidas que sofrem, do que a atribuição da condição de pessoa do embrião congelado, cujo destino seria o descarte se não aproveitado na pesquisa.

Considerando a estruturação desta controvérsia, o valor sagrado atribuído à vida humana continua focado no feto e no embrião em seu desenvolvimento intra-uterino. Quando se apresenta inviável, como no caso da anencefalia, considera-se inútil obrigar a mulher a prolongar a gravidez, ali haveria a possibilidade de interromper o processo gestacional. Também se considerou a possibilidade do direito de escolha no caso da menina de nove anos que engravidou do padrasto. A posição do arcebispo de Olinda de excomungar a equipe médica que executou o abortamento e a mãe que o autorizou foi duramente criticada, pois ali estava uma gravidez fora de lugar configurada na imaturidade corporal da menina para a maternidade e o risco implicado na gravidez, na cena incestuosa, na relação sexual sem o consentimento de uma pessoa considerada capaz, tudo isso contribuiu para a crítica à posição antiaborto da Igreja Católica. O interesse na vida da menina prevaleceu.

Nessa controvérsia, a posição favorável ao aborto torna-se categoria de acusação em várias circunstâncias, como exemplificado em seu uso na campanha eleitoral de 2010, e nas críticas à formulação inicial do PNDH3 por este enfatizar a autonomia feminina. Nas situações em que a autonomia feminina é mais claramente colocada, surge a acusação.

Machado (2010) apresenta a tese de que o móvel no debate sobre o aborto é obrigar a mulher a levar a termo a gestação criada por um homem. Seria esse valor (de dominação masculina) e não o valor sagrado da vida humana o cerne do problema. Assumindo a perspectiva de Dumont (1997) sobre os englobamentos hierárquicos com respeito ao aborto, embora fisiologicamente a mulher porte o embrião ou feto dentro de seu corpo, em termos dos valores holistas pró-vida, ela é um suporte para o desenvolvimento de outra vida, portanto, é englobada pelo feto como meio para a existência dele.

Conforme demonstrado por Boltanski (2003), as regulações jurídicas também criam entes com estatuto de humanidade e lhe atribuem direitos. Se, no contexto do aborto, a representação é do feto tumoral, não desejado e que deve ser extirpado, e no contexto da pesquisa com células-tronco surge o tecno-feto, há que se ter em mente na presente análise a categoria do feto totalitário, quando o Estado determina seu processo de engendramento a despeito da vontade da mulher. As regulações jurídicas como o Estatuto do Nascituro, ausente do levantamento no Senado, mas presente como fato de importância política, mostram a possibilidade de implementação e reforço desse feto totalitário, protegido pelo Estado sem considerar a gestante que o porta.

Referências bibliográficas

BOLTANSKI, Luc (2004). *La condition foetale: une sociologie de l'engendrement et de l'avortement*. Paris: Gallimard.

CESARINO, Letícia Maria Costa da Nóbrega (2006). *Acendendo as luzes da ciência para iluminar o caminho do progresso: uma análise simétrica de Lei de Biossegurança Brasileira*. Dissertação (mestrado em Antropologia Social). Brasília: UnB;

DUARTE, L. F. D., E. C. GOMES, R. A. MENEZES e M. NATIVIDADE (2009). "Apresentação", em L. F. D. Duarte, E. C. Gomes, R. A. Menezes, e M. NATIVIDADE (orgs.), *Valores religiosos e legislação no Brasil: a tramitação de projetos de lei sobre temas morais controversos*. Rio de Janeiro: Garamond.

DUMONT, Louis (1992). *Ensaios sobre o individualismo; Uma perspectiva antropológica sobre a ideologia moderna*. Lisboa: Dom Quixote.

DUMONT, Louis (1997). *Homo hierarchicus: o sistema de castas e suas implicações*. São Paulo: Edusp.

DWORKIN, Ronald (2003). *Domínio da vida: aborto, eutanásia e liberdades individuais*. São Paulo: Martins Fontes.

GIUMBELLI, Emerson (2002a). *O fim da religião: dilemas da liberdade religiosa no Brasil e na França*. São Paulo: Attar.

GIUMBELLI, Emerson (2002b). "Para além do 'trabalho de campo': reflexões supostamente malinowiskianas". *Revista Brasileira de Ciências Sociais*, vol. 17, n. 48, p. 91-107.

GOMES, E. de C., R. A. MENEZES, R. A. e M. NATIVIDADE (2009). "Proposições de leis e valores religiosos: controvérsias no espaço público" em L. F. D. Duarte, E. C. Gomes, R. A. Menezes, e M. NATIVIDADE (orgs.), *Valores religiosos e legislação no Brasil: a tramitação de projetos de lei sobre temas morais controversos*. Rio de Janeiro: Garamond.

LUNA, Naara (2007). *Provetas e clones: uma antropologia das novas tecnologias reprodutivas*. Rio de Janeiro: Fiocruz.

LUNA, Naara (2010). "Aborto e células-tronco embrionárias na Campanha da Fraternidade: ciência e ética no ensino da Igreja". *Revista Brasileira de Ciências Sociais*, vol. 25, n. 74, p. 91-105.

LUNA, Naara (2013). "O direito à vida no contexto do aborto e da pesquisa com células-tronco embrionárias: disputas de agentes e valores religiosos em um Estado laico". *Religião e Sociedade*, vol. 33, n. 1, p. 71-97.

MACHADO, Lia Zanotta (2010). "O impacto social das narrativas biológicas, jurídicas e religiosas sobre o aborto", em *Feminismo em movimento*. São Paulo: Francis.

REHEN, Stevens e Bruna PAULSEN (2007). *Células-tronco: o que são? Para que servem?* Rio de Janeiro: Vieira & Lent.

O DEBATE SOBRE ABORTO NA CÂMARA DOS DEPUTADOS, DE 1990 A 2014

Luis Felipe Miguel, Flávia Biroli e Rayani Mariano

Nos últimos anos, o tema do aborto ganhou destaque na política brasileira.[1] Foi ponto importante nas campanhas eleitorais presidenciais e entrou na pauta de grande quantidade de candidatas e candidatos ao poder legislativo em todo o País. Recebeu também atenção no Congresso, na forma de pronunciamentos dos representantes, de audiências públicas nas comissões e de projetos de lei. Mas essa movimentação ocorreu principalmente não por pressão dos movimentos feministas e de seus aliados na luta pela descriminalização da interrupção voluntária da gravidez, e sim por estratégia de grupos religiosos – sobretudo católicos e evangélicos, mas também espíritas. Com isso, o debate no Brasil tomou a forma de uma ofensiva retrógrada.

Este artigo discute o debate sobre aborto na Câmara dos Deputados brasileira, por meio da análise da totalidade dos discursos sobre a questão que foram pronunciados em plenário nos 24 anos que vão da 49ª à 54ª legislaturas (de fevereiro de 1991 a janeiro de 2015). Tratou-se de um estudo exploratório, com um acompanhamento de longo prazo, que visou identificar os principais atores políticos envolvidos e as linhas gerais em que se desenvolveu a

---

1 A discussão aqui apresentada faz parte das pesquisas "Direito ao aborto e sentidos da maternidade: atores e posições em disputa no Brasil contemporâneo", financiada pelo edital MCTI/CNPq/SPM-PR/MDA 32/2012, e "Representação substantiva e gênero no Brasil", financiada pelo edital MCTI/CNPq/MEC/CAPES 18/2012. Agradecemos às bolsistas do Grupo de Pesquisa sobre Democracia e Desigualdades (www.demode. unb.br) que trabalharam na coleta dos dados da pesquisa: Amanda Seabra, Carolina Souto, Débora Françolin, Juliana Góes, Luciana Keller, Isabella Rodrigues, Karine Farinha, Laura Sousa e Raquel Labarrere. A coleta ocorreu sob a supervisão de Rayani Mariano e Gabriela Dornelles.

discussão parlamentar sobre o tema, nas legislaturas eleitas sob a vigência da Constituição democrática de 1988.

A ofensiva religiosa mencionada acima fica clara nos dados resultantes da pesquisa, que expõem, ao longo do tempo, tanto a atuação crescente dos grupos contrários ao aborto no Poder Legislativo nacional quanto o recuo das posições abertamente favoráveis à legalização. Os dados mostram, também, que entre as posições favoráveis é difícil mobilizar a autonomia das mulheres como valor. O argumento de que o acesso ao aborto é uma questão de saúde pública, sem dúvida relevante, ofusca o entendimento, cada vez mais constrangido nesse debate, de que o aborto é um direito de cidadania das mulheres. Ou seja: todo o quadro do debate, no Brasil, se deslocou para um patamar mais conservador.

No Congresso Nacional, uma frente suprapartidária contra o aborto reuniu, em 2014, 167 deputados (quase um terço da casa, que conta com 513 representantes) e 13 senadores (dos 81 que compõem o Senado Federal). A luta contra o aborto foi a plataforma de inúmeros candidatos às eleições legislativas recentes, tanto para a Câmara dos Deputados quanto para as assembleias legislativas estaduais. No Horário de Propaganda Eleitoral Gratuita em agosto e setembro de 2014, a "defesa da vida" foi um dos bordões mais recorrentes, ao lado de sua parceira permanente, a "defesa da família". Se muitos candidatos às eleições proporcionais identificavam nas bandeiras da direita religiosa a melhor maneira de sensibilizar o eleitorado, nas eleições majoritárias os candidatos se viram constrangidos a afirmar publicamente sua oposição ao direito de escolha das mulheres. Se não o fizessem, seriam vetados pelos líderes religiosos e sofreriam campanha negativa nas igrejas.

A utilização da temática do aborto como forma de chantagem contra as posições políticas mais progressistas, nas eleições de 2014, foi uma reedição da estratégia de sucesso utilizada na disputa presidencial anterior. Em 2010, a ofensiva religiosa relativa à "defesa da vida" – e também a outros temas da chamada "agenda moral", como a oposição aos direitos dos homossexuais – foi importante para levar a eleição para o segundo turno, em prejuízo à então candidata Dilma Rousseff, e para dela colher compromissos conservadores.[2]

Nesse ambiente político, defensoras dos direitos das mulheres, dentro e fora do Congresso Nacional, têm procurado impedir retrocessos numa legislação que já é bastante restritiva. O Código Penal brasileiro tipifica o aborto como crime, punível com prisão. O abortamento legal é previsto apenas em caso de

---

2 A esse respeito, conferir Machado (2012), Mantovani (2014), Miguel (2012) e Mota e Biroli (2014).

gravidez resultante de estupro ou de risco de vida para a mulher. Uma terceira exceção foi acrescentada recentemente, em 2012, por decisão do Supremo Tribunal Federal (STF) tomada a partir da Ação de Descumprimento de Preceito Fundamental (ADPF) n° 54, formalizada em 2004 pela Confederação Nacional dos Trabalhadores na Saúde, permitindo a interrupção da gestação em casos de anencefalia fetal.[3] É um fato que marca o descompasso nos ambientes dos três poderes, não apenas no caso do aborto, mas, de maneira mais ampla, na agenda dos direitos no âmbito da sexualidade e da conjugalidade.[4]

Há um enorme descompasso, também, entre a legislação sobre aborto e o aborto como prática efetiva das mulheres. A distância entre as normas restritivas e a realidade social das mulheres permite equiparar a proibição do aborto hoje à restrição ao divórcio no Brasil antes de 1977 (a partir de observações desses dois contextos feitas por Htun, 2003). Estima-se que mais de uma em cada cinco mulheres brasileiras fez pelo menos um aborto (Diniz e Medeiros, 2010, p. 964). Mas não se trata de uma futilidade da norma, de uma diferença entre a letra da lei e a vivência concreta. A criminalização prejudica as mulheres, comprometendo sua cidadania e sua integridade física. A prática do aborto não é reduzida pela criminalização, mas brutalizada, e tanto mais perigosa para as mulheres quanto maiores são os esforços para se fazer cumprir a lei (Boltanski, 2004, p. 124).

A clandestinidade corresponde, muitas vezes, à realização do aborto em condições precárias. O grau de precariedade se vincula a variáveis ligadas entre si: condição sócio-econômica das mulheres, acesso à informação e, novamente, efetividade das políticas de repressão. Mulheres mais pobres e mais jovens tendem a interromper a gravidez em piores condições, muitas vezes sem assistência de profissionais de saúde. Quando a perseguição policial e judiciária ao aborto é mais intensa, o risco para estes profissionais também é maior, reduzindo a oferta de serviços clandestinos, ampliando seu custo, piorando as condições em que são prestados e aumentando a assimetria de poder entre o médico ou enfermeiro e a gestante que recorre a ele. O recente caso da jovem que, após um abortamento autoinduzido que levou a hemorragia, foi denunciada à polícia

---

3   Para uma análise bem documentada do debate sobre aborto no caso de anencefalia fetal e sobre pesquisas com células-tronco embrionárias no Brasil, cf. Luna (2013).

4   O direito ao casamento entre pessoas do mesmo sexo foi garantido pelo STF em 2011, determinando avanços que não foram possíveis no Legislativo, embora estejam presentes em iniciativas como o Projeto de Lei n° 2285/2007. São casos como esses que reforçam a interpretação de que, no Brasil, o Judiciário tem definido progressos nos direitos dos homossexuais enquanto o Legislativo tem uma posição conservadora, devida sobretudo à ação organizada dos grupos religiosos (Mello, 2006, p. 498).

pelo médico que deveria socorrê-la (Oliveira, 2015) ilustra a vulnerabilidade que a proibição da interrupção voluntária da gravidez impõe às mulheres.

Tudo isso resulta em um número elevado de complicações e de mortes. Segundo dados oficiais do Ministério da Saúde de 2006, o aborto clandestino é a causa de 11,4% das mortes maternas e 17% do total de mortes por razões obstétricas. Esse número é menor do que o que foi apontado por estatísticas dos anos 1990, provavelmente pela difusão do abortamento químico, proporcionado pelo uso de substâncias como o misoprostol (conhecido pelo nome da marca comercial Cytotec), em vez de métodos perfurativos ou cáusticos (Ministério da Saúde, 2009). Mas mesmo o recurso ao misoprostol inclui riscos, caso não haja supervisão especializada ou segurança quanto à origem do produto. Relatos, sobretudo de mulheres mais pobres, indicam que o acesso a substâncias abortivas na clandestinidade continua a se dar de uma forma que compromete sua saúde e também a das crianças, nos casos em que a tentativa de aborto não tem sucesso (Motta, 2012).

Diante dessa realidade, mas também dos constrangimentos cada vez maiores para a ampliação do direito das mulheres brasileiras a interromper uma gravidez indesejada, o Judiciário garantiu o acesso legal ao aborto no caso dos fetos anencefálicos, como mencionado, neste que foi o principal avanço ocorrido no Brasil em décadas, por meio de uma manobra semântica, em que, em vez de aborto, falou-se em "antecipação do parto". Já o Poder Executivo tem, nos últimos anos, tomado iniciativas no sentido de, ao menos, garantir o acesso das mulheres ao aborto nos casos previstos em lei. Porém, tal como ocorre com outras questões vinculadas à chamada "agenda moral" (luta contra a homofobia, campanhas de prevenção da transmissão do HIV etc.), a reação dos grupos religiosos leva imediatamente a um recuo e à revogação das medidas. Fica claro que o governo tem sido vulnerável à chantagem eleitoral que a ofensiva fundamentalista promove, como fica claro no capítulo 1 deste livro, escrito por Luis Felipe Miguel, e as relações de força atuais indicam que essa situação se mantém no segundo governo de Dilma Rousseff, iniciado em 2015.

No Legislativo, os projetos que ampliam os casos de aborto legal ou descriminalizam de vez a prática têm sido arquivados ou barrados em comissões legislativas. Em fevereiro de 2015, havia cinco Projetos de Lei tramitando na Câmara dos Deputados sobre o aborto, uma vez que outros tantos haviam sido arquivados com o fim da legislatura anterior. Apenas um deles (o PL 20/1991) é favorável à ampliação do direito ao aborto. Embora, por enquanto, sem chance de se tornarem norma legal, projetos patrocinados pela bancada de deputados religiosos têm recebido destaque. Entre eles estão o PL 4703/1998, que define o aborto como crime hediondo, e o PL 478/2007, que ganhou o nome de "Estatuto do Nascituro" e que propõe que o "nascituro", definido como "ser humano concebido, mas ainda não nascido" (artigo 2º), tenha proteção jurídica, uma vez que "sua natureza humana é reconhecida desde a concepção". O projeto determina (em seu artigo 3º, parágrafo único) que "o nascituro goza da expectativa do direito à vida, à integridade física, à honra, à imagem e de todos os demais direitos da personalidade" e inclui não apenas a penalização da mulher que aborta e de quem realiza ou a auxilia na realização do aborto, mas também de quem faz "apologia do aborto ou de quem o praticou, ou incitar publicamente a sua prática".

Em conjunto, as propostas patrocinadas pela bancada religiosa procuram: (1) revogar todas as exceções à proibição à interrupção da gravidez; (2) ampliar as penalidades em caso de aborto ilegal; (3) criar um cadastro nacional de grávidas, de maneira a facilitar a perseguição daquelas que optam pelo aborto; (4) estimular que a gravidez resultante de estupro não seja interrompida, com incentivo financeiro para a vítima que decidir ter o filho (a chamada "bolsa estupro"); e/ou (5) estabelecer que o direito à vida é protegido "desde a concepção", formulação que buscam inserir na própria Constituição brasileira.

Em sua análise do debate sobre aborto no Congresso Nacional, Rocha, Rostagnol e Gutiérrez (2009, p. 221) identificaram três etapas. Na primeira, entre as décadas de 1940 e 1970, o debate foi incipiente e restrito, sobretudo quando se considera a participação dos atores políticos. A segunda etapa correspondeu à intensificação do debate nos anos 1980, período de transição da ditadura instaurada em 1964 para a democracia, devido à maior atuação dos movimentos sociais no debate público, entre eles os movimentos de mulheres. A partir da década de 1990, teríamos a consolidação desse debate, com a ampliação não apenas da representação feminina no Congresso – considerando sobretudo a chegada de mulheres cujas trajetórias estão relacionadas aos movimentos de mulheres e feministas –, mas também o aumento do número de congressistas vinculados a denominações religiosas.

A pesquisa que apresentamos aqui colabora para identificar esses padrões e amplia a análise de como se definiram a partir da década de 1990. Há diferenças entre o debate que se deu ao longo dos anos 1990 e o debate a partir dos anos 2000. Há uma ampliação da quantidade de manifestações contrárias ao direito ao aborto ao longo do tempo, com uma radicalização das posições conservadoras, na mesma medida em que houve passos em direção a avanços, e alguns avanços efetivos, na descriminalização do aborto e nas garantias para as mulheres que abortam. Sobretudo a partir dos anos 1990, com a articulação ampliada entre católicos e neopentecostais no Congresso Nacional, as tentativas feitas para avançar nas garantias às mulheres correspondaram, permanentemente, a reações conservadoras e pressões por retrocessos (Corrêa e Ávila, 2003, p. 36).

A partir da metade da década de 1980, enquanto o Brasil se redemocratizava, após duas décadas de ditadura, as ações dos movimentos feministas se defrontavam com um contexto em que o aborto se tornava prioridade crescente para a Igreja Católica. Os movimentos tiveram sucesso ao barrar a estratégia da Igreja de incluir no artigo 5º da Constituição Federal de 1988 o princípio do "direito à vida desde a concepção". Em março de 1995, essa tentativa retornaria na Proposta de Emenda Constitucional apresentada por um dos deputados mais ativos na oposição ao direito ao aborto no período, Severino Cavalcanti (PFL/PE), a PEC 25/1995, que em abril de 1996 foi derrotada na Comissão Especial determinada para sua discussão e em plenário (Rocha, 2008). Essa derrota da Igreja, no entanto, não significou que os movimentos feministas favoráveis ao direito ao aborto tenham sido vencedores. A "Carta das mulheres", enviada aos parlamentares constituintes com uma pauta de reinvindicações feitas pelos movimentos feministas em conjunto com o Conselho Nacional das Mulheres, demandava garantias para que as mulheres decidissem sobre seu corpo, mas não mencionava o aborto, no que foi considerado "um recuo tático diante do pensamento conservador" (Pinto, 2003, p. 76).

Uma das principais linhas de força nas ações favoráveis ao direito ao aborto foi a tentativa de garantir o atendimento pelos hospitais públicos às mulheres que desejassem abortar, nos casos previstos por lei, isto é, gravidez resultante de estupro ou risco de vida para a gestante. Apresentado pelo deputado Eduardo Jorge, então no Partido dos Trabalhadores (PT), em 1991, o PL 20/1991, que visava assegurar este direito, foi objeto da "Campanha pela vida das mulheres", que obteve mais de 20 mil assinaturas. Embora o projeto nunca tenha sido aprovado, em 1998 o Conselho Nacional de Saúde acatou proposta da Comissão Intersetorial de Saúde da Mulher e produziu uma norma técnica regulamentando o atendimento no Sistema Único de Saúde nos casos de aborto legal. Esteve presente, nesse caso, o padrão antes mencionado, que se repetiria nos anos seguintes: na impossibilidade de avançar nas garantias em um Congresso com forte atuação de parlamentares conservadores, os avanços se definiram a partir do Executivo, por meio de normas técnicas, e do Judiciário, como no acesso ao aborto nos casos de anencefalia fetal, alcançado em 2012 por decisão do STF, como mencionado.

Naquele mesmo ano de 1991, outro projeto, de autoria dos deputados Eduardo Jorge (PT/SP) e Sandra Starling (PT/MG), o PL 1135/1991, propunha a supressão do artigo 124 do Código Penal, que define o aborto como crime. Este projeto também não seria aprovado. Mais uma vez, sua tramitação expôs a convergência entre parlamentares conservadores e as igrejas. Sua longa tramitação marcou a entrada em cena, juntamente com a Igreja Católica, das igrejas neopentecostais, nesse caso pela atuação do deputado Jorge Mudalen (DEM/SP), da Igreja Internacional da Graça de Deus, e do deputado Eduardo Cunha (PMDB/RJ), da Igreja Sara Nossa Terra. Vale observar que, além da atuação para barrar os projetos em plenário ou encaminhá-los ao Senado (como no caso do PL 20/1991), passaria a ser mais forte a atuação dos parlamentares religiosos na Comissão de Seguridade Social e Família e, posteriormente, na Comissão de Direitos Humanos.

Evidentemente, não é possível tomar as diferentes denominações religiosas que têm presença no debate público no Brasil hoje como se fossem um bloco na sua atuação relativa às políticas reprodutivas e em suas concepções das relações de gênero. Há posições divergentes; por exemplo, o chefe de uma das maiores igrejas neopentecostais do país, o bispo Edir Macedo, da Igreja Universal do Reino de Deus, defende publicamente, há tempos, a legalização do aborto. Ainda assim, elas convergem na defesa da família (Machado, 2013), assumindo posições opostas à individualização das mulheres, isto é, a sua definição como sujeito de direitos e de interesses.

A liderança do movimento contra o direito ao aborto ainda é exercida pela Igreja Católica, que permanece na posição de maior denominação religiosa do país. Tanto por iniciativa de prelados individuais quanto de suas instâncias hierárquicas, ela intensificou a verbalização de sua oposição à interrupção voluntária da gravidez dos anos 1990 em diante. A articulação teve seus picos com a Campanha da Fraternidade de 2008,[5] que elegeu o "direito à vida" como temática, e com as visitas papais, sobretudo a terceira visita do papa Wojtyla (João Paulo II), em 1997, e a visita do papa Ratzinger (Bento XVI), em 2007, em que a oposição ao aborto foi destaque.[6]

---

5   As "campanhas da fraternidade" são ofensivas anuais de proselitismo católico, coordenadas pela Confederação Nacional dos Bispos do Brasil, que ocorrem desde os anos 1960. A cada ano, um tema é destacado como eixo da campanha.

6   Na visita do papa Bergoglio (Francisco), em 2013, o tema ganhou menos atenção, o que talvez indique que a Cúria percebe o esgotamento deste filão. Mas a "modernização" que o novo papa vem buscando para a Igreja inclui a maior tolerância para com os homossexuais, não uma abertura para o direito ao aborto, que ele condenou veementemente em mais de uma ocasião (Lopes, 2014; Veja.com, 2014), ainda que com menos frequência que seus antecessores.

Nesse processo, o custo para a atuação de parlamentares e integrantes do governo a favor do direito ao aborto foi se tornando cada vez maior. As ações do ministro da Saúde durante o segundo governo Lula, José Gomes Temporão, que em 2007 chegou a propor a realização de um plebiscito para que a população pudesse optar pela legalização do aborto, recuando depois da oposição pública dos porta-vozes religiosos e da "Frente parlamentar mista em defesa da vida – contra o aborto", são um exemplo da dinâmica que se estabeleceria. Ela culminaria no recurso ao aborto como estratégia para fazer recuar candidatos e candidatas, especialmente a então candidata à Presidência Dilma Rousseff (PT), nas eleições de 2010. O controle do enquadramento do debate público sobre o tema, por parte das Igrejas, foi garantido por estratégias casadas de candidatos de oposição ao PT, pelo recuo do próprio PT (cf. o capítulo 1 de Luis Felipe Miguel) e pela atuação dos meios de comunicação, em convergência com os candidatos de oposição (cf. o capítulo 8, de Denise Mantovani).[7] Em maio de 2014, a Portaria 415, do Ministério da Saúde, que aumentava a remuneração para as cirurgias no sistema público de saúde nos casos de aborto previsto por lei também foi revogada, poucos dias depois de assinada, na esteira de manifestações dos parlamentares religiosos.

É levando em conta a forma assumida por essas disputas, e a ampliação da atuação política das igrejas nessa agenda, que surgiram interpretações de que o acirramento dos antagonismos produziu uma paralisia na agenda do aborto no Brasil (Rocha, 2006). A reação conservadora se ampliou, por meio do avanço da atuação dos grupos religiosos, estrategicamente calcado em uma agenda moral conservadora, enquanto a ação favorável aos direitos das mulheres não ganhou a mesma prioridade, sobretudo na atuação junto ao Estado. A atuação contrária ao aborto apoia-se no discurso conservador "a favor da família", enquanto procura inibir as iniciativas de reconhecimento da pluralidade de arranjos familiares e, sobretudo, dos direitos dos indivíduos, forçando também um recuo conservador que procura retomar a ideia de direitos da família como entidade (Biroli, 2014; Machado, 2013), em contraposição à afirmação dos direitos individuais.[8] As ações públicas em nome

---

7   O trabalho de Mantovani (2014) mostra que, ainda que tivessem linha editorial favorável ao direito ao aborto, na cobertura da campanha os veículos de comunicação contribuíram para anatematizar qualquer passo na direção de sua descriminalização como "suicídio eleitoral".

8   Conferir, por exemplo, o PL 6583/2013, que defende "a entidade familiar", premiando por meio do acesso a recursos e direitos aqueles que se encaixam em *uma* forma de definição da vida conjugal, sexual, afetiva, parental.

dessa agenda têm sido um modo privilegiado de construção da sua identidade política, de busca de votos entre os "fiéis" e de pressões sobre o governo. Comprometem, diretamente, a laicidade do Estado e os direitos iguais de mulheres e homens à cidadania.

Por outro lado, o movimento feminista e seus aliados encontram dificuldade de priorizar o tema em sua agenda, entendendo que outras questões – como o combate à violência contra a mulher, a ampliação da atenção à saúde feminina ou a busca de reserva de vagas em espaços de poder – rendem resultados mais positivos. Com isso, sua participação no debate é tímida e, sobretudo, não se gera um nicho de opinião pública que coloque a defesa do direito ao aborto como condição necessária para conceder seu apoio eleitoral a um candidato. A discussão na Câmara dos Deputados reflete essa situação: a condenação ao aborto é prioridade para muitos parlamentares, que encontram nela um instrumento de contato com seu eleitorado, mas a situação não se replica no lado oposto do debate.

O debate na Câmara dos Deputados

Para a análise do debate sobre aborto na Câmara dos Deputados, foram lidos e categorizados todos os discursos pronunciados sobre o tema, entre os anos de 1991 e 2014, identificados pela presença das palavras-chave "aborto", "abortamento", "interrupção voluntária da gestação" ou "interrupção voluntária da gravidez".[9] Foram identificados, ao todo, 915 discursos com as palavras-chave,[10] número que inclui tanto pronunciamentos inteiramente dedicados ao tema quanto meras menções laterais. Isso corresponde a menos de 1% do total estimado de discursos no plenário da Câmara, no período sob análise.

O foco nos *discursos* em plenário permite apreender um aspecto importante da ação parlamentar, que é a *construção de sentido sobre o mundo social*. A pesquisa se coloca, portanto, na contramão de boa parte da percepção sobre o trabalho parlamentar, até mesmo na literatura acadêmica, que julga que seu principal produto, senão o único, é a lei (ver, por exemplo, Arnold,

---

9 Cada discurso foi fichado separadamente por duas integrantes da equipe, de maneira a controlar a subjetividade na interpretação dos quesitos e garantir maior uniformidade de preenchimento.

10 Após a busca no site da Câmara, foram encontrados 939 discursos. No entanto, 24 foram classificados como irrelevantes: neles, a palavra "aborto" era utilizada apenas como metáfora ou, então, eram meros encaminhamentos de votação. Optou-se por desconsiderar este contingente.

1990). O discurso, instrumento pelo qual se constroem e difundem representações do mundo social, é uma atividade igualmente importante no exercício da atividade dos parlamentares.

Trata-se de um discurso que alcança simultaneamente uma multiplicidade de públicos diversos (cf. Miguel e Feitosa, 2009). Ele é, de maneira ostensiva, momento de um debate entre os pares – o deputado reage às falas de seus colegas e se dirige a eles em defesa da própria posição. Mas é frequente que esteja orientado de fato para um público externo, que tanto pode ser a "opinião pública" em geral quanto um grupo específico. Afinal, o discurso não se esgota entre as quatro paredes do plenário da Câmara. Ele é transmitido ao vivo pelos órgãos da Casa (a rádio Câmara, criada em 1997, e a TV Câmara, criada no ano seguinte); também pode ser noticiado na "Voz do Brasil", programa obrigatório transmitido diariamente por todas as rádios brasileiras, ou na mídia comercial. O parlamentar pode ainda divulgar o discurso em material publicitário, seja por mala direta, seja utilizando-o nos espaços de propaganda política previstos em lei. Em suma, há muitos públicos potenciais e muitas formas de divulgação. Ao discursar, o deputado imagina quem é seu alvo e adequa sua fala a ele.

Adequa também sua temática. Os assuntos privilegiados nos discursos são sensíveis tanto à agenda do momento quanto às prioridades que aquele parlamentar elegeu para seu mandato – prioridades que, por sua vez, podem refletir suas convicções pessoais, mas também uma opção estratégica, que avalia as diferentes oportunidades abertas no campo e estima quais são as expectativas do eleitorado. Uma presença significativa de pronunciamentos contrários ao direito ao aborto, por exemplo, pode indicar que há o entendimento disseminado que essa é uma posição com ressonância no pública.

Estes oradores são, quase todos, homens. A presença feminina é particularmente baixa no parlamento brasileiro. De acordo com os dados da Inter-Parliamentary Union, o país ocupa a penúltima posição na América latina, em quantidade de mulheres na câmara baixa. No período sob análise, a participação feminina na Câmara dos Deputados oscilou em torno dos 8%. Não é surpresa, portanto, que mesmo com as mulheres se pronunciando mais, dado o interesse específico da temática para elas, o debate seja dominado pelos homens: eles são os oradores de 86,4% dos discursos da amostra. O quadro fica pior quando se constata que a questão do aborto é o foco central de 61,7% dos discursos deles, mas apenas 49,2% dos discursos delas. Isto é, quando as mulheres intervêm na discussão, o aborto costuma ser apenas um tema, entre outros, que elas abordam no mesmo pronunciamento.

No caso dos partidos, o padrão de atuação no que diz respeito ao aborto não é bem definido ao longo do tempo – embora, nos últimos anos, alguns partidos, como o Partido da República (PR), o Partido Social Cristão (PSC) e o Partido Republicano Brasileiro (PRB) venham concentrando políticos ligados às igrejas evangélicas neopentecostais. Cumpre lembrar que a Câmara brasileira é muito fragmentada. Em algumas das legislaturas sob análise, mais de 20 partidos se encontravam representados. Além disso, a migração de parlamentares eleitos, de um partido para outro, é intensa, mesmo após a resolução do Tribunal Superior Eleitoral, de 2007, que possibilitou punir com a perda do mandato o representante que trocasse de legenda.

Na base de dados, há uma ligeira concentração de discursos no PT, de centro-esquerda, responsável por 22,1% dos pronunciamentos, um pouco acima do que seria esperado, dado o tamanho de sua bancada. No PT, porém, convivem defensores e adversários do direito ao aborto. Segue, na lista, o Partido da Frente Liberal, depois rebatizado como Democratas (PFL/DEM), de direita, com 11,6% dos discursos. Predominantemente contra o aborto, o PFL/DEM abrigou, porém, um dos principais defensores do direito no parlamento brasileiro, o deputado Dr. Pinotti, o que equilibra um pouco a posição média de seus discursos. E, em terceiro, o partido que é herdeiro direto da legenda de sustentação da ditadura militar, que mudou várias vezes de nome no período (PP, PPB, PPR), com 10,2% dos discursos, quase unanimemente contrários ao direito ao aborto. Na legislatura mais recente que pesquisamos, entre os anos de 2011 e 2014, isso muda: os parlamentares que mais falaram sobre aborto são do PSC, que, como dito anteriormente, concentra parlamentares ligados a igrejas evangélicas. Foram 16 discursos de parlamentares do PSC, todos contrários ao direito ao aborto, seguido do Partido Verde (PV) com 14 discursos (sendo que 13 foram de um mesmo parlamentar, Roberto Lucena, que atua contra o direito ao aborto).[11] Em terceiro lugar, 9 discursos de parlamentares do PDT no período, quase todos com posições contrárias ao aborto.

Os parlamentares que mais falaram sobre o assunto são todos homens e contrários ao direito ao aborto. O primeiro é Luiz Bassuma, que foi do PT e

---

11 A situação do PV é ilustrativa da falta de coerência programática das legendas brasileiras em relação ao tema. Roberto Lucena pautou sua atuação pela oposição ao direito à interrupção voluntária da gravidez, ao mesmo tempo em que o candidato à Presidência da República pelo partido, o ex-deputado Eduardo Jorge, fazia da legalização do aborto um dos carros-chefe de sua campanha. É razoável pensar que Jorge teve liberdade para destoar tanto do discurso imposto aos postulantes à Presidência graças à sua condição de candidato "nanico" (obteve 0,6% dos votos).

depois do PV, com 65 discursos. Bassuma, líder espírita, foi um dos autores da proposta do "Estatuto do Nascituro", carro-chefe da campanha contra a interrupção voluntária da gestação. Em seguida, Severino Cavalcanti, que foi do PPB e do PFL, também contrário aos direitos das mulheres, com 40 discursos. Costa Ferreira, que passou por vários partidos de direita, inclusive o confessional Partido Social Cristão (PSC), e Lael Varella, do PFL/DEM, ambos contrários ao aborto, fecham o grupo dos deputados com mais de 30 pronunciamentos na base de pesquisa. O primeiro deputado favorável à legalização do aborto aparece na sétima posição, com 25 discursos (José Genoíno, do PT); a primeira mulher, Marta Suplicy, também do PT, aparece no nono lugar, com 19 discursos. Ao todo, 269 deputados se pronunciaram alguma vez sobre o tema, nos anos sob análise. O *ranking* dos que mais falaram mostra, porém, que a oposição ao aborto é uma prioridade maior, para alguns parlamentares, do que sua legalização o é para os que a defendem.

A distribuição dos discursos ao longo do tempo é bastante irregular, revelando forte concentração em alguns períodos, conforme mostra o gráfico 1. Entre 1991 e 1999, foram pronunciados 325 discursos sobre aborto no plenário da Câmara dos Deputados, com um pico de 119 pronunciamentos em 1997, quando os parlamentares contrários ao direito ao aborto conseguiram evitar que o Projeto de Lei 20/1991, que regulamentava o atendimento às mulheres nos casos de aborto previsto por lei, na rede pública de saúde, fosse enviado ao Senado. A derrota do projeto suscitou fortes reações dos movimentos feministas, como mencionado anteriormente, levando à conquista da norma técnica do Ministério da Saúde regulamentando o atendimento. Foi, também, o ano em que se deu a visita do papa Wojtyla ao Brasil.

Apenas dez anos depois, o debate voltaria a uma frequência semelhante. Foram 97 discursos em 2007 e 112 em 2008, as duas maiores quantidades de pronunciamentos anuais sobre o tema, atrás apenas de 1997. O quadro era, no entanto, bastante distinto. A Frente Parlamentar Evangélica atuava com essa denominação desde 2003, e em 2007 estavam formadas outras três frentes parlamentares com o objetivo de obstruir avanços no direito ao aborto ou de fazer retroceder a legislação, reduzindo o número de casos previstos para o abortamento legal ou dificultando o acesso das mulheres a esse direito: a Frente Parlamentar contra a Legalização do Aborto, a Frente Parlamentar da Família e Apoio à Vida e a Frente Parlamentar Mista em Defesa da Vida – Contra o Aborto. Essas frentes reagiam a iniciativas favoráveis ao direito ao aborto no âmbito do Executivo, como a Norma Técnica de "Atenção humanizada ao abortamento", de 2005, que determinava o atendimento nos hospitais públicos a mulheres que sofreram violência sexual e desejavam realizar um aborto, mesmo quando não houvesse boletim de ocorrência registrado em delegacia, e do Judiciário, com a possibilidade de aprovação da ADPF nº 54, apresentada ao STF em 2004 e que levaria de fato, no ano de 2012, a uma decisão favorável ao aborto no caso de má-formação fetal.

GRÁFICO 1
Discursos com tema "aborto", no plenário da Câmara dos Deputados brasileira, por ano (1991-2014)

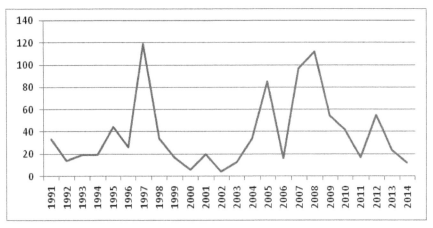

Fonte: pesquisas "Direito ao aborto e sentidos da maternidade: atores e posições em disputa no Brasil contemporâneo" e "Direitos das mulheres e representação no Brasil"

Mais relevante que a quantidade de pronunciamentos, no entanto, é a distribuição das posições que neles são verbalizadas. Ainda que a progressão não seja contínua, é perceptível uma tendência geral de ampliação da maioria de discursos contrários ao direito ao aborto. Assim, o maior percentual de discursos favoráveis à ampliação do direito ao aborto aparece no primeiro ano estudado, 1991, alcançando 39,4% do total de pronunciamentos (13, num universo de 33 discursos). O fato de que nunca mais essa parcela tenha ultrapassado o patamar dos 30% nos anos seguintes, chegando a nenhum discurso no ano de 2011, cinco discursos em 2012 (9% dos proferidos naquele ano) e novamente nenhum em 2013 e em 2014, indica que os constrangimentos se intensificaram.

A tabela 1, abaixo, sumariza os dados relativos à posição dos discursos. O grupo de discursos sem posição é composto, via de regra, por pronunciamentos no qual o aborto foi citado apenas *en passant*, em meio, por exemplo, a uma listagem de causas de mortalidade de mulheres. Discursos "contra o aborto (de forma genérica)" são aqueles que ecoam os argumentos chamados "pró-vida", mas não apontam especificamente mudanças que deveriam ser introduzidas na legislação para impedir a prática. A categoria "por novas medidas punitivas e/ou de controle" inclui a defesa de propostas como o cadastro de grávidas, o monitoramento ou mesmo banimento de medicamentos com efeito abortivo (como o misoprostol) ou a ampliação das penas aplicadas a mulheres que interrompem voluntariamente a gestação. Por fim, os discursos em favor da educação sexual escapam, muitas vezes, do enfrentamento da questão, preferindo indicar caminhos através dos quais o aborto pretensamente se tornaria desnecessário. Às vezes, este enquadramento estava combinado com outros, assim como a defesa de medidas punitivas com frequência se associava a uma posição contra o aborto ou favorável à restrição dos casos permitidos por lei. Por isso, cada discurso pôde ser incluído em mais de uma categoria.

TABELA 1
Posição em relação ao direito ao aborto nos discursos pronunciados na Câmara dos Deputados brasileira (1991-2014)

Posição	Discursos	%
a favor da ampliação do aborto legal	144	15,7%
a favor da manutenção da lei brasileira	129	14,1%
a favor da restrição do aborto legal	148	16,2%
contra o aborto (de forma genérica)	326	35,6%
por novas medidas punitivas e/ou de controle	132	14,4%
pela educação sexual e/ou planejamento familiar	124	13,6%
não se posiciona	75	8,2%

Obs. Era possível assinalar até duas respostas.
Fonte: pesquisas "Direito ao aborto e sentidos da maternidade: atores e posições em disputa no Brasil contemporâneo" e "Direitos das mulheres e representação no Brasil"

Nas análises que se seguem, as categorias "a favor da restrição", "contra o aborto (genérico)" e "por novas medidas punitivas e/ou de controle" foram agrupadas como "posições contrárias ao direito ao aborto". Tais posições aparecem em 566 discursos, isto é, 61,8% do total. O gráfico 2 mostra a evolução das três principais posições, ano a ano.

Há duas conclusões que surgem da observação do gráfico 2. A primeira é que, embora os picos e vales sejam significativos, há uma tendência à ampliação da preponderância das posições contrárias ao aborto. E a segunda é que, nos anos mais recentes, os discursos favoráveis à ampliação do aborto legal têm se reduzido – foram apenas cinco na última legislatura –, cedendo espaço para discursos favoráveis à manutenção da lei.

Esta última categoria tem valor ambíguo: em polêmica contra posições "pró-vida", a defesa da manutenção da lei pode significar um compromisso com o direito ao aborto (e vice-versa). É possível que a ampliação da presença desta categoria indique que os parlamentares favoráveis aos direitos das mulheres se encontram acuados no debate. Mas é necessário lembrar também que, a partir da decisão do Supremo Tribunal Federal sobre a legalidade do abortamento de fetos portadores de anencefalia, em abril de 2012, houve uma ofensiva para revogar este avanço por meio de decisão legislativa. Defender a manutenção da lei representaria aqui, também, a oposição a tais manobras.

GRÁFICO 2
Posições selecionadas de discursos com tema "aborto", no plenário da Câmara dos Deputados brasileira, por ano (1991-2014), como porcentagem do total de pronunciamentos sobre o tema

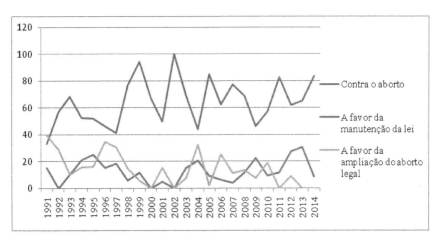

Fonte: pesquisas "Direito ao aborto e sentidos da maternidade: atores e posições em disputa no Brasil contemporâneo" e "Direitos das mulheres e representação no Brasil"

Cumpre observar, também, que o sexo do parlamentar se mostra uma variável relevante, como mostra a tabela 2, abaixo. Não que haja uma relação automática entre sexo e posição: há deputadas que foram ativas na oposição ao aborto, como a deputada Ângela Guadagnin (PT/SP), e também deputados homens sensíveis à necessidade de ampliar o aborto legal, como os já citados José Genoíno e Dr. Pinotti. Ainda assim, é relevante assinalar que quase metade dos discursos pronunciados por mulheres apresentam posição favorável à ampliação do direito ao aborto no Brasil, quer admitindo novas exceções à lei proibitiva, quer descriminalizando de vez a prática. No caso dos homens, apenas pouco mais de um décimo dos discursos adota tal posição. Por outro lado, mais de dois terços dos discursos deles apresentam posições contrárias ao direito ao aborto, mas, no caso das falas de mulheres, são pouco menos de um quarto.

TABELA 2
Posição em relação ao direito ao aborto nos discursos pronunciados na Câmara dos Deputados brasileira (1991-2014), por sexo do orador

Posição	Homens	Mulheres
A favor da ampliação do aborto legal	10,9%	46,8%
A favor da manutenção da lei brasileira	14,4%	12,1%
Posições contrárias ao direito ao aborto	67,8%	23,3%
Pela educação sexual e/ou planejamento familiar	12,9%	17,7%
Não se posiciona	7,1%	15,3%
	n = 791	n = 124

Obs. Era possível assinalar até duas respostas.

Fonte: pesquisas "Direito ao aborto e sentidos da maternidade: atores e posições em disputa no Brasil contemporâneo" e "Direitos das mulheres e representação no Brasil"

É um contraste que *não* se explica pelo fato de que as mulheres na Câmara dos Deputados brasileira estão mais presentes nos partidos de esquerda. Agrupados os partidos em "esquerda", "centro" e "direita", de acordo com a classificação convencional na ciência política brasileira (cf. Krause, Dantas e Miguel, 2010), há, sim, uma concentração da defesa do direito ao aborto na esquerda, mas o contraste é muito menor do que o relacionado ao sexo do orador.[12] Posições contra o aborto são as mais frequentes mesmo entre oradores de partidos de esquerda, alcançando quase metade dos discursos (ver tabela 3). A defesa do aborto legal, irrisória entre partidos de centro e direita, também é minoritária, com menos de 30%, entre os oradores dos partidos de esquerda.

---

12 Foram classificados como "esquerda": PCdoB, PDT, PHS, PPS, PROS, PSB, PSOL, PT e PV. Como centro: PMDB e PSDB. Como direita, todos os outros partidos.

TABELA 3
Posição em relação ao direito ao aborto nos discursos pronunciados na Câmara dos Deputados brasileira (1991-2013), por posição "ideológica" do partido do orador

Posição	Esquerda	Centro	Direita	Sem partido
A favor da ampliação do aborto legal	28,4%	8,0%	6,2%	33,3%
A favor da manutenção da lei brasileira	11,7%	13,3%	16,9%	-
Posições contrárias ao direito ao aborto	48,8%	69,3%	71,9%	33,3%
Pela educação sexual e/ou planejamento familiar	15,6%	8,7%	13,5%	-
Não se posiciona	10,3%	10,0%	5,2%	33,3%
	n = 377	n = 150	n = 385	n = 3

Obs.: Era possível assinalar até duas respostas.

Fonte: pesquisas "Direito ao aborto e sentidos da maternidade: atores e posições em disputa no Brasil contemporâneo" e "Direitos das mulheres e representação no Brasil"

A posição "ideológica", no entanto, precisa ser relativizada. A atribuição de posições no espectro esquerda-direita é complexa em si mesma, uma vez que reduz a disputa política a uma escala bidimensional, e mais complexa ainda no caso dos partidos brasileiros, que são muito diversos internamente e programaticamente muito frágeis (Miguel, 2010). A análise de cada legenda mostra, como esperado, muita dispersão, mas também algumas constantes. Dois partidos à esquerda, com perfil mais claro, se destacam pela defesa do direito ao aborto: o PSOL e PCdoB, ambos com mais de 60% dos discursos favoráveis ao direito e nenhum contrário. No PT, 36,1% dos discursos são favoráveis à ampliação do aborto legal e 44,6% são contrários ao aborto. Esse percentual, porém, reflete sobretudo a atuação do deputado baiano Luiz Bassuma, que acabou excluído do partido: dos 90 discursos petistas contrários ao direito, 55 foram pronunciados por ele. Vários partidos situados à direita no espectro político não apresentam nenhum discurso favorável à ampliação do direito, mas o mesmo se verifica em duas legendas classificadas como de esquerda: o PHS, com raízes na Igreja Católica "progressista", e o PROS, fundado no final do período sob análise, com composição heteróclita e apenas dois discursos na base de dados.

Mais importante do que essa indicação do perfil partidário dos oradores, porém, é entender como se configura o debate no parlamento brasileiro. Entendemos este debate não como uma "troca deliberativa", destinada à apresentação de razões, com vistas ao convencimento do outro, à busca do consenso esclarecido e à ampliação da qualidade epistêmica de uma eventual decisão, e sim como uma disputa estratégica, relativa aos termos em que se coloca a discussão. De fato, contrariamente à ideia da troca deliberativa racional, mais de dois terços dos discursos não fazem nenhuma menção aos argumentos opostos, ignorando-os por completo. No caso dos discursos contrários ao direito ao aborto, essa tendência é ainda mais acentuada. Assim, o debate se configura como oposição e disputa entre uma ênfase no valor da "vida", entendida de forma metafísica e abstrata, e uma ênfase nos direitos das mulheres e na afirmação de sua capacidade de decisão moral autônoma.

Os argumentos nos discursos

A partir de pré-testes com amostras da base de discursos, foi elencada uma lista de argumentos mobilizados no debate, que então serviu de guia para a classificação levada a cabo pela equipe de pesquisa. Foram identificados os diversos argumentos presentes em cada pronunciamento e, então, qual deles ocupava a posição principal na construção da exposição. Com isso, buscou-se entender os quadros de sentido em que se colocava o debate sobre o direito ao aborto na Câmara dos Deputados brasileira.

Entre os argumentos favoráveis ao direito ao aborto, destacam-se: (1) a ideia de que o aborto, uma das maiores causas de internação hospital e mortalidade de mulheres em idade fértil no Brasil, deve ser tratado como questão de *saúde pública*; (2) o apelo à *liberdade individual* das mulheres, por vezes com menção expressa ao direito da mulher quanto ao *controle sobre seu próprio corpo*; (3) o fato de que a proibição do aborto é um fator de *injustiça social* e discriminação, já que as brasileira ricas em geral têm acesso a formas seguras de interrupção da gravidez, enquanto as pobres ficam à mercê de clínicas clandestinas, métodos caseiros ou, ainda, ao tráfico do misoprostol, de procedência duvidosa e tomado de maneira incorreta; (4) argumentos *jurídicos*, em particular interpretações da Constituição brasileira que garantiriam o direito ao aborto; e (5) argumentos ligados ao valor da laicidade do Estado, vendo a oposição ao direito ao aborto como indício de uma influência religiosa inadequada sobre o Estado brasileiro. Uma pequena parcela de discursos utilizou ainda argumentos *macro-econômicos*, vendo no aborto legal um mecanismo necessário de controle da natalidade.

A prevalência dos argumentos de saúde pública não é surpreendente. Diante de um adversário que se apropriou do discurso da defesa da vida, a estratégia mais evidente é indicar os efeitos reais, sobre vidas humanas, da proibição do aborto. O argumento da injustiça social, sobre a variação dos efeitos da lei proibitiva de acordo com a posição de classe da mulher, está frequentemente associado a ele. Mas é importante ressaltar a presença de argumentos de natureza política, que colocam a discussão no terreno dos direitos, do acesso à cidadania e da vinculação entre laicidade e democracia. Cabe anotar ainda que 10,4% dos discursos favoráveis ao direito ao aborto não trazem nenhum argumento, simplesmente externando sua posição em defesa da ampliação da possibilidade legal de interrupção voluntária da gravidez.

Já os argumentos contrários ao direito ao aborto tiveram, como categoria principal, como esperado, a noção de um *direito à vida* que seria inviolável e teria primazia absoluta sobre outros direitos. Mas é um argumento que se define mobilizando outros argumentos – daí a configuração constante dos discursos pela presença simultânea de mais de um argumento. Afinal, é necessário determinar que vida é essa e onde estão fundadas a inviolabilidade e a primazia deste direito. Estão fundadas: (1) nos *dogmas religiosos*; (2) em *argumentos morais* que, ainda que muitas vezes ecoem uma moralidade de fundo místico, evitam utilizar conceitos como "alma" ou a intervenção de algum ser sobrenatural; (3) na *opinião pública*, pela ideia de que o aborto não deve ser permitido porque *surveys* mostram uma maioria da população brasileira contrária à concessão do direito; e (4) em argumentos *jurídicos*, em geral, decorrentes de uma definição de "vida" iniciada na concepção, daí afirmando a extensão da proteção constitucional à vida também aos não--nascidos, assim definidos como "pessoas". Há ainda a presença marginal, mas não irrelevante, de discursos que se posicionam contra o aborto por vê-lo como parte de uma *estratégia imperialista* de contenção da população dos países do Sul.

Também entre estes discursos, 11,5% não apresentam qualquer argumento. Argumentos que se querem *científicos* – determinando, por exemplo, que o início da vida se daria na concepção – estão mais presentes nos discursos contrários ao direito ao aborto (14,1% dos casos) do que nos favoráveis (apenas 4,2% dos casos). Não são, no entanto, um espaço central de debate. Os números deixam claro que o polo contrário ao aborto tem no apelo à religião um elemento central de sua estratégia argumentativa.

De fato, os argumentos mais mobilizados, no conjunto dos discursos foram o da "inviolabilidade da vida" e o "religioso", que convergem em posições contrárias ao direito ao aborto. Como mostra a tabela 4, abaixo, foram os principais argumentos em 387 pronunciamentos, 42,3%, portanto, do total.

Cumpre observar que, na tabela, estão incluídos discursos – raros, mas não inexistentes – que fazem uso surpreendente dos argumentos, defendendo o direito ao aborto com alegações religiosas ou mobilizando a ideia de autonomia da mulher para justificar a criminalização da prática.

TABELA 4
Argumento principal nos discursos sobre aborto na Câmara dos Deputados, entre 1991 e 2014

Direito à vida	282	30,8%
Dogmas religiosos	105	11,5%
Saúde pública	94	10,3%
Jurídicos	55	6,0%
Morais (não explicitamente religiosos)	43	4,7%
Opinião pública	43	4,7%
Liberdade individual	35	3,8%
Estratégia imperialista	19	2,1%
Científicos	17	1,9%
Usurpação de poderes do Legislativo	16	1,7%
Injustiça social	12	1,3%
Laicidade do Estado	7	0,8%
Controle sobre o próprio corpo	4	0,4%
Macro-econômicos	3	0,3%
Outros	16	1,7%
Sem nenhum argumento	164	17,9%
n =	915	100%

Fonte: pesquisas "Direito ao aborto e sentidos da maternidade: atores e posições em disputa no Brasil contemporâneo" e "Direitos das mulheres e representação no Brasil"

Na tabela, a categoria "sem nenhum argumento" é inflada pelo contingente de discursos que não apresentam posição sobre o tema, aqueles que apenas citam de passagem a questão do aborto. Os argumentos na categoria "outros" são aqueles que não se encaixavam nas categorias principais, como o risco de abortamento seletivo de meninas ou a necessidade de "proteger a mulher do arrependimento" (por ter interrompido a gravidez). Em boa parte, são um testemunho da imaginação criativa dos deputados: mulheres civilizadas não fazem aborto (Luiz Bassuma, PT/BA, 19/3/2007); a legalização do aborto aumentaria a prostituição infantil (Pastor Frankembergen, PTB/RR,

2/5/2005); o aborto legal sobrecarregaria o sistema público de saúde, impedindo que os médicos atendessem aos doentes (Philemon Rodrigues, PRB/MG, 27/10/1997).

O recurso ao "direito à vida", que é o argumento mais presente nos pronunciamentos, visa muito mais impedir a discussão sobre o aborto do que estimulá-la. Nele, o abortamento voluntário é equiparado ao assassinato, ponto que está sempre presente nos discursos dos anos 1990, levando à afirmação de que

> a questão do aborto, na verdade, nem deveria ser votada. É o mesmo que votar sim ou não à vida. Isso não se vota. O fato de colocá-la em votação já é um desrespeito à vida. É colocar a vida em roleta russa (Deputado Serafim Venzon, PDT/SC, 19 de setembro de 1995).

Um passo ulterior, que aparece também nos anos 1990, é o esforço para fundir a temática do aborto à dos direitos humanos, sempre partindo da noção de "direito à vida". O primeiro discurso que recorre à noção de direitos humanos no *corpus* analisado foi pronunciado em 1993, inaugurando uma ideia que se repetiria ao longo dos anos, de que o direito à vida é o "maior e mais inviolável" de todos os direitos humanos (Deputado João Teixeira, PL/MT, 15 de abril de 1997). Essa estratégia ganharia força novamente em meados da década de 2000 e, de maneira aguda, na discussão do III Plano Nacional de Direitos Humanos (PNDH-3), em 2010. Entre as propostas de ações governamentais para garantir os direitos das mulheres, ele incluiu o "alargamento dos permissivos para a prática do aborto legal, em conformidade com os compromissos assumidos pelo Estado brasileiro no marco da Plataforma de Ação de Pequim" (item 179, p. 279). Trata-se, assim, de disputas que têm expressão no Congresso, ainda que as posições favoráveis à ampliação do direito ao aborto não estejam necessariamente sendo colocadas ali. O PNDH-3 é um exemplo de que houve um entendimento de atores políticos favoráveis a esse direito de que outras arenas seriam mais propícias para avançar nessa direção.

Na década de 2000, a defesa da inviolabilidade da vida traria para o debate, como contra-argumento a ser desconstruído, o discurso feminista do direito da mulher ao próprio corpo. Em uma síntese do que foi repetido em vários momentos, afirmou-se que "é fato que a mulher tem direito sobre seu corpo, mas não sobre a vida de outra pessoa" (Deputado Costa Ferreira, PSC/MA, 2 de agosto de 2005) e que a liberdade de uma pessoa – "a liberdade que uma mulher tem de decidir sobre o seu corpo" – não poderia ser conquistada à custa do direito à vida de outras pessoas (Deputado Henrique Afonso, PT/AC, 11 de maio de 2007). Há um silogismo implícito, de que o direito à vida possui primazia sobre qualquer outro direito e, sendo assim, o direito individual da mulher não se sobrepõe ao feto.

Em todos os momentos, é mobilizada, de forma implícita ou explícita, a noção de que a vida se inicia na concepção. Trata-se de um elemento fundamental na visão que funda o discurso antiabortista. Sua aparente obviedade, no entanto, esconde dois problemas sérios e interligados (sobre a questão, ver Boltanski, 2004; Kaplan, 2008). Primeiro, nem tudo que está vivo (e é humano) tem direito à vida: um tecido do corpo certamente está vivo, mas não possui um direito à vida *per se*. O que gera o direito (e este é o segundo problema) é o estatuto de indivíduo, que não decorre automaticamente da presença dos atributos "vivo" e "humano". Em geral, a lei determina que tal estatuto é concedido no momento do nascimento, mas a discussão filosófica sobre a questão é intensa, podendo colocar a fronteira antes – por exemplo, no surgimento da senciência, o predicado de sentir dor ou prazer, que nos fetos humanos ocorreria por volta do quarto ou quinto mês de gestação – ou depois, com a autoconsciência ou a capacidade de entender a si mesmo como um ser dotado de continuidade, o que corresponderia a uma criança com alguns anos de vida.[13]

Justamente porque a mera afirmação do direito à vida e a definição de que a vida começa na concepção não liquidam a questão, os grupos antiabortistas avançaram para a defesa da aprovação de uma norma legal que garantisse aos não-nascidos o mesmo conjunto de direitos garantidos aos nascidos. Isso levou, em 2005, à proposição do chamado Estatuto do Nascituro, cujo objetivo era transferir, na letra da lei, o momento do início da vigência dos direitos individuais – do nascimento para a concepção. O propósito era, evidentemente, impedir qualquer avanço na direção da legalização do aborto, que seria então oficialmente equiparado ao assassinato. De fato, mesmo um dos casos permitidos pela lei brasileira, o aborto em caso de gravidez resultante de estupro, seria bloqueado, caso a concepção fundante do Estatuto do Nascituro fosse aceita.[14] O outro caso previsto na lei, o de risco de vida para a gestante, seria tolerado no máximo como uma forma de "legítima defesa".

Há uma sobreposição forte entre a noção de que a vida existe a partir da con-

---

13 Sem focar exclusivamente na questão do aborto e do estatuto de indivíduo, um bom resumo do debate filosófico se encontra em Warren (1997).

14 Os grupos antiabortistas recuaram em relação a esse ponto, optando pela introdução de incentivos às vítimas da violência sexual que optassem por levar a gravidez a termo (a "bolsa estupro").

cepção, tal como mobilizada pelo discurso antiabortista, e a ideia de que a vida é criação de Deus e só pode ser retirada por Deus, que é o eixo do argumento religioso. De fato, as discussões referidas antes, sobre o surgimento da senciência ou da autoconsciência, perdem valor caso se considere que a concepção coincide com a infusão de uma "alma" única, naquele zigoto, pelo Todo Poderoso em pessoa.[15] Esse fundo religioso é indissociável da noção de que a concepção gera o direito à vida. Na classificação feita na pesquisa, porém, só foram considerados "religiosos" os argumentos que faziam menção explícita a Deus ou outros seres sobrenaturais, a textos sagrados ou à palavra de autoridades eclesiásticas ou de documentos doutrinários, como a encíclica *Evangelium Vitae*,[16] de 1995, marco da ofensiva vaticana contra a interrupção voluntária da gravidez.

Quando se considera também sua presença como argumentos secundários, os argumentos "religiosos", mesmo nessa acepção mais rigorosa, estão presentes em quase um terço dos discursos. Os argumentos da "inviolabilidade do direito à vida", em mais da metade deles. Mas uma perspectiva diacrônica mostra que, embora permaneçam frequentes, os argumentos religiosos têm recuado.

Levando em conta apenas os discursos contrários ao aborto, observa-se que, no período 1991-2002 (isto é, da 49ª à 51ª legislaturas), considerados todos os argumentos mobilizados pelos oradores, o recurso à religião se encontra em 65,6% dos pronunciamentos, mas esse percentual baixa para 30% no período 2003-2014 (52ª à 54ª legislaturas). Isolados os argumentos principais, o recurso à religião nos pronunciamentos contrário ao aborto desce de 25,3% no período 1991-2002 para 11,3% no período 2002-2014. Isso parece indicar que a defesa da laicidade do Estado encontra alguma ressonância entre os agentes políticos e que a bancada antiabortista está entendendo que deve apresentar publicamente sua posição em termos que não privilegiem seu fundamento confessional.[17]

Numa perspectiva antagônica a essa, o argumento da "saúde pública" esteve presente em 61,8% dos discursos favoráveis à ampliação do aborto le-

---

15 Durante muito tempo, a própria doutrina católica admitia que a alma era insuflada apenas em momentos posteriores da gestação (cf. Kaplan, 2008), mas essa discussão não será levada adiante aqui.

16 Essa encíclica mobiliza a genética moderna para afirmar que desde a fecundação do óvulo já existe vida humana, que não é a do pai nem a da mãe, mas uma vida própria, com suas características já determinadas.

17 A ideia da defesa da vida também está presente nos argumentos jurídicos, mobilizados em 25,6% dos discursos contrários ao direito ao aborto, que recorrem ao art. 5º da Constituição, e, principalmente, nos argumentos "científicos", mobilizados em 14,1% destes pronunciamentos, nos quais os parlamentares utilizam a ciência para dar legitimidade e retirar o caráter religioso da afirmação de que a vida começa na concepção.

gal e foi o principal argumento em 40,3% deles, enquanto os discursos que recorreram à "liberdade individual" e/ou ao "controle da mulher sobre seu corpo" aparecem em 50% dos discursos, mas aparecem como argumento principal em apenas 22,9% deles. O argumento da saúde pública desloca a discussão do terreno dos princípios para o das consequências práticas – é um discurso pragmático, que busca enfrentar o valor da vida, brandido pelos antiabortistas, com outras vidas, as vidas das mulheres que são vítimas do abortamento clandestino. Já o discurso da liberdade individual e do controle sobre o próprio corpo enfatiza o reconhecimento das mulheres como agentes morais autônomas. É possível interpretar a menor mobilização de argumentos relativos à autonomia das mulheres e ao seu direito a decidir sobre seu corpo como um indício do ambiente desfavorável à afirmação da plena autonomia das mulheres, como indivíduos e como cidadãs dotadas da capacidade integral de tomar suas próprias decisões. O avanço da ideologia familista, que naturaliza noções convencionais da família e do papel da mulher, é um elemento importante na construção desse ambiente. Mas é possível, também, considerar que essa escolha ou esse recuo tenham contribuído para conformar esse mesmo ambiente de maneira que dá vantagens àqueles que se posicionam contra o acesso das mulheres a esse direito, isto é, que esse ambiente se nutra desse recuo, assumindo sua forma retrógrada atual.

Cabe lembrar que, no contingente relativamente pequeno de discursos em que existem contra-argumentos, isto é, em que fundamentos da posição adversária são criticados, as ideias de liberdade individual das mulheres e de controle sobre o corpo estão muito presentes. De fato, 139 dos 274 discursos com presença de contra-argumentos – 50,7% deles – se dedicam a condenar tais noções. Em suma, no plenário da Câmara dos Deputados há a situação inusitada de que a autonomia da mulher, eixo central do movimento feminista, aparece muito mais na voz de seus críticos do que de seus (potenciais) defensores.

Por outro lado, o argumento da "saúde pública" também foi mobilizado numa parcela não desprezível dos discursos contrários ao aborto (53 pronunciamentos, sendo o argumento principal em 15 deles). Reservando para as mulheres uma posição de vítima, eles argumentavam que o aborto possui consequências tanto físicas quanto psicológicas, e afirmavam que devido a essas consequências, deveria haver mais medidas de controle e mais punição para que o aborto ilegal não fosse realizado. A obstrução do direito ao aborto se faria em benefício das mulheres, numa definição que contraria frontalmente o entendimento de que são indivíduos autônomos e de que sua integridade física e psíquica é comprometida quando esse direito lhes é recusado.

Conclusão

Os dados aqui apresentados permitem identificar padrões no debate sobre o aborto na Câmara dos Deputados entre os anos 1991 e 2014 e inflexões nesses padrões ao longo do tempo. Eles indicam, com significativa clareza, um recuo nas posições favoráveis ao direito ao aborto em plenário. Ainda que tenham ocorrido avanços – limitados, mas não desprezíveis – ao longo desses anos, e mesmo como reação a eles, as relações de força hoje implicam constrangimentos maiores para parlamentares que se posicionem a favor do aborto. Isso levou a uma inequívoca retração das posições progressistas nesse debate. Por outro lado, os dados indicam claramente que a articulação dos grupos religiosos ocorre em resposta às possibilidades de ampliação do direito ao aborto no Brasil. Ainda que existam diferenças entre as denominações religiosas e na relação que estabelecem com a temática do aborto, o que ocorre em plenário é sobretudo uma convergência contrária a esse direito, baseada em valores associados a noções convencionais de família e que naturalizam, ou mesmo respaldam explicitamente, as desigualdades entre mulheres e homens.

Há, assim, o avanço de argumentos morais e religiosos, ou codificados de acordo com o discurso da Igreja Católica e de parte importante das igrejas pentecostais e neopentecostais. A ofensiva religiosa junto à opinião pública contribui para o reposicionamento das forças políticas mais conservadoras, que viram seus bastiões eleitorais tradicionais serem corroídos pelo sucesso das políticas sociais compensatórias dos governos petistas e julgam que a ênfase na chamada "agenda moral" pode favorecer a reconquista de tais bases. Ao mesmo tempo, há um recuo dos argumentos ligados à atuação feminista. O ambiente político impôs custos cada vez mais altos à sustentação do direito ao aborto. Isso criou incentivos objetivos a um duplo movimento, por parte de porta-vozes das posições feministas: privilegiar outros itens da agenda, na discussão parlamentar e eleitoral, e concentrar a defesa desse direito em outras arenas, aparentemente mais "técnicas" e menos sensíveis à pressão da opinião pública, como o Ministério da Saúde e o STF.

O resultado é o fechamento do debate, em um país no qual a legislação do aborto compromete a vida das mulheres e sua autonomia. Sua circunscrição crescente pelos sentidos que prevalecem nos discursos morais e religiosos, colocados em circulação por instituições que atuam politicamente contra o direito ao aborto, reduz a possibilidade de ver o aborto como uma questão de cidadania. Parlamentares simpáticos à legalização da interrupção voluntária da gravidez encontram pouco ou nenhum incentivo para priorizar tal tema em sua ação política, já que o ônus diante da parcela do eleitorado alinhada com a oposição ao aborto não é compensado por um apoio expressivo de militantes dos direitos das mulheres. A solução do impasse certamente passa pela intensificação da pressão extraparlamentar pelo direito ao aborto, criando um ambiente social mais favorável a iniciativas que revoguem as restrições hoje presentes no ordenamento legal brasileiro.

Referências bibliográficas

ARNOLD, R. Douglas (1990). The logic of congressional action. New Haven: Yale University Press.

BIROLI, Flávia (2014). *Família: novos conceitos*. São Paulo: Editora da Fundação Perseu Abramo.

BOLTANSKI, Luc (2004). *La condition foetale: une sociologie de l'engendrement et de l'avortement*. Paris: Gallimard.

CORRÊA, Sonia e ÁVILA, Maria Betânia (2003). Direitos sexuais e reprodutivos – Pauta global e percursos brasileiros. In: BERQUÓ, Elza (Org.). *Sexo & Vida*: panorama da saúde reprodutiva no Brasil. Campinas, SP: Editora da Unicamp; p. 17-78.

DINIZ, Débora e Marcelo MEDEIROS (2010). "Aborto no Brasil: uma pesquisa domiciliar com técnica de urna". *Ciência & Saúde Coletiva*, n. 15, p. 959-966.

HTUN, Mala (2003). *Sex and the state: abortion, divorce, and the family under Latin American dictatorships and democracies*. Cambridge: Cambridge University Press.

KAPLAN, Francis (2008). *L'embryon est-il un être vivant?* Paris: Le Félin.

KRAUSE, Silvana, Humberto DANTAS e Luis Felipe MIGUEL (orgs.) (2010). *Coligações partidárias na nova democracia brasileira: perfis e tendências*. São Paulo: Editora Unesp,; Rio de Janeiro: Konrad Adenauer Stiftung.

LOPES, Reinado José (2014). "Papa diz que aborto reflete uma 'cultura do descarte'". *Folha de S. Paulo*, 14 fev., p. A-10.

LUNA, Naara (2013). "O direito à vida no contexto do aborto e da pesquisa com células-tronco embrionárias: disputas de agentes e valores religiosos em um estado laico. *Religião e Sociedade*, vol. 33, n. 1, p. 71-97.

MACHADO, Maria das Dores Campos (2013). "Discursos pentecostais em torno do aborto e da homossexualidade na sociedade brasileira". *Cultura y Religion*, vol. VII, n. 2, p. 48-68.

MACHADO, Maria das Dores Campos (2012). "Aborto e ativismo religioso nas eleições de 2010". *Revista Brasileira de Ciência Política*, n. 7, p. 25-54.

MANTOVANI, Denise (2014). *Quem agenda a mídia? Um estudo de agenda-setting a partir da tematização do aborto nas eleições de 2010*. Tese de Doutorado em Ciência Política. Brasília: Universidade de Brasília.

MELLO, Luiz (2006). "Familismo (anti)homossexual e regulação da cidadania no Brasil". *Revista Estudos Feministas*, vol. 14, n. 2, p. 497-508.

MIGUEL, Luis Felipe (2010). "Os partidos brasileiros e o eixo 'esquerda-direita'", em Silvana Krause, Humberto Dantas e Luis Felipe Miguel (orgs.), *Coligações partidárias na nova democracia brasileira: perfis e tendências*. São Paulo: Editora Unesp,; Rio de Janeiro: Konrad Adenauer Stiftung.

MIGUEL, Luis Felipe e Fernanda FEITOSA (2009). "O gênero do discurso parlamentar: mulheres e homens na tribuna da Câmara dos Deputados". *Dados*, vol. 52, n. 1, p. 201-21.

MINISTÉRIO DA SAÚDE (2009). *20 anos de pesquisas sobre aborto no Brasil*. Brasília, Ministério da Saúde.

MOTA, Fernanda Ferreira e Flávia BIROLI (2014). "O gênero na política: a construção do 'feminino' nas eleições de 2010". *Cadernos Pagu*, n. 43, em fase de publicação.

MOTTA, Flávia de Mattos (2012). "Não conta pra ninguém: o aborto segundo mulheres de uma comunidade popular urbana". Em: AREND, Silvia Maria Fávero *et al* (orgs.), *Aborto e contracepção: histórias que ninguém conta*. Florianópolis: Editora Insular.

OLIVEIRA, Monique (2015). "Médico chama a polícia após atender jovem que fez aborto". *Folha de S. Paulo*, 21 fev., p. C-5.

PINTO, Céli Regina Jardim (2003). *Uma história do feminismo no Brasil*. São Paulo: Fundação Perseu Abramo.

ROCHA, Maria Isabel Baltar da (2006). "A discussão política sobre aborto no Brasil: uma síntese". *Revista Brasileira de Estudos da População*, vol. 23, n. 2, p. 369-379.

ROCHA, Maria Isabel Baltar da (2008). "A questão do aborto no legislativo brasileiro: uma visão geral dos anos 90 e da década atual". Paper apresentado no

XVI Encontro Nacional de Estudos Populacionais. Caxambu, MG, de 29 de setembro a 3 de outubro de 2008.

ROCHA, Maria Isabel Baltar da; Susana ROSTAGNOL e María Alicia GU-TIERREZ (2009). "Aborto y Parlamento: un estudio sobre Brasil, Uruguay y Argentina". *Revista Brasileira de Estudos Populacionais*, vol. 26, n. 2, p. 219-336.

VEJA.COM (2014). "Papa condena aborto e eutanásia e adverte: jogar com a vida é pecado". *Veja.com*, 15 nov. Disponível no endereço: http://veja.abril. com.br/noticia/mundo/papa-condena-eutanasia-e-adverte-brincar-com-a--vida-e-pecado-contra-deus. Acesso em 28.2.2015.

WARREN, Mary Anne (1997). *Moral status: obligations to persons and other living things*. Oxford: Oxford University Press.

ABORTO E MATERNIDADE NO STF
Análise dos julgamentos da ADI 3510 e da ADPF 54

Maria Aparecida Azevedo Abreu

Dentre os julgamentos do Supremo Tribunal Federal brasileiro, aquele que chegou mais perto de tocar no direito das mulheres ao aborto, de uma forma geral, foi o da Ação de Descumprimento de Preceito Fundamental nº 54, do Distrito Federal (ADPF 54), em que foi julgada a possibilidade de a mulher grávida de um feto anencéfalo ter o direito de antecipar o parto, evitando sofrimentos desnecessários e excessivos. Nesse julgamento, como será visto neste texto, o direito da mulher ao aborto, em geral, é abordado, mas para depois ser circunscrito aos estritos limites do caso do julgamento, abrangendo apenas as situações em que há diagnóstico comprovado de anencefalia do feto.

A controvérsia sobre o direito ao aborto envolve também e fortemente a discussão sobre o momento em que se inicia a vida, bem jurídico a ser protegido em face do exercício dos direitos reprodutivos das mulheres. A discussão sobre o direito à vida e o momento em que ela se inicia esteve presente também em outro julgamento, em que o objeto era a constitucionalidade da lei que autorizava pesquisas científicas com células-tronco embrionárias, a Ação Direta de Inconstitucionalidade nº 3.510, do Distrito Federal (ADI 3510). Naquele julgamento, o debate sobre a natureza do direito à vida e sobre o que caracterizava o aborto também foram abordados. No entanto, neste caso, o *direito* das mulheres a abortar, como será apontado, nem mesmo chegou a ser abordado. Para a caracterização do aborto, foram apostos, ainda, argumentos sobre o que caracterizaria uma gravidez, e o que a maternidade acarreta para a mulher – um dever de levar a gravidez até o fim, ou um *plus* de subjetividade, que lhe conferiria o poder de escolher se levará ou não a gravidez adiante.

156   Flávia Biroli e Luis Felipe Miguel (orgs.)

Outro tema que apareceu de forma marcada, principalmente no julgamento da ADPF 54, e de interesse para este estudo, foi a laicidade do Estado brasileiro, na medida em que ela envolve o respeito pela pluralidade de credos e também a vedação de que o Estado adote qualquer perspectiva religiosa para as suas ações e seus julgamentos.

O objeto deste estudo, portanto, é a análise de dois julgamentos, da ADPF 54 e da ADI 3510, buscando encontrar neles as concepções (i) de vida e direito à vida, (ii) de gravidez e maternidade, (iii) de aborto e direito ao aborto e, por fim, (iv) de laicidade do Estado. A tarefa não é fácil, pois os casos analisados confirmam aquilo que José Rodrigo Rodriguez (2013) já diagnosticou a respeito dos julgamentos das cortes superiores brasileiras: cada voto tem a lógica de um parecer específico para um caso, sem a preocupação de uma interpretação sistemática, pelo tribunal, dos temas que cada caso envolve.[1] Assim, os temas que um ministro aborda em seu voto não serão necessariamente os mesmos que os outros abordarão, e um ministro que apresente o seu voto depois do outro não tem a obrigação de, em discordando, rebater argumentativamente os pontos colocados pelo anterior. Cada voto é, ainda, um exercício particular de erudição do ministro que o prolata, de acordo com a posição que ele tem diante do caso.[2] Como se isso não bastasse, há muito de retórica e de argumentação estratégica em cada voto, para que a decisão não alcance outros casos não abrangidos pelo pedido inicial. Cada ministro escolhe um rol de temas importantes que devem ser abordados, outro rol de

---

1   Destaco dele a seguinte observação: "Cada juiz parece se relacionar com a esfera pública de forma independente: sua individualidade está acima das eventuais "razões do Tribunal" que, aliás, não organiza o fundamento dos votos em uma decisão coerente e tampouco impõe o dever de se elaborar um voto oficial da corte" (RODRIGUEZ, 2013, p. 14).

2   A percepção de individualidades, e até mesmo de idiossincrasias, em cada voto é confirmada pelas inúmeras vezes em que ministros, no intervalo entre a leitura de um voto e outro, pedem a palavra para elogiar o voto do colega, ou mesmo para amenizar o tom de discordância, que muitas vezes é frontal. Nos julgamentos aqui analisados, houve um momento quase anedótico, em que Ayres Britto tomou a palavra para intervir, após o voto de Cezar Peluso, pela improcedência da ADPF 54 e, portanto, contrário à autorização de realização de interrupção de gravidez no caso de fetos anencéfalos, da seguinte forma: "magnífico voto, tão bem fundamentado, está coerente com a concepção que Vossa Excelência tem, a meu sentir, também com todo o respeito, do que seja a vida. Vossa Excelência acha que nascemos para morrer. Eu acho que nascemos para o espetáculo da vida e, por isso, eu permaneço entendendo que não devemos, jamais, a pretexto de defender quem sofre, no fundo, amar o sofrimento" (BRASIL, STF, p. 416-7).

argumentos que devem ser atacados e um terceiro, de argumentos que devem ser defendidos a todos custo, com textos legais (inclusive de direito comparado), textos jurídicos, textos de literatura ficcional e argumentos lógicos que invocam, muitas vezes, o senso comum. Nenhuma dessas características, isoladamente, constituiria um problema, se elas fossem apenas ferramentas para um julgamento que formasse um todo lógico e sistemático, de forma a possibilitar a compreensão de uma interpretação jurídica razoável a respeito dos temas. No entanto, elas formam um conjunto de artifícios utilizados para afirmar a posição individual de cada ministro. Um julgamento do Pleno do Supremo Tribunal Federal é, assim, um agregado de 11 julgamentos, que não necessariamente formam um todo argumentativo concatenado, nem mesmo nos pontos centrais que envolvem a questão em debate. O acórdão, resultado que expõe os pontos de concordância do julgamento, nos dois casos aqui analisados, apresenta na sua parte de justificação, basicamente, os temas levantados pelo relator que tiveram aprovação dos demais ministros, com pequenos adendos, que não refletem a discordância, nem definem claramente e de forma objetiva a extensão do julgamento. Afirmações como "o embrião é o embrião, o feto é o feto e a pessoa humana é a pessoa humana. Donde não existir pessoa humana embrionária, mas embrião de pessoa humana" (p. 137 da ADI 3510) e, mais adiante "o embrião pré-implanto é um bem a ser protegido, mas não uma pessoa no sentido biográfico a que se refere a Constituição" – o termo biográfico é tirado, aqui, de uma interpretação de José Afonso da Silva, constitucionalista conhecido na área jurídica brasileira -, não contribui muito para definir, de modo preciso, quando se inicia a fina, na concepção majoritária do tribunal, sobre o que será considerado vida para todos os fins, não somente para o presente julgado. Termos vagos como esses são utilizados ao longo de todo o julgamento, de acordo com a maneira com que cada ministro pretende adotar perante cada caso. Tal uso pode ser considerado um tanto pragmático, na medida em que tem em vista a posição que cada ministro terá no resultado do julgamento, mas tal pragmatismo é típico da argumentação das partes, e não dos juízes que, além de "votar" para o julgamento, poderiam – ao menos se espera isso deles – esclarecer termos da lei e, principalmente, qual a interpretação que o Tribunal, ao menos em um dado momento histórico, dá a um determinado dispositivo constitucional em debate.

Neste estudo, examinarei, em primeiro lugar, o julgamento da ADI 3510, em segundo lugar o da ADPF 54, e, em seguida, procurarei comparar abordados dos mesmos temas nos dois julgamentos. Pretendo dar destaque aos temas que são objeto deste capítulo, sem me ater às discussões procedimentais e outras discussões de mérito, ainda que sejam as mais presentes em alguns votos. Principalmente no primeiro julgamento, há várias discussões sobre a natureza das pesquisas com células-tronco que não foram objeto de análise. A comparação se dará principalmente entre os ministros que estiveram presentes nos dois julgamentos, mas não se limitará a eles. Ela acontecerá, também, acerca do volume de discussão de cada tema, e a maneira como cada um é discutido.

A análise de cada julgamento, assim, terá quatro partes: i) uma introdução, ii) a concepção de vida e de direito à vida; iii) a concepção de gravidez e de maternidade; iv) a concepção de aborto e de direito ao aborto e v) a concepção de laicidade. Esses temas estarão presentes de forma mais clara no segundo julgamento. Mas eles também aparecem no primeiro e ajudam a incrementar a análise sobre a maneira como os ministros do Supremo Tribunal Federal têm entendido essas questões.

Um outro tema que aparece nos dois julgamentos e que poderia ter sido objeto de nossa análise, é o da eugenia, preocupação dos ministros Ricardo Lewandowski e Cezar Peluso. No entanto, esse tema não é abordado aqui porque a preocupação com a eugenia, a meu ver, não pode ser obstáculo para que indivíduos exerçam seus direitos. Apenas para exemplificar, seria como limitar o direito de ir e vir por conta de elevação de riscos de assaltos, ou mesmo de crimes menores. Se o exercício de direitos legítimos levarem a situações em que a prática de eugenia aconteça, esta deve ser combatida, e já é vedada na lei que autoriza a pesquisa com células tronco, e não os direitos individuais inviabilizados ou desrespeitados, com o fundamento de diminuir o risco de que ela aconteça. Portanto, a despeito da extrema relevância das questões relativas às práticas eugênicas, não considerei essas questões como determinantes para que se compreenda o tratamento jurídico dado pelos temas tratados neste texto.

Os dois julgamentos foram considerados, pelos próprios ministros, julgamentos emblemáticos, e envolveram a participação de organizações da sociedade civil representativas dos interesses e concepções de mundo presentes na discussão de cada causa e também de personalidades com notório conhecimento e ativismo em cada tema. A participação dessas entidades, sem dúvida um aspecto positivo - na medida em que contribui para uma maior informação dos ministros acerca dos diversos assuntos abrangidos pelas duas causas - está associada a outro aspecto menos positivo: a preocupação do Supremo Tribunal Federal em medir a opinião pública em relação a determinados

Aborto e Democracia   159

temas quando, na verdade, ele deveria funcionar justamente como uma instituição a proteger direitos de minorias garantidos constitucionalmente, a despeito de opiniões majoritárias.[3] Tal papel contra-majoritário do STF chega a ser mencionado em alguns votos, como o de Gilmar Mendes, na ADPF 54.

A análise se deu a partir dos textos que estão em "inteiro teor de acórdãos" no Supremo Tribunal Federal. Não foram analisadas peças intermediárias dos processos. Somente a peça inicial é mencionada no segundo caso, e apenas para esclarecer os limites do julgamento e algumas referências contidas nos votos. Não será analisada, aqui, a correção ou adequação das escolhas de referências bibliográficas ou mesmo legislativas de cada voto. O foco está na opinião e na posição de cada ministro e os argumentos utilizados por ele, independentemente da precisão ou adequação de suas fontes.

A Ação Direta de Inconstitucionalidade n° 3.510 (ADI 3510)

A Ação Direta de Inconstitucionalidade n° 3510, de origem do Distrito Federal, teve como objeto o julgamento da constitucionalidade do art. 5° da Lei n° 11.105/2005, chamada de Lei de Biossegurança. A impugnação da constitucionalidade se deu basicamente com o fundamento de que as pesquisas violariam o direito à vida. Lateralmente, foi utilizado também o argumento de que tais pesquisas poderiam dar ensejo a práticas eugênicas de descarte de embriões com características genéticas indesejadas pelos pais.

O dispositivo legal atacado tem o seguinte texto:

Art. 5°. É permitida, para fins de pesquisa e terapia, a utilização de células-tronco embrionárias obtidas de embriões humanos produzidos por fertilização in vitro e não utilizados no respectivo procedimento, atendidas as seguintes condições:

I – sejam embriões inviáveis; ou

II – sejam embriões congelados há 3 (três) anos ou mais, na data da publicação desta Lei, ou que, já congelados na data da publicação desta Lei, depois de completarem 3 (três) anos, contados a partir da data do congelamento.

§ 1° Em qualquer caso, é necessário o consentimento dos genitores.

---

3   O papel do Judiciário de proteção das minorias em detrimento das maiorias foi apresentado em sua forma fundacional e canônica nos *Artigos Federalistas*, por ocasião do debate constitucional dos Estados Unidos da América. Nos votos, o principal autor de referência é Robert Alexy (2011).

§ 2º Instituições de pesquisa e serviços de saúde que realizem pesquisa ou terapia com células-tronco embrionárias humanas deverão submeter seus projetos à apreciação e aprovação dos respectivos comitês de ética em pesquisa.

§ 3º É vedada a comercialização do material biológico a que se refere este artigo e sua prática implica o crime tipificado no art. 15 da Lei nº 9.434, de 4 de fevereiro de 1997.

A sustentação da inconstitucionalidade com fundamento na violação do direito à vida parte do pressuposto de que a vida se inicia desde a concepção. Neste caso, todos os embriões seriam vidas. Foram realizadas audiências públicas, em que foram ouvidos diversos segmentos de interesses diferentes em relação à questão e também indivíduos com conhecimento técnico que pudessem esclarecer em que compreendia as pesquisas que eram objeto do referido diploma legal.

O julgamento teve relatoria do ministro Ayres Britto e presidência de Gilmar Mendes e terminou com a improcedência da ação, com votação apertada de 6 a 5.

Definição de vida e de direito à vida

Como já dito, a propositura desta ADI teve como pressuposto que a vida se inicia no momento da concepção. No entanto, esse pressuposto foi objeto de discussão nos diversos votos dos ministros, buscando identificar qual a definição existente no ordenamento jurídico brasileiro, principalmente à luz do texto constitucional.

Nessa discussão, o ministro Ayres Britto, no relatório, invoca a definição de "personalidade civil". Cita o art. 2º do Código Civil, que estabelece: "A personalidade civil da pessoa começa com o nascimento com vida; mas a lei põe a salvo, desde a concepção, os direitos do nascituro". Daí ele conclui que "é preciso vida pós-parto para o ganho de uma personalidade perante o Direito". Além dessa ilação, ele invoca os comentários de José Afonso da Silva ao artigo 5º da Constituição brasileira, ressaltando uma "dimensão biográfica" da vida. Nela, ele afirma pensar "que se está a falar do indivíduo já empírica ou numericamente agregado à espécie animal-humana; isto é, já contabilizável como efetiva unidade ou exteriorizada parcela do gênero humano. Indivíduo, então, perceptível a olho nu e que tem sua história de vida incontornavelmente interativa." (p. 162). Ao fim da discussão, ele enuncia a definição: "vida humana já revestida do atributo da personalidade civil é o fenômeno que transcorre entre o nascimento com vida e a morte" (p. 163).

Sua discussão continua, para qualificar a definição anterior, pois o ordenamento jurídico também protege o cadáver (por exemplo, no crime de vilipêndio a cadáver), mas trata-se de um outro tipo de proteção. Então, ele diz que a proteção à vida se adensa à medida do "investimento nela: investimento natural ou da própria natureza, investimento pessoal dos genitores e familiares" (p. 167).

De acordo com Ayres Britto, ainda, nascituro é um conceito estritamente jurídico e diz respeito ao ser já concebido, mas que ainda se encontra no ventre materno. Neste sentido, de acordo com o ministro, é necessário o ventre materno para que se configure o ser que é chamado de nascituro. Esse ser, de acordo com ele, possui uma dignidade "que importa reconhecer e proteger" (p. 171). E ainda esclarece: "a potencialidade de algo para se tornar pessoa humana já é meritória o bastante para acobertá-lo, infraconstitucionalmente, contra tentativas esdrúxulas, levianas ou frívolas de obstar sua natural continuidade fisiológica" (p. 172). "Mas as três realidades não se confundem: o embrião é o embrião, o feto é o feto e a pessoa humana é a pessoa humana. Esta não se antecipa à metamorfose dos outros dois organismos. É o produto final dessa metamorfose" (p. 172).

Apesar dessa ilação que parece indicar o início da vida como o momento do nascimento, momento em que emergeria a "pessoa humana", na página seguinte do voto, após citar Tom Zé, Ana Carolina e Fernando Pessoa, afirma: "não se nega que o início da vida humana só pode coincidir com o preciso instante da fecundação de um óvulo feminino por um espermatozóide masculino" (p. 173), e, inspirado em Jean Paul Sartre, afirma a "desconcertante aritmética do amor: um mais um, igual a um". Estaria o ministro recuando para uma defesa do início da vida desde a concepção?

E então se percebe que a afirmação anterior foi para distinguir vida de pessoa e de nascituro. Essa distinção fica mais clara na seguinte passagem: "se toda gestação humana principia com um embrião igualmente humano, nem todo embrião humano desencadeia uma gestação igualmente humana.[4] Situação em que também deixam de coincidir concepção e nascituro" (p. 177). Contudo, embora essa distinção tenha exigido um esforço argumen-

---

4 Aqui convém notar que se admite uma gestação que não seja humana, mas não que um ser humano, uma mulher, interrompa livremente uma gestação. O importante, parece ser sempre, é não tirar vidas, enquanto que o como construí-las seria uma preocupação de segunda ordem em relação à primeira.

tativo, ela não contribui para definir, de forma clara, qual é a vida que se deve proteger, a partir do ordenamento jurídico brasileiro, e qual é, precisamente, a partir deste, o estatuto jurídico do nascituro?

Adiante, a respeito da obrigação dos pais de levar a termo a gestação do embrião *in vitro*, afirma: "não se pode compelir nenhum casal ao pleno aproveitamento de todos os embriões sobejantes (excedentários) dos respectivos propósitos reprodutivos, além do que a nidação compulsória seria impor às mulheres uma "tirania patriarcal".[5] Sobre o planejamento familiar, estabelece dois juízos, de acordo com ele, constitucionalmente válidos:

I – a decisão por uma descendência ou filiação exprime um tipo de autonomia de vontade individual que a própria Constituição rotula como direito ao planejamento familiar, fundamentado este nos princípios igualmente constitucionais da dignidade da pessoa humana e da paternidade responsável;

II – a opção do casal por um processo *in vitro* de fecundação de óvulos é implícito direito de idêntica matriz constitucional, sem acarretar para ele o dever jurídico de aproveitamento reprodutivo de todos os embriões eventualmente formados e que se revelem geneticamente viáveis.

Voltando ao direito à vida, de acordo com o ministro Ayres Britto, ele importa a preservação da saúde do indivíduo. Neste aspecto, ressalta o art. 3º da Lei 9.394 que estabelece a possibilidade de doação de órgãos pelos familiares daqueles que tiverem a morte cerebral diagnosticada. No mesmo tom da Lei 9.394, enaltece as pesquisas científicas em busca de descobertas na área da saúde e de encurtamento do sofrimento dos indivíduos.

A ministra Ellen Gracie buscou afastar qualquer discussão de conteúdo científico-biológico sobre o conceito de vida: "O que nos cabe fazer, e essa é a província a nós atribuída pela Constituição, é contrastar o art. 5º da Lei nº 11.105 com os princípios e normas da Constituição Federal". E "a ordem jurídica nacional atribui a qualificação de pessoa ao nascido com vida" (p. 212).

A despeito disso, utiliza a distinção científica entre embrião e pré-embrião, sendo este aquilo que existe desde a fecundação até o décimo quarto dia. Destacando a restrição segundo a qual as células-tronco embrionárias devem ser utilizadas apenas para fins terapêuticos e de pesquisa, a minis-

---

5 Seria possível daí concluir que, se a nidação imposta é uma tirania patriarcal, obrigar uma mulher a levar adiante uma gestação e parir também o seria? A continuidade do voto tende a responder negativamente a questão, embora de forma pouco objetiva.

tra, ressaltando que, dentre os embriões fertilizados in-vitro muitos deles são descartados, pois nem todos se destinam à fecundação, afirma: "O aproveitamento, nas pesquisas científicas com células-tronco, dos embriões gerados no procedimento de reprodução humana assistida é infinitamente mais útil e nobre do que o descarte vão dos mesmos" (p. 219).

O ministro Menezes Direito retoma os pontos do voto do relator, descreve os procedimentos científicos de que a ação cuida e define "o que se examina, repita-se, é se o método de obtenção dessas células através da destruição do embrião pode ser admitido" (p. 250). Nessa obtenção, "o embrião humano é destruído, o que é inaceitável para muitos". Após um panorama sobre a legislação de diversos países, afirma que "o que se verifica no direito comparado é que há preocupação não apenas quanto à definição do estatuto do embrião, mas também quanto às consequências do progresso das técnicas de manipulação genética e celular, especialmente aquelas relacionadas ao uso de gametas e de embriões" (p. 263). Para ele, para enfrentar o objeto da presente ação, é necessário adotar uma posição clara sobre o início da vida. Nesse sentido, afirma que "há uma dificuldade lógica a desafiar o raciocínio que coloca marcos temporais no desenvolvimento do embrião para fixar o início da vida após a fecundação. É que se um lado reconhece haver vida no embrião, mas uma vida ainda não humana, para a qual não caberia a proteção do direito constitucional à vida, de outro, entende não haver pessoa (personalidade) no embrião, mas lhe reconhece a proteção da dignidade da pessoa humana." (p. 278). Ao embrião é dado "um estatuto intermediário, fundado em uma dignidade também intermediária, geralmente associada à ausência de capacidade moral ou racional" (p. 278).

Ao que se acrescenta que não lhe "parece razoável afirmar que a vida sem personalidade não é vida humana, como se a personalidade é que atribuísse a condição de vida e não que fosse um atributo dela. A pessoa é tão somente uma sombra na caverna das legislações". (p. 280). Mas "não é porque se reconhece a qualidade da vida humana no embrião que se concluirá necessariamente pela procedência ou improcedência da ação. Restaria verificar o estatuto da proteção da dignidade dessa vida humana. Invoca o Pacto de San Jose da Costa Rica, do qual o Brasil[6] é signatário, em que o direito à vida é protegido desde a concepção, para afirmar a sua proteção em nosso ordenamento jurídico.

---

6 Note-se que o Brasil é signatário de outros pactos internacionais que não adotam o conceito de vida desde que a nossa própria Constituição não dá esse alcance ao direito fundamental à vida. No entanto, o ministro parece tomar o argumento que mais convém à interpretação que ele próprio tem de vida e de quando ela se inicia.

164 Flávia Biroli e Luis Felipe Miguel (orgs.)

A partir da leitura do art. 5º da Lei de Biossegurança, o ministro conclui que "os embriões congelados a que se refere o inciso II do art. 5º da Lei nº 11.105/2005 são embriões com vida. O método de extração de células-tronco embrionárias que acarrete a sua destruição violará, na minha compreensão, o direito à vida de que cuida o *caput* do art. 5º da Constituição da República. No ponto exato em que o autoriza, a lei é inconstitucional". E completa: "a inviolabilidade do direito à vida não admite que a possibilidade de alguns embriões tornarem-se inviáveis justifique o sacrifício dos demais. A inviolabilidade do direito à vida não admite nem mesmo a possibilidade de que muitos deles tornarem inviáveis justifique o sacrifício dos remanescentes" (p. 293).

Após o voto do ministro Menezes Direito, o relator, ministro Carlos Ayres Britto após uma confirmação de voto fazendo diversas considerações, dentre as quais merecem destaque para este texto: afirma que o embrião não tem direito a um útero, então, não é possível afirmar que o seu direito à vida é inviolável, menciona o debate constituinte acerca da definição do momento do início da vida, em que os debates concluíram por não incluir a expressão "desde a concepção", no inciso do art. 5º que garante o direito à vida. E, ainda, menciona a interpretação dada pelos tribunais italianos à constituição daquele país, de acordo com as quais, "diante do risco ou do perigo de excesso do poder legislador, consignaram os tribunais: não há um direito absoluto do embrião frente ao da "dona" ou mulher que o abrigue". (p. 320-321). Esta ilação, embora pudesse ser feita para defender o direito ao aborto, em geral, é feita, neste contexto, apenas para negar ao embrião fertilizado *in vitro* um "direito de útero".

A ministra Carmen Lúcia, por sua vez, enfatizou que as pesquisas com células-tronco embrionárias são legítimas e desejáveis. Em seu parecer, "para o juiz do STF, a Constituição é sua Bíblia, e o Brasil a sua religião". Para ela, a questão central que se coloca, na presente ADI, é a liberdade de pesquisa e terapia com células-tronco embrionárias, e o judiciário não pode se pautar pelas demandas populares momentâneas. "O juiz faz-se escravo da Constituição para garantir a liberdade que ao jurisdicionado nela é assegurado". Em seu parecer, não é necessário definir o começo da vida para julgar a presente ação. "A ética constitucional vigente afirma o respeito ao princípio da dignidade da pessoa humana, do que decorre a impossibilidade de utilização da espécie humana - em qualquer caso e meio - para fins comerciais, eugênicos ou experimentais". De acordo com ela, a ciência não é fonte de organização sócio-política,[7] e a inviolabilidade do direito à vida não é absoluta:

---

7 A ministra Carmen Lúcia não formula dessa maneira, mas chama a atenção sua pre-

o direito à vida deve ser interpretado conjuntamente com o da liberdade e o da saúde. O art. 225 da Constituição estabelece o princípio da solidariedade entre as gerações. As pesquisas devem ser feitas quando necessárias. As pesquisas valorizam a dignidade da pessoa humana, e não a agridem. Citando Kant, ela afirma: "o homem é um fim em si mesmo, e não um meio". Ao se tornar constitucional, o princípio da dignidade passa a estar na base de todo o sistema jurídico: direito ao saber, direito de pesquisa, de informar-se e de ser informado.

O ministro Ricardo Lewandowski optou por enfrentar o debate científico acerca das células tronco embrionárias, passar pelo debate filosófico que envolve Habermas e Marcuse e pela literatura ficcional, citando, neste caso, 1984, de George Orwell. Em relação especificamente à proteção ao direito à vida, ele observa: "no plano puramente jurídico-positivo, há fortes razões para adotar-se a tese de que a vida tem início a partir da concepção. Dentre outras, porque a Convenção Americana de Direitos Humanos, o denominado Pacto de San José da Costa Rica, aprovado em 22 de novembro de 1969, e ratificado pelo Brasil em 25 de setembro de 2002, ingressou no ordenamento legal pátrio não como simples lei ordinária, mas como regra de caráter supralegal ou, até mesmo, como norma dotada de dignidade constitucional, segundo recente entendimento expressado por magistrados desta Suprema Corte".[8] Afirma a exegese do direito à vida como um bem coletivo e um direito sem o qual não é possível sequer cogitar outros direitos (p. 404).

---

ocupação com que argumentos científicos não adquiram o *status* de verdade absoluta em julgamentos judiciários. Isso porque, como ela bem nota, a verdade científica muda de acordo com o tempo e há mais de uma verdade científica. O que pode ser acrescentado à argumentação da ministra é que o julgamento judicial diz respeito à argumentação (ALEXY, 2011) e, nesse âmbito, a verdade científica entra como mais um argumento, forte, é certo, mas um argumento que pode ser refutado conforme outras posições e argumentos que sejam predominantes em determinado caso. Sobre o papel da verdade científica para as argumentações na esfera pública, ou seja, para além da esfera judicial, H. Arendt também aponta os limites do seu alcance, justamente com o intuito de evitar que a aposição dessa verdade "encerre o debate" (ARENDT, 2002).

8   Em relação a tal Pacto, teria sido conveniente o enfrentamento, pelos ministros, de como um Pacto que é ratificado 33 anos após a sua assinatura, e com uma Constituição aprovada no decorrer desse período, deveria ter suas disposições adaptadas a tal Constituição. É afirmada apenas o *status* supralegal dos Acordos Internacionais em geral, mas não como as normas específicas desse pacto adentram ao nosso ordenamento jurídico quando em conflito com nossa Constituição.

166 Flávia Biroli e Luis Felipe Miguel (orgs.)

Para além dessas observações, invoca o "princípio da precaução em saúde pública", segundo o qual não basta apenas caracterizar o dano a ser compensado, mas há comportamentos que devem ser proibidos, sancionados e punidos. Em seguida, invoca a dignidade da pessoa humana, baliza axiológica de todos os outros direitos fundamentais (p. 411), para afirmar que o fulcro da discussão desta ação não deve ser somente o estatuto jurídico do embrião gerado *in vitro*, mas "a disciplina das pesquisas genéticas e das ações de todos os seus protagonistas, sejam eles doadores de gametas, receptores de óvulos fertilizados, médicos ou cientistas" (p. 416). Todas elas devem ter como parâmetro a dignidade humana.

Em seu voto, portanto, o ministro Ricardo Lewandowski focou sua análise na possibilidade de manipulação de embriões, assumindo que eles são dotados de vida, uma vez que adotou a definição de vida desde a concepção do Pacto de San José da Costa Rica. Após o exame do direito comparado, sem contudo, contra-argumentar a legislação daqueles países que permitem o uso de tais células para a pesquisa científica, concluiu pela procedência da ação.

O ministro Eros Grau acompanhou o voto do ministro Carlos Alberto Menezes Direito. Acrescenta, da seguinte forma: "o embrião – e insisto neste ponto – faz parte do gênero humano. (…) A autonomia do embrião manifesta-se de maneira especial, na medida em que sua única opção é nascer. Mas é autonomia. Há, no aborto, destruição da vida" (p. 454). Adiante, diferencia o *status* de um embrião *in vitro* de um embrião no ventre de uma mulher, para que não se confunda a defesa das pesquisas com aborto. A despeito dessa distinção, votou pela procedência da ação.

O ministro Joaquim Barbosa interpreta o ordenamento jurídico brasileiro de forma a afirmar que o direito à vida não é absoluto, nem é superior aos demais direitos fundamentais. Além disso, tal direito admite gradação, e, por essa razão aos crimes de aborto, infanticídio e homicídio são cominadas penas diferentes, em grau crescente. Em relação à dignidade da pessoa humana, acolhe a ideia de que ela comporta o indivíduo conformador de si próprio e da sua vida segundo o seu próprio projeto espiritual. Em outras palavras, afirma a autonomia privada parental: "A conjugação da laicidade do Estado e do primado da autonomia privada conduz a uma importante conclusão: os genitores dos embriões produzidos por fertilização *in vitro* têm a sua liberdade de escolha, ou seja, a sua autonomia privada e as suas convicções morais e religiosas respeitadas pelo dispositivo ora impugnado. Ninguém poderá obrigá-los a agir de forma contrária aos seus interesses, aos seus sentimentos, às suas ideias, aos seus valores, à sua religião, e à sua própria convicção acerca do momento em que a vida começa" (p. 467/468). Nota-se, nessa afirmação, que Joaquim Barbosa adota claramente o ponto de vista da pluralidade de conceitos de vida e de planos de vida.[9]

Sobre a proteção do direito à vida, conclui: "o melhor caminho para a proteção do direito à vida, em seus diversos e diferentes graus, é uma legislação consciente e a existência de órgãos dotados de competência técnica e normativa para implementá-la, fiscalizando efetivamente a pesquisa científica no país. A proibição *tout court* da pesquisa, no presente caso, significa fechar os olhos para o desenvolvimento científico e para os eventuais benefícios que dele podem advir, bem como significa dar uma resposta ética unilateral para uma problemática que envolve tantas questões éticas e tão diversas áreas do saber e da sociedade" (p. 474).

O ministro Marco Aurélio Mello apresentou uma discussão sobre o início da vida, indicando que ele pode ser obtido a partir de vários enfoques: (a) o da concepção; (b) o da ligação do feto (sic) à parede do útero; (c) o da formação das características individuais do feto; (d) o da percepção pela mãe dos primeiros movimentos; (e) o da viabilidade em termos de persistência da gravidez; (f) o do nascimento.

Após essa breve sistematização, cita Aristóteles, Santo Agostinho, a Bíblia, o caso *Roe versus Wade*, da Suprema Corte Americana - emblemático no debate sobre o direito ao aborto - e outras fontes. Em relação ao enquadramento jurídico do direito à vida em nosso ordenamento jurídico, faz uma observação que será aqui reproduzida: "Se, de um lado, é possível dizer que a criminalização do aborto compele a grávida a gerar o filho concebido, concebido naturalmente mesmo contra a respectiva vontade, ficando com isso enfatizado na legislação de regência o interesse do nascituro -, de outro, não se pode imaginar estejam os fornecedores dos óvulos e dos espermatozoides obrigados a dar consequências a esses atos, chegando a forçar a mulher a gerar todos os embriões fecundados artificialmente, potencializando, a mais não poder, o ato de vontade inicial" (p. 547). Afastando, portanto, a similaridade do caso com o crime de aborto, apela para razões humanístico-racionais e analisa o direito comparado para julgar improcedente a ação.

Celso de Mello afirma a sacralidade e a inviolabilidade do direito à vida para, logo em seguida, ressaltar a laicidade do Estado brasileiro. Ressalta que a controvérsia contida nesta ação não deve se traduzir em uma polarização Estado x Igreja, pois ela já está superada desde a Constituição de 1891 (p. 557

---

9 Tomo aqui a noção de plano de vida utilizada por John Rawls, em sua teoria da justiça (RAWLS, 2002, p. 450-460).

e ss). Para falar do início da vida, utiliza documento elaborado por Grupo de Trabalho designado pela Academia Brasileira de Ciências, constituído por Mayana Zatz, Marco Antonio Zago e Antonio Carlos Campos de Carvalho, em que consta:

"Não se trata propriamente do momento do ´início da vida individual´, mas sim em que momento do ciclo vital a sociedade decide dar ao ente biológico o '*status*' de indivíduo (pleno ou potencial), que passa então a merecer do Estado a proteção de sua integridade. Essa não é uma questão científica biológica, mas sim filosófica e moral, definida arbitrariamente pela legislação de cada país em consonância com os costumes (cultura) da população. É de esperar, pois, que seja variável segundo o local e o tempo" (p. 566).

Para diferenciar a situação objeto dessa ação da de um aborto propriamente dito, afirma que, no caso das células de embriões fertilizados *in vitro*, há necessidade de ocorrer uma intervenção humana para que elas se transformem em vida, enquanto, no caso da fecundação no ventre da mulher, é necessária a intervenção humana para que o concepto não se transforme em vida (p. 570). Com isso, afasta a generalização desse julgado para os casos de aborto.

Celso de Mello sistematiza as diversas concepções sobre o início da vida nas seguintes teses: a) genética, em que a vida se inicia com a fertilização; b) embriológica, em que a vida se inicia no 14.o dia, momento em que se completa a nidação; c) neurológica, em que o marco inicial se dá na 8.a semana de gravidez, quando aparecem as primeiras estruturas do sistema nervoso central; d) ecológica, entre a 20.a e a 25.a semana, momento em que se completa a formação dos pulmões, última estrutura vital; e) gradualista, em que não há momento inicial definido, pois supõe "a continuidade do processo biológico" (p. 572).

Essas diferenças, que se dão a partir de teses vindas da biologia, se projetam no campo religioso e também no moral, ainda que secular, e tornam o início da vida mais um objeto da pluralidade de visões de mundo e concepções de bem que marcam as sociedades pluralistas. Celso de Mello faz um inventário, também das diversas visões religiosas sobre o início da vida.

No caso em análise, o dos embriões fertilizados *in vitro*, ele utiliza os resultados do já referido Grupo de Trabalho para afirmar que "um ovo ou embrião que não tem a possibilidade de ser implantado em útero não é um ser humano potencial" (p. 582).

A partir dessa definição, ele passa a ponderar a colisão existente, em nosso ordenamento jurídico, a partir do texto constitucional, entre a proteção do direito à vida e a proteção da liberdade de pesquisa. Cita diversos tratados internacionais, reafirmando não ser inequívoco o estabelecimento do início da vida. Conclui o seu voto, acompanhando o Relator, na medida em que o voto significa a "celebração solidária da vida e da liberdade". Julgou procedente a ação, sem qualquer restrição, considerando plenamente constitucional o texto do art. 5º da Lei de Biossegurança.

O ministro Gilmar Mendes, ao expor a análise sobre o direito à vida já enuncia o alcance da discussão: "delimitar o âmbito de proteção do direito fundamental à vida e à dignidade humana e decidir questões relacionadas ao aborto, à eutanásia e à utilização de embriões humanos para fins de pesquisa e terapia são, de fato, tarefas que transcendem os limites do jurídico e envolvem argumentos de moral, política e religião que vêm sendo debatidos há séculos sem que se chegue a um consenso mínimo sobre uma resposta supostamente correta para todos" (p. 597).

Mendes destaca o papel contra-majoritário do Judiciário, citando Robert Alexy: "o parlamento representa o cidadão politicamente, o tribunal constitucional argumentativamente". (p. 599). Sobre a proteção do direito à vida, enuncia que não é o fato de um ser não ser sujeito de deveres que ele não será dotado de "proteção jurídica indisponível". A esse respeito, afirma que "não é possível negar que na fase pré-natal há um elemento vital digno de proteção" (p. 602). No caso em debate, resta saber como o Estado deve atuar nessa proteção, face às novas técnicas de reprodução. Assume toda uma discussão sobre a ciência, a técnica e seus elementos valorativos, citando Hans Jonas.

Utilizando julgamentos alemães, mostra que os direitos fundamentais não ensejam somente um referencial para o excesso de ação do Estado, indicando proibições de intervenção, mas também constituem um referencial de proteção, indicando tutela ou dever de proteção insuficientes. Neste sentido, ele aponta: "discutiu-se intensamente se haveria um sujeito subjetivo à observância do dever de proteção ou, em outros termos, se haveria um direito fundamental à proteção. A Corte Constitucional acabou por reconhecer esse direito, enfatizando que a não-observância de um dever de proteção corresponde a uma lesão do direito fundamental" (p. 609).

A partir dessa discussão, ele enuncia o princípio da "proporcionalidade como proibição de proteção insuficiente", indicando que a legislação deve ter dispositivos que proporcionem a devida proteção ao direito fundamental à vida. Prosseguindo em sua análise do direito comparado, conclui que a lei viola o "princípio da proporcionalidade de proteção insuficiente", mas isso não é razão para a declaração de inconstitucionalidade. Julga pela improcedência da ação, desde que seja dada interpretação conforme à Constituição, condicionando a permissão de pesquisa "à prévia autorização e aprovação por Comitê (órgão) Central de Ética e Pesquisa, vinculado ao Ministério da Saúde" (p. 630).

Cezar Peluso, em seu voto, afirma a convencionalidade do conceito de morte estabelecido na Lei nº 9.434/97, que estabelece a morte cerebral como o momento do fim da vida, para efeitos de doação de órgãos para transplante. Defende o estudo com as células tronco embrionárias, pois é "de todo em todo adequado e recomendável, na medida em que pode contribuir pra promoção de objetivos e valores constitucionais legítimos, que são o direito à vida, à dignidade, à saúde e à liberdade de investigação científica" (p. 478). Buscando responder a afirmações de outros ministros, afasta a relação de causalidade e proporcionalidade entre a pena e o bem protegido, tendo como objetivo assegurar que o fato de o aborto ter pena mais leve que a do infanticídio e a do homicídio, não se trata de crime menos grave.

Em relação ao aborto, afirma que sua caracterização como crime "tem por pressuposto necessário a preexistência de vida intrauterina, isto é, de gravidez, pois a gestação é circunstância elementar do tipo penal (art. 124 e ss. do Código Penal). Ora, abstraindo-se por ora a questão de existir, ou não, vida no embrião congelado, não como nem por onde imaginar-se delito de aborto sem gestante. Quem seria a gestante na hipótese das pesquisas? Os tanques de nitrogênio líquido?" (p. 482) Para reforçar sua interpretação, cita Mayana Zatz, afirmando que "Pesquisar células embrionárias obtidas de embriões congelados não é aborto".

A despeito do afastamento do aborto, Cezar Peluso segue expondo sua investigação sobre se haveria vida nos embriões fertilizados *in vitro*. "Meu esforço está em perquirir se existe diferença de graus de proteção constitucional a que façam jus, de um lado, as pessoas dotadas de vida atual e em plenitude, e, de outro, os embriões. E começo por identificar em ambos esses conjuntos de organismos o predicado da humanidade, mas somente no primeiro consigo discernir, à luz de todos os critérios discretivos disponíveis, a presença de vida. Por isso, o único ponto de semelhança que as características e as distinções biológicas me autorizam a encontrar, no plano da ordem jurídica, entre um embrião congelado e um adulto, é que esse participa, em grau primitivo, dos requisitos da proteção à dignidade humana deste, e apenas isso. É o que me proponho a demonstrar. (p. 485)". Após discorrer sobre vários estudos, de autores de diversas áreas, Claus Roxin, de Antonio Junqueira de Azevedo, de Lenise Martins Garcia, Peluso chega à conclusão de que é necessário distinguir a vida como algo proveniente de um ser com alguma autonomia de movimentos. Que momento é esse em que se dá a autonomia é de difícil estabelecimento, o ministro reconhece. E cita Korobkin: "Além de certo ponto, o estágio de desenvolvimento humano é irrelevante para seu valor moral. Mas, antes deste, o estágio de desenvolvimento é significativo. A precisa localização deste ponto é difícil de se determinar, mas é menos difícil reconhecer que um blastócito não o alcançou" (p. 502).

A partir disso, passa a ressaltar a importância, contudo, de que o uso das células embrionárias não se dê de forma contrária à bioética. Com essa preocupação, sugere que sejam tipificadas como crime as condutas violadoras da ética, nesse uso, e, com esse intuito, dá interpretação conforme a dispositivos do art. 5º da Lei de Biossegurança, ainda que julgando improcedente a ação de inconstitucionalidade.

Gravidez e maternidade

A maternidade, neste julgamento, aparece de forma secundária, mas são interessantes algumas observações como incremento às concepções de maternidade que aparecerão no julgamento da ADPF 54.

No voto do Relator, há invocação do planejamento familiar, presente no § 7.o do artigo 226 da Constituição da República. O casal que decide ter uma família tem o direito público subjetivo à liberdade, referindo-se ao "êxtase do amor-a-dois na paternidade responsável". A respeito do planejamento familiar, o relator assim definiu: "planejamento que somente pode significar a projeção de um número de filhos *pari passu* com as possibilidades econômico-financeiras do casal e sua disponibilidade e afeto para educá-los na senda do que a Constituição mesma sintetiza com esta enfática proclamação axiológica: 'A educação, direito de todos e dever do Estado e da família, será promovida e incentivada com a colaboração da sociedade, visando ao pleno desenvolvimento da pessoa, seu preparo para o exercício da cidadania e sua qualificação para o trabalho'" (p. 186).

Mais especificamente sobre a maternidade, buscando diferenciar a situação da fertilização *in vitro* da gestação biológica convencional, a partir do ato sexual entre um homem em uma mulher, a nidação e todas as fases subsequentes, o relator afirma que "a identidade física, psicológica e amorosa do casal, especialmente a identidade da mulher, é compreensivelmente maior com o zigoto in natura ou não-artificial. Com o corpo que se vai formando no interior de outro corpo, de maneira a criar para a gestante (falo a partir do que ordinariamente ocorre nas gestações voluntárias) toda uma diáfana atmosfera de expectativas, sonhos, planos, desejos, risos, cuidados, sustos, apreensões e dores", que provocam uma situação de confusão entre o que é o embrião-feto e o corpo da mãe.

Sucede daí uma idealização maternal que culmina com a frase "ser voluntariamente mãe é esse dom de fazer o seu ventre do tamanho do mundo e no entanto colocar esse mundo na palma da sua mão". (p. 191). "o vislumbre da maternidade como realização de um projeto de vida é o ponto mais estratégico de toda a trajetória humana. É ele que verdadeiramente assegura a consciente busca da perpetuação da espécie. (...) Ama na totalidade do seu coração e da sua mente, dos seus órgãos e vísceras, instintos e sensações".

Aborto e direito ao aborto

Em relação ao aborto, aparece brevemente no voto do relator, afirmando ele que, se não há gravidez, não há como se caracterizar o tipo penal do aborto. Mas emerge, novamente, a preocupação de se evitar que o julgamento acerca das pesquisas com células- tronco embrionárias se torne um precedente positivo a autorizar a prática de aborto no voto do ministro Eros Grau.

O ministro Marco Aurélio Mello, em relação ao enquadramento jurídico do direito à vida em nosso ordenamento jurídico, faz uma observação, já reproduzida na seção anterior e que será aqui novamente citada: "Se, de um lado, é possível dizer que a criminalização do aborto compele a grávida a gerar o filho concebido, concebido naturalmente mesmo contra a respectiva vontade, ficando com isso enfatizado na legislação de regência o interesse do nascituro -, de outro, não se pode imaginar estejam os fornecedores dos óvulos e dos espermatozoides obrigados a dar consequências a esses atos, chegando a forçar a mulher a gerar todos os embriões fecundados artificialmente, potencializando, a mais não poder, o ato de vontade inicial" (p. 547).

Para diferenciar a situação objeto dessa ação da de um aborto propriamente dito, afirma que, no caso das células de embriões fertilizados *in vitro*, há necessidade de ocorrer uma intervenção humana para que elas se transformem em vida, enquanto, no caso da fecundação no ventre da mulher, é necessária a intervenção humana para que o concepto não se transforme em vida (p. 570). Com isso, afasta a generalização desse julgado para todos os casos de aborto.

Cezar Peluso, por fim, como já mencionado na seção anterior, afirma que, para haver aborto, é necessário que haja gestante, ao tentar afastar que não há vida no embrião *in vitro* e, portanto, não haver possibilidade de crime de aborto.

Laicidade do Estado

Na ADI 3510, a laicidade do Estado foi mencionada de forma destacada no voto de Celso de Mello, em que recorda estar a laicidade afirmada constitucionalmente no Estado brasileiro desde a Constituição de 1891, e também o seu alcance e significado. De acordo com ele, a laicidade impõe a separação entre Estado e Igreja, o que significa que ao Estado é vedado interferir na fé religiosa dos indivíduos e também nenhuma das fés religiosas deve prevalecer sobre as demais, o que produz, em nossa sociedade, o efeito do pluralismo. Essa afirmação é feita com a longa citação de Daniel Sarmento, em seu livro "Legalização do aborto e Constituição". Tal laicidade acarreta ao STF o dever de ter como "único critério a ser utilizado (...) é aquele que se fundamenta no texto da Constituição e das leis da República e que se revela informado por razões de ordem eminentemente social e de natureza pública, estimuladas pela necessidade de desenvolvimento das pesquisas científicas em nosso país, em ordem de viabilizar o domínio de técnicas que permitam o manejo e a utilização de terapias celulares, com células-tronco embrionárias, destinadas ao tratamento de doenças ou de alterações degenerativas" (p. 565).

Como se vê, neste voto, a defesa da laicidade se deu como instrumento de combate ao obscurantismo e à possibilidade de que o conhecimento científico e suas benesses em relação à própria dignidade da vida fossem obstadas por concepções religiosas particulares que dizem respeito, sempre, a uma parte da população, e não ao seu todo. Nota-se que, por meio dessa interpretação, ninguém é obrigado a fertilizar um óvulo *in vitro*, nem a doar órgãos, nem a destinar qualquer de seus bens privados (bens, aqui, em seu sentido amplo, que vai desde a fé, passando pela capacidade intelectual, pelo corpo e cada um dos órgãos humanos) para essas pesquisas. Com a laicidade se impede que fés particulares obstem a pesquisa científica operada por instituições guiadas por outras esferas de valores e de legitimidade.[10]

A Ação de Descumprimento de Preceito Fundamental n° 54 (ADPF 54)

A discussão no Supremo Tribunal Federal (STF) acerca da autorização para a antecipação de parto de diagnóstico de existência de feto anencéfalo iniciou-se com a proposição da Ação de Descumprimento de Preceito Fundamental

---

10 A noção de esferas distintas pode ser invocada tanto a partir de Habermas (2012), para a referência a uma legitimidade do discurso, quanto a Walzer (2003), no que diz respeito à legitimidade da concepção de justiça.

(ADPF) 54, proposta em 2004 pela Confederação Nacional dos Trabalhadores na Saúde (CNTS) e com apoio técnico da ANIS – Instituto de Bioética, Direitos Humanos e Gênero. Seguiu-se à proposição uma decisão liminar que permitiu a realização desse tipo de antecipação de parto durante três meses em 2004, a cassação dessa mesma liminar, a convocação de várias audiências públicas pelo STF e o julgamento, que teve sua decisão em 12 de abril de 2012, com 8 votos a favor e 2 contra, e publicada em 25 de abril de 2012.

A propositura da ação foi feita baseada em três argumentos, que podem ser assim resumidos: (i) a antecipação do parto no caso de diagnóstico de existência de feto anencéfalo não é um caso de aborto; (ii) a defesa da dignidade da mulher; (iii) a defesa da autonomia do indivíduo.

O primeiro argumento visava deixar claro que a ação não tinha como objetivo que fosse declarada legal a prática da interrupção voluntária de gravidez no país, em qualquer caso. Nesse sentido, note-se que inclusive a terminologia médica utilizada é a de antecipação de parto, e não de interrupção de gravidez. O argumento adjacente na estratégia utilizada na peça processual inicial é o de que, no caso de fetos anencéfalos, não há que se falar de vida em potencial, pois o diagnóstico é feito com 100% de certeza e a morte cerebral é utilizada para definir o fim da vida. Não havendo vida em potencial, não haveria sujeito passivo para o crime de aborto, tratando-se, portanto, de outra situação jurídica.

O segundo argumento, calcado no princípio constitucional da dignidade humana, se fundamentava na indicação de que submeter a mulher a uma gravidez que levará a um parto de um ser já natimorto é submetê-la a riscos de saúde e psíquicos desnecessários, podendo ser comparada tal exigência a uma tortura.

O terceiro, da autonomia, foi baseado na autonomia individual privada em face da lei, de acordo com a regra liberal clássica "é permitido fazer tudo o que não está previsto em lei". A argumentação exposta na peça inicial utiliza como fundamento a inexistência de tipificação penal de tal antecipação de parto - na medida em que o aborto é um dos crimes contra a vida e não há que se falar em vida no caso de fetos anencéfalos – e que, portanto, não se poderia proibir a mulher de antecipar o parto, nos casos em que fosse diagnosticada a anencefalia do feto.

Essa argumentação, bastante compreensível e justificável do ponto de vista da estratégia de convencimento dos ministros do STF, pode ser considerada pragmática e não principista, pois afasta qualquer discussão sobre o momento em que se inicia a vida, um dos pontos controvertidos quando se discute a interrupção voluntária de gravidez. No entanto, como decorrência, ela também não dá abertura para a discussão sobre o aborto em geral, e ainda menos sobre a autonomia da mulher sobre o próprio corpo. A defesa da dignidade da mulher (segundo argumento) está calcada na ideia de tortura decorrente da provocação de um sofrimento *desnecessário*, na medida em que não há vida viável que justifique tal sofrimento. E a autonomia é aquela clássica do direito, segundo a qual é permitido fazer tudo que não está proibido em lei. Dessa forma, a ação, tal como proposta, delimitou o alcance da decisão que seria tomada pelo STF apenas para esses casos que se encontram fora da discussão que envolve a interrupção voluntária de gravidez para além das hipóteses previstas em lei e a autonomia da mulher.

Embora tenha sido feita tal delimitação, em todo o debate transcorrido durante as audiências públicas e no próprio julgamento do caso, a questão da interrupção voluntária de gravidez veio à baila tanto nos argumentos utilizados internamente ao próprio processo quanto na repercussão ocorrida na mídia. Talvez por conta disso, o que se viu, nas argumentações dos ministros, mesmo naquelas em que se julgava procedente a ação, foi um esforço por deixar claro que toda a argumentação em prol da autonomia da mulher e dos sofrimentos relativos à gravidez seria referente aos casos de anencefalia do feto, e não a todas as gravidezes.

Neste julgamento, o realce sobre a laicidade do Estado esteve mais presente nos votos e inclusive no Acórdão, como primeiro tópico, da seguinte forma:

"ESTADO – LAICIDADE. O Brasil é uma república laica, surgindo absolutamente neutro quanto às religiões. Considerações." (BRASIL, STF, 2012).

Outro ponto que apareceu, não nos votos, mas nos debates, foi o viés de classe na incidência da lei penal, no comentário do ministro Marco Aurélio, ao interromper a leitura do voto de Luiz Fux, para fazer a seguinte observação: "A classe A, [realiza o aborto] com toda assepsia possível. No tocante aos menos afortunados, junto a açougueiros. Daí o serviço público realizar, por ano, cerca de 200 mil curetagens, perante aborto mal feito".[11]

Vida e direito à vida

Nesta ação, mais presente do que o debate sobre o início da vida, que acompanha os debates sobre aborto, como ilustrado nos votos descritos ante-

---

11 Essa é a forma contemporânea de uma clivagem que já era apontada por Beauvoir: "Disseram às vezes que o aborto era um 'crime de classe' e é em grande parte verdade. As práticas anticoncepcionais são muito mais espalhadas na burguesia" (BEAUVOIR, 2009 [1949], p. 649)

riormente, em relação à ADI 3510, esteve o de quando se dá o fim da vida e, portanto, se iniciaria a autonomia plena da mulher para antecipar o parto ou interromper a gravidez.

No voto do relator, ministro Marco Aurélio, a morte encefálica é suficiente para que enseje apenas um conflito aparente em relação ao direito de autonomia da mulher: "a vida é um bem a ser preservado a qualquer custo, mas, quando a vida se torna inviável, não é justo condenar a mãe a meses de sofrimento, de angústia, de desespero".

Marco Aurélio acresce a essa argumentação alguns dados empíricos: até 2005, juízes formalizaram cerca de três mil autorizações para a interrupção gestacional em razão de incompatibilidade do feto com a vida extrauterina. Este número elevado tornaria necessário um julgamento geral do STF, para que futuras autorizações para casos semelhantes não necessitassem de autorizações judiciais, muitas vezes concedidas tardiamente ou de forma a prolongar um sofrimento desnecessário.

A respeito do momento da morte, opina "hoje, é consensual, no Brasil e no mundo, que a morte se diagnostica pela morte cerebral. Quem não tem cérebro, não tem vida" (p. 45), e, de forma mais técnica, cita a Resolução nº 1480, de 8 de agosto de 1997, do Conselho Federal de Medicina. Sobre a eugenia, cita Cláudia Werneck: "é impossível constatar discriminação com base na deficiência quando não há expectativa de vida fora do útero". A anomalia pode ser diagnosticada na 12.a semana, a rede pública está apta a emitir o diagnóstico, e esse é um diagnóstico de certeza.

Ainda sobre o direito à vida, defende que o bem protegido pelo crime de aborto é a vida em potencial (p. 54) e, neste sentido, cita Joaquim Barbosa, em artigo publicado em livro organizado por Daniel Sarmento e bastante citado no presente julgamento: "mesmo que biologicamente vivo, porque feito de células e tecidos vivos, é juridicamente morto". Menciona que em 1940, ano de publicação da parte especial do Código Penal, não seria possível ter previsto a exclusão do tipo penal, como as duas presentes no artigo 128, pois o nível de diagnósticos médicos da época não chegava a tal especificação. Cita, ainda, Ayres Britto, na ADI 3510, em que o ministro defendeu um conceito natalista de início de vida, ao invés de um conceito concepcionista.

Afastada a presença de vida no feto encefálico, o relator passou a discorrer sobre o caráter não absoluto do direito à vida. Ao enunciar esse argumento, pareceu que o Relator iria defender o direito ao aborto em geral, mas reafirmou os limites anteriormente expostos, de que a vida não é absoluta quando não existe nem mesmo em potencial.

O ministro Joaquim Barbosa reproduz os argumentos exarados em seu artigo no livro de Daniel Sarmento, de acordo com os quais a incolumidade da gestação não se estende aos casos em que o feto não tem vida, como o caso do feto anencéfalo. Barbosa afasta, portanto, a possibilidade de que a argumentação desta ação se estenda a todos os casos de aborto.

Luiz Fux relativiza o direito à vida para afirmar, citando Günther Jakobs, que "é razoável aceitar um encurtamento da vida para combater dores mais graves", relembrando a equivalência da imposição da manutenção da gravidez à tortura, mencionada por Rosa Weber. Refere-se, ainda, ao direito penal como um último recurso do Estado, que a pena deve ser proporcional e que penalizar as mulheres que interrompem o parto de feto anencéfalo seria "punir pelo punir, como se fosse o Direito Penal a panaceia de todos os problemas sociais, sem prejuízo de relegar o drama para as alternativas marginalizadas, unindo uma vez mais essa gama de mulheres pobres e sofredoras" (p. 170). De acordo com ele, no caso, pode ser alegado em defesa dessas mulheres tanto o estado de necessidade quanto na inexigibilidade de conduta diversa.

Carmen Lúcia ressalta que a dignidade da vida está presente nos argumentos de defesa dos dois lados presentes na ação. Mas as concepções de vida devem ser admitidas como plurais. Reforça, ainda, ser contrário à preservação da dignidade da mãe o prolongamento do luto além do ponderável.

A dignidade da vida é invocada pelo ministro Ricardo Lewandowski na preocupação com a eugenia, que foi o centro do seu voto, pela improcedência da ação. Tal preocupação já havia sido manifestada no voto da ADPF 3510 e, nesta, ele viu na antecipação de parto por fetos anencéfalos a abertura para que outros casos de aborto, então eugênicos, pudessem acontecer.

O ministro Gilmar Mendes, comparando a legislação sobre aborto de diversos países, arrolou diversas concepções sobre o início do direito à vida e sobre o momento de definição da morte para julgar procedente a ação.[12]

Celso de Mello afirmou a pluralidade de concepções de início da vida, tanto do ponto de vista científico quanto do religioso. Além disso, relativizou o direito à vida em face da autonomia da mulher, principalmente diante da situação de uma gravidez de um feto sem vida. Neste caso, segundo ele, não há o objeto do tipo penal.

O ministro Cezar Peluso afirmou o direito à vida em seu caráter absoluto. No caso do feto anencéfalo, se o feto morre após nascer, é porque tem vida, e se tem vida, ela deve ser preservada. Admitir o contrário, segundo ele, seria

---

12 Ver a seção 3.3, abaixo.

uma "forma odiosa de discriminação", que em nada difere "do racismo, do sexismo e do chamado especismo". E não há a possibilidade de transformar o feto em coisa". De acordo com ele, não se pode admitir que a vida, como "suposto e condição" transcendental, cause embaraço ou sofrimento a outro ser humano. O sofrimento que a vida de um feto pode causar não é injusto. Portanto, não haveria possibilidade de qualquer elemento a excluir a tipicidade da conduta de aborto, fora aquelas arroladas no artigo 128. "Tem dignidade e dignidade plena qualquer ser humano que esteja vivo" (p. 393). Compara, ainda, a situação à da eutanásia, afastando qualquer possibilidade de interrupção voluntária da vida. A despeito disso, distingue a vida do anencéfalo da vida dos embriões fertilizados *in vitro* (objeto da ADPF 3510), pois ali não há vida humana. Para haver vida humana é necessária a gestação.[13]

Gravidez e maternidade

No início de seu voto, o Relator limitou a imposição à mulher de que mantenha a gravidez, a qualquer custo, a partir da concepção. De acordo com seu voto, é "Vedado obrigar a manter uma gravidez tão somente para viabilizar a doação de órgãos, sob pena de coisificar a mulher e ferir, a mais não poder, sua dignidade" (p. 51). "É inumano e impensável tratar a mulher como mero instrumento para atender a certa finalidade".

Ao destacar uma seção de seu voto ao "direito à saúde, à dignidade, à liberdade, à autonomia e à privacidade", o Relator dedicou parte expressiva de seu voto à reflexão sobre a autonomia da mulher: "Sob o ângulo da saúde da mulher, toda gravidez acarreta riscos", havendo dados de que a gravidez de feto anencéfalo envolve maiores riscos, inclusive casos de parto prolongado". A comparação com uma gravidez considerada "normal" continua: "enquanto, numa gestação normal, são nove meses de acompanhamento, minuto a minuto, de avanços, com a predominância do amor, em que a alteração estética é suplantada pela alegre expectativa do nascimento da criança; na gestação do feto anencéfalo, nos mais das vezes, reinam sentimentos mórbidos, de dor, de angústia, de impotência, de tristeza, de luto, de desespero, dada a certeza do óbito". Nesse sentido, a imposição do dever de manter a gravidez, nesse caso, seria a imposição de "um sacrifício desarrazoado". E, aplicando a laicidade do Estado sobre a situação das mulheres: "se alguns setores da sociedade reputam moralmente reprovável a antecipação terapêu-

---

13 Lembremos que no julgamento anterior, ele havia afirmado que para haver aborto é necessário que haja gestante.

tica da gravidez de fetos anencéfalos, relembro-lhes que essa crença não pode conduzir à incriminação de eventual conduta das mulheres que optarem em não levar a gravidez a termo". (p. 68). Após julgar procedente a ação, o Relator menciona o machismo[14] presente no momento da aprovação do Código Penal que tipifica a conduta de aborto (p. 71).

Rosa Weber, a respeito do direito à vida, destaca a impossibilidade de transferir o conceito de outras ciências para o direito. Buscando a definição jurídica de vida em nosso ordenamento jurídico, ela afirma a indefinição, e ainda que não há interesse em proteger a vida orgânica, mas a possibilidade de atividades psíquicas que viabilizem que o indivíduo possa minimamente ser parte do convívio social (p. 108). No contexto do caso, a leitura sistêmica conduz à compreensão de que a proteção está do lado da mãe".

No voto de Rosa Weber, é feita referência à maternidade da seguinte forma:

> A alegria e a realização das mulheres com filhos anencéfalos, relatadas nas audiências públicas e nos memoriais, provêm, por certo, das suas escolhas morais e da garantia de que a percepção de cada uma delas sobre a própria vida e visão de mundo seriam respeitadas, da certeza de que não seriam impedidas de gestar seus filhos com todo amor e de levar a termo suas gestações. *Não está em jogo o direito do feto, e sim o da gestante, de determinar suas próprias escolhas e seu próprio universo valorativo. E é isto que se discute nesta ação: o direito de escolha da mulher sobre a sua própria forma de vida.* Em outras palavras, esta ADPF muito mais do que da liberdade da mulher (o que já seria muitíssimo valioso), diz com a densidade concreta a se dar à concepção jurídica de liberdade, sob o manto da Constituição-cidadã de 1988. Para concluir, ao enfoque da teoria da proporcionalidade, o quociente da divisão das razões em favor da liberdade da mulher em cotejo com a proteção do feto anencefálico por meio da omissão do Estado e da declaração de inconstitucionalidade da leitura que inclui a interrupção, ou a antecipação terapêutica do parto, em caso de comprovada anencefalia, presentes as certezas empíricas sobre a afetação da esfera de atuação de cada um dos princípios em jogo, é maior que um. Há, portanto, de ser preservada a liberdade da grávida (p. 135-6, itálicos meus).

No voto de Joaquim Barbosa é relativizada a "incolumidade da gestação", mas apenas nos casos de feto anencéfalo. Para Luiz Fux, a grávida está no centro do debate contido nesta ação, pois "o tema reclama uma análise com dados científicos sobre a justeza da criminalização de uma gestante que re-

---

14 A expressão machista ocorre no voto do relator, somente, neste caso. Como exemplo dessa concepção, que estaria presente no momento do Código Penal, ele citou as expressões "mulher honesta", que, previstas no art. 215 e 216, caíram em desuso na aplicação do direito.

aliza o aborto de feto anencéfalo por não suportar a dor moral de carregar no seu ventre, durante nove meses, um filho em relação ao qual ela assiste à missa de sétimo dia por uma imposição supostamente legal" (p. 154).

A ministra Carmen Lúcia realça a maternidade, para dizer que impedir à mulher que realize a interrupção de gravidez de feto anencéfalo é prolongar um luto além do que é humanamente ponderável. E afirma que "o grande exemplo de dignidade humana que Deus tenha deixado tenha sido exatamente o da mãe – e olha que eu tenho um super pai" (p. 174).

No texto do voto, ela afirma que "A maternidade estimula um espírito profundamente inclusivo nas mulheres, tornando-as particularmente sensíveis a acolher várias formas de expressão de diversidade física e mental de seus futuros filhos".

"Parece mesmo inegável o paradoxo entre o avanço da medicina em procedimentos de alta precisão para diagnosticar malformação na vida intrauterina incompatível com o prosseguimento da vida e a oferta de solução jurídica para diminuir o sofrimento que tal diagnóstico permite, quando o casal ou a gestante desejar não prosseguir com a gestação" (p. 201).

Para proteger a autonomia da mulher, invoca os tratados internacionais assinados pelo Brasil, especialmente a Convenção Interamericana de Direitos Humanos, em seu artigo 4.o, e a Declaração de Pequim, adotada pela 4.a Conferência Mundial das Mulheres. O texto desses acordos refere-se à autonomia reprodutiva da mulher em geral, mas a ministra não estende seu voto a todos os casos de aborto.

Outro argumento que parece ir na direção da defesa, pela ministra, da defesa do direito ao aborto em todos os casos é exposto da seguinte forma: "Se para algumas mulheres esta é experiência a ser realizada, para outras é encargo que lhe supera as forças, fardo prejudicial à saúde mental e emocional". Mas o mesmo argumento é restringido à situação da ação: "A mulher gestante de feto anencéfalo vive angústia que não é partilhável, pelo que ao Estado não compete intervir vedando o que não é constitucionalmente admissível como proibido". E então, enuncia mais um argumento válido para todos os casos de aborto: "Quem não é livre para conhecer e viver o seu limite não o é para qualquer outra experiência. Quem não domina o seu corpo não é senhor de qualquer direito. Pelo que a escolha é direito da pessoa, não atribuição do Estado". Este argumento não é levado às últimas consequências, pois, ao final, a ministra vota pela procedência da ação de modo a garantir à gestante, devidamente esclarecida e informada, o direito de manter ou interromper a gravidez de feto anencéfalo" (p. 236).

O ministro Ayres Britto foi outro a destacar o reconhecimento da autonomia da vontade da mulher, ao afirmar que, o que se pede, na presente ação, é que "(...) a autonomia de vontade da mulher gestante possa decidir sobre a interrupção de sua gestação, quando lhe parecer que essa gestação não passa de um arremedo de gravidez, pela antecipada certeza da frustração do processo em que ela própria, a gravidez ou a gestação, consiste. É esse focado entendimento que a autora tem como penalmente atípico ou não caracterizador de aborto" (p. 254). Como se nota, a autonomia da vontade restringe-se aos casos de anencefalia. Para diferenciar esse caso dos demais casos de aborto, enuncia "se todo aborto é uma interrupção voluntária de gravidez, nem toda interrupção voluntária de gravidez é aborto, para os fins penais".

A despeito dessa restrição, faz um verdadeiro conclame das liberdades da mulher, afirmando que "o grau de civilização de uma sociedade se mede pelo grau de liberdade da mulher".[15] E "se os homens engravidassem, a autorização, a qualquer tempo, para a interrupção da gravidez anencéfala já seria lícita desde sempre". "Ninguém pode impor a outrem que se assuma enquanto mártir, o martírio é voluntário".

Sobre a maternidade, o ministro afirma que ela confere à mulher um *"plus* de subjetividade" e que, em relação à interrupção da gravidez de feto anencéfalo, que o direito brasileiro protege essa decisão, pois ela é ditada "pelo mais forte e mais sábio dos amores, que é o amor materno, que é tão forte, tão sábio e tão incomparável em sua intensidade que é chamado, por todos nós, de instinto materno. Não se fala de instinto paterno, mas se fala de instinto materno" (p. 265).

O ministro Celso de Mello, ao apresentar o conflito que se coloca na ADPF 54, enuncia que o que está em questão é "a irrecusável magnitude do direito à vida em face dos valores que fundamentam os direitos sexuais e reprodutivos das mulheres (...), seu direito de decidir e de controlar a própria fecundidade", sendo que tais direitos estão assegurados pelos textos normativos resultados de sucessivas Conferências Internacionais das quais o Brasil fez parte. Ressalta a intersecção entre o público e o privado presente nos direitos reprodutivos e invoca a noção de "parentalidade responsável", "fundada no exercício consciente, pelas pessoas, dos direitos reprodutivos de que são titulares" (p. 323).

---

15 O texto é do voto do ministro Ayres Britto, mas ele o enuncia citando Charles Fourier.

182   Flávia Biroli e Luis Felipe Miguel (orgs.)

Aborto e direito ao aborto

Luiz Fux afirmou textualmente que "o aborto é uma questão de saúde pública, não é uma questão de direito penal" (p. 169-70). Durante o voto de Luiz Fux, o Relator interrompeu a leitura do voto para dizer que o aborto é realizado pela "classe A, com toda assepsia possível. No tocante aos menos afortunados, junto a açougueiros. Daí o serviço público realizar, por ano, cerca de 200 mil curetagens", em razão de aborto malfeito.

A ministra Carmen Lúcia faz um conveniente enquadramento do aborto, como algo que sempre causa sofrimento, e isso é feito de forma a garantir à mulher o menor sofrimento. Mais uma vez, esse argumento também poderia ser utilizado para a defesa do aborto em geral, como indicado em diversas passagens da seção anterior, mas é restringido ao caso de anencefalia.[16]

O direito ao aborto é uma das preocupações centrais do ministro Ricardo Lewandowski, não para declará-lo, mas para que o julgamento do presente caso não abrisse as portas para inúmeros outros casos de abortos, e principalmente de abortos eugênicos: "retrocederíamos aos tempos dos antigos romanos, em que se lançavam para a morte, do alto da Rocha Tarpéia, ao arbítrio de alguns, as crianças consideradas fracas ou debilitadas" (p. 248).[17]

O ministro Gilmar Mendes afirmou explicitamente que esse caso dizia respeito aos casos de aborto em geral. Neste aspecto fez um relato dos sistemas legais de diversos países, destacando a divisão e as divergências existentes sobre a concepção de vida e a definição do momento do início da vida, mas reconhecendo que:

"Estudos indicam que praticamente a metade dos países membros da Organização das Nações Unidas reconhece a interrupção da gravidez na hipótese de anencefalia do feto. Das 194 nações vinculadas à ONU, 94 permitem o aborto quando verificada ausência parcial ou total do cérebro fetal. Nessa listagem encontram-se Estados reconhecidamente religiosos, como Itália, México, Portugal e Espanha, além de Alemanha, África do Sul, França, Estados Unidos, Canadá e Rússia. Em quase todos esses países, a discussão sobre a

---

16 É o que se encontra na passagem: "O útero é o primeiro berço de todo ser humano. Daí haver de se enfatizar que todo aborto é sofrimento. O aborto é o reverso do parto. Todo parto é luz. O aborto é a negação da luz. A mulher que procuraria uma roupa para vestir o filho é a que passa a buscar a mortalha com que romperá o parto de dor e frustração" (p. 221).

17 O ministro apresenta essa argumentação também para defender que a competência para tratar da matéria é do Legislativo, e não do Judiciário.

possibilidade de interrupção da gestação de fetos anencéfalos deu-se há mais de uma década, normalmente em debates relacionados à licitude do aborto, de um modo geral" (p. 277). A despeito dessas informações, o ministro não pretendeu estender o seu voto a um voto pró-aborto.

Cezar Peluso foi veemente contrário a qualquer tipo de aborto, salvo as exceções expressas no artigo 128 do Código Penal. De acordo com ele, não há que se afirmar autonomia da vontade em relação a conduta que é tipificada como crime. "Não obstante vozes respeitáveis defendam que 'o aborto pressupõe uma potencialidade da vida' fora do útero, para que se possa ter por configurado o aborto como crime basta, a meu juízo, e eliminação da vida, abstraída toda especulação quanto a sua viabilidade futura ou extrauterina" (p. 383). "O aborto provocado a feto anencéfalo é conduta vedada, e vedada de forma frontal, pela ordem jurídica".

A laicidade do Estado

A questão da laicidade foi central no debate desta ação, tanto é que fez parte do dispositivo do acórdão, em seu primeiro item, e de longo arrazoado do relator. Durante os debates, dignas de nota foram as intervenções de Cezar Peluso, reconhecendo a laicidade, mas conclamando os colegas à responsabilidade de suas decisões, e de Ayres Britto, fazendo um excurso incidental sobre a importância de Cristo. Diante dessa intervenção de Ayres Britto, o ministro Luiz Fux advertiu para o pluralismo presente no nosso ordenamento jurídico.

A laicidade do Estado foi afirmada também por Celso de Mello, mais uma vez citando Daniel Sarmento, da seguinte forma: a escolha da fé é de ordem estritamente privada, resguardada de qualquer interferência estatal e o Estado, por sua vez, é impedido de exercer sua atividade em apoio a princípios teológicos ou confessionais (p. 333 e ss.). Há um pluralismo científico e também religioso.

Para Cezar Peluso, não se tratava de discutir a laicidade do Estado, pois o caso é de crime tipificado pelo código penal.

Comentários

O que se percebe, a partir da análise dos dois julgamentos, é que houve uma preocupação bastante grande em afastar do alcance de ambos qualquer permissão genérica às mulheres de realizar aborto.

Chama a atenção o fato de que o aborto, uma prática concreta, real, foi tratado justamente como aquilo que não se poderia permitir, de forma abstrata, a despeito da concretude de sua ocorrência, e de, inclusive, o relator tê-lo apontado como "crime de classe", caracterização que já era feita por Simone de Beauvoir em 1949. Somente no voto de Rosa Weber, o aborto foi considerado como algo que também provoca sofrimento à mulher. Essa observação merece destaque porque afasta qualquer ideia de que o aborto possa ser utilizado largamente como método contraceptivo. Ele seria, neste caso, também uma espécie de penalização à mulher que não foi bem sucedida nas suas tentativas de evitar a gravidez. A despeito desse encargo, que já seria desproporcional, se considerarmos que o ato sexual desprevinido é realizado por homens e mulheres, a criminalização do aborto reforça a culpabilização pelo sexo sobre a mulher. A escolha pelo aborto, seria, então, pelas mulheres, a escolha pela "pena" menor para uma gravidez indesejada.

Chama a atenção também os votos do ministro Cezar Peluso, nos dois julgamentos, na medida em que coloca – no julgamento da ADI 3510 – como condição para caracterizar o aborto a existência de gestação no útero. É digna de nota, ainda, a diferença com que ele trata embriões fora do útero materno e embriões com a morte encefálica caracterizada. No primeiro caso, não há que se falar em descarte, no segundo, não há que se falar em sofrimento injusto da mulher. Não há problemas em que ela sofra, e muito, na medida em que o sofrimento foi fruto do acaso. Se o sofrimento é fruto do acaso – uma gravidez mal planejada – ele não é injusto. Para ele, pouco importa se a lei é severa demais, pois não há possibilidade de se discutir autonomia *contra legem*, ou seja, quando há um ato que é tipicado, segundo ele, inequivocamente, como crime.

O extremo dos votos de Peluso levam a um outro ponto digno de nota: enquanto para a concepção de vida e definição de início da vida houve discussões levantando diversos credos religiosos, diversas concepções científicas, a noção de maternidade assume um caráter absoluto e de acordo com um senso comum que contraria literatura bastante conhecida e inclusive citada pelos próprios ministros. Simone de Beauvoir foi citada algumas vezes e, decerto, ao menos o estudo de Elizabeth Badinter "Um amor conquistado - o mito do amor materno", poderia ter sido mencionado. Ou seja, para o conceito de vida, busca-se a interpretação mais sofisticada e para além dos limites da natureza. Para o sentido de mãe e de maternidade, nem mesmo se questiona em que momento ela começa. E tal contraste ocorre em uma época em que cada vez são mais numerosos os casos de adoção, há a possibilidade de que filhos sejam adotados somente por pais, e casais homoafetivos já podem adotar filhos em diversos países. Assim como se questiona o momento do início da vida, poderia (e deveria, no caso) ser questionado: em que momento alguém passa a ser mãe? Em que momento as obrigações decorrentes dessa condição devem se iniciar? Essas são perguntas não feitas provavelmente em decorrência de a maternidade estar relacionada com a *natureza* da mulher,[18] de uma forma que nem mesmo a *vida* parece estar para os seres humanos.

Enquanto somente o ministro Cezar Peluso atribuiu explicitamente caráter absoluto ao direito à vida – embora o tenha relativizado para os casos de embriões extrauterinos -, a maternidade, quando foi mencionada, o foi de uma forma idealizada e absoluta, sem questionamentos. A ministra que tirou um pouco o debate desse tom foi Carmen Lúcia, ao citar a seguinte passagem de *O Segundo Sexo*, de Simone de Beauvoir: "A esta mulher não fica a possibilidade de 'medir sua posse do mundo, (mas) não é possível medir no abstrato a carta que constitui para a mulher a função geradora: ... só a sociedade pode decidir dela. Segundo essa sociedade exija maior ou menor número de nascimentos, segundo as condições higiênicas em que se desenvolvam a gravidez e o parto, a escravização da mulher à espécie faz-se mais ou menos estreita'" (ADPF 54, p. 231). De um modo geral, para os ministros, a maternidade ou traz a alegria suprema, ou o sofrimento extremo, ao gerar um filho natimorto, no caso dos fetos anencéfalos. Nos dois casos, está presente um amor absoluto, que deve ser preservado e respeitado.

Nos demais votos, em geral, há uma coerência de concepção do direito à vida, nos dois julgamentos. No entanto, o que se observou foi justamente a sua definição, feita em cada voto, de acordo com o tema tratado. Além disso, as concepções de aborto foram tangenciadas e afastadas, ficando mais forte uma interpretação de que o feto *vivo* prevalece sobre a autonomia da mulher, e que esta, ao se tornar gestante, adquire um amor absoluto de mãe, e, acima de tudo, lhe é atribuído – ou imposto – o dever de levar a gravidez adiante. Ao que se depreende do que é sugerido e afirmado nos votos, tal dever somente se restringiria com o diagnóstico de morte do feto. Poderia ser argumentado que tais afirmações foram somente para, estrategicamente, convencer a opinião pública de que não se estaria banalizando o direito à

---

18 A vinculação da mulher à natureza é objeto de boa parte do estudo de BEAUVOIR. No aborto, ela se aplica com uma espécie de transmissão, ao feto, de uma proteção absoluta: "a Igreja autoriza ocasionalmente a morte de homens feitos: nas guerras ou quando se trata de condenados à morte; reserva porém para o feto um humanitarismo intransigente". (BEAUVOIR, 2009, p. 647)

vida ou dando à mulher um *plus* de subjetividade, como mencionado no julgamento. Espera-se que sim. Mas não seria mais conveniente dar à mulher uma condição plena de sujeito ao poder escolher se será ou não mãe, a partir do momento da concepção? Cezar Peluso argumentaria que não há que se falar em autonomia, se a conduta é tipificada. Mas é de destipificação, ou desconstrução do tipo penal de que se pode falar. Neste caso, se nem mesmo na vida em sociedade, a vida adquire valor absoluto, quando é admitida a guerra e inclusive disciplinada por legislação internacional e, quando, no âmbito jurídico nacional, são previstas as possibilidades de que ações tipificadas como crimes sejam cometidas em legítima defesa ou em estado de necessidade, ou em casos em que a conduta diversa é inexigível, por que o feto, em face da mãe, teria esse direito absoluto? Todas essas possibilidades foram mencionadas para os casos de anencefalia do feto. Mas, nesse caso, falar em *plus* de subjetividade é fácil porque talvez nem mesmo seja útil. A inexistência de vida já seria suficiente para afastar a tipificação do aborto para o caso de fetos anencéfalos. Resta atribuir essa subjetividade à mulher para todos os casos de gravidez.

Referências bibliográficas

ALEXY, Robert (2011). *Teoria da argumentação jurídica*. Rio de Janeiro: Forense.

ARENDT, Hannah (2002). "Verdade e política", em *Entre o passado e o futuro*. São Paulo: Perspectiva.

BADINTER, Elisabeth (1985) *Um amor conquistado: o mito do amor materno*. Rio de Janeiro: Nova Fronteira.

BEAUVOIR, Simone de (2009). *O segundo sexo*. Rio de Janeiro: Nova Fronteira.

BRASIL – Supremo Tribunal Federal. "Inteiro teor de acórdão na Ação Direta de Inconstitucionalidade n°3510/DF". Relator: Ayres Britto. Publicado em 28/5/2010. Disponível em http://redir.stf.jus.br/paginadorpub/paginador. jsp?docTP=AC&docID=611723. Acessado em 16/6/2014.

BRASIL – Supremo Tribunal Federal. "Inteiro teor do acórdão na Ação de Descumprimento de Preceito Fundamental n°54/DF". Relator: Marco Aurélio. Mello Publicado em 25/4/2012. Disponível em http://redir.stf.jus.br/paginadorpub/paginador.jsp?docTP=TP&docID=3707334. Acessado em 20/5/2013.

HABERMAS, Jürgen (2012). *Teoria do agir comunicativo*. São Paulo: Martins Fontes.

LUKER, Kristin (1984). *Abortion and the politics of motherhood*. Berkeley: University of California Press.

RAWLS, John (2002). *Uma teoria da justiça*. São Paulo: Martins Fontes.

RODRIGUEZ, José R. (2013). *Como decidem as cortes? Para uma crítica do direito (brasileiro)*. São Paulo: FGV.

WALZER, Michael (2003). *Esferas da justiça: uma defesa do pluralismo e da igualdade*. São Paulo: Martins Fontes.

O ABORTO E AS ELEIÇÕES DE 2010
O papel do jornalismo na definição dos discursos conservadores

Denise Maria Mantovani

Nas eleições de 2010, a polêmica sobre o aborto, tornou-se o principal assunto da cobertura eleitoral no segundo turno, centralizando a agenda jornalística daquele período.[1] Porém, não houve uma discussão efetiva sobre a descriminalização ou a legalização do direito ao aborto no Brasil. Também não houve um debate em torno do direito autônomo das mulheres sobre seu corpo, aspecto central quando se trata de discutir a laicidade do Estado ou o aprimoramento de valores que ampliam a igualdade entre sujeitos (homens e mulheres) nas democracias liberais. Neste capítulo, demonstro que a maior parte das fontes que ocupou o noticiário para tratar do tema no período de julho a outubro de 2010 era formada por representantes das igrejas (principalmente católica e evangélica, de matiz pentecostal) e do campo político, sobretudo os candidatos a presidente da República Dilma Rousseff (Partido dos Trabalhadores – PT) e José Serra (Partido da Social Democracia Brasileira – PSDB), além de representantes partidários.

Dessa forma, a temática do aborto foi transformada num instrumento da disputa eleitoral por setores do campo religioso e político e assim tratada na cobertura jornalística dos principais jornais comerciais de circulação nacional, que orientaram sua cobertura noticiosa para uma perspectiva estratégica, com ênfase para a exploração dos embates entre os candidatos, na defesa ou no ataque, tendo o aborto como centro da disputa. Assim, a cobertura jornalística incorporou em suas páginas a abordagem do aborto como parte das estratégias

---

1   Este capítulo parte das reflexões produzidas no estudo de tese de doutorado da autora, *Quem agenda a mídia: um estudo de agenda-setting a partir da tematização do aborto nas eleições de 2010*", defendida no Instituto de Ciência Política da UnB, em 2014.

da luta eleitoral pela conquista dos votos do eleitorado religioso, em que a principal preocupação era saber quem levaria vantagem na conquista desses votos.

A forma como o assunto tornou-se o centro da agenda jornalística é um aspecto importante da reflexão. As ênfases de agentes religiosos e políticos contrários à pratica do aborto foram predominantes nos enquadramentos noticiosos sem qualquer espaço para um debate mais equilibrado com outras posições que pudessem, por exemplo, defender o direito à autonomia das mulheres sobre seu corpo, ou à importância de preservar a laicidade do Estado. A análise dos textos publicados nos jornais *O Globo*, *Folha de S. Paulo* e *O Estado de S. Paulo* indica que os veículos reforçaram em sua narrativa uma cobertura que colaborou para reforçar posicionamentos socialmente conservadores, determinado pelas igrejas em seu movimento de persuasão aos fiéis contra o voto "naqueles que defendem o aborto". Dessa forma os limites da controvérsia foram menos sobre o aborto e mais sobre a competição entre os dois candidatos tucano e petista na disputa pelo voto do eleitorado religioso.

Um dos aspectos que orienta este estudo parte da compreensão de que o campo jornalístico é uma esfera importante na construção da realidade e na forma como os indivíduos organizam os acontecimentos registrados em seu cotidiano. Em sociedades livres, democráticas e altamente midiatizadas como a brasileira, os órgãos de informação de massa possuem grande relevância não apenas por sua capacidade de propagar massivamente uma informação a um grande e diversificado público. Mas porque *os media* são agentes importantes no processo de seleção e definição dos acontecimentos considerados "públicos", sobretudo porque a narrativa noticiosa produz efeito na interpretação e compreensão dos acontecimentos. Por isso o campo jornalístico não pode ser visto (ou tratado) como um espaço neutro em que os episódios são simplesmente narrados uma vez que o campo jornalístico age sobre as mensagens construídas, influencia a imagem dos políticos, reforça perspectivas, constroem sentidos no plano simbólico e ativa percepções (Salgado, 2012, p. 249).

Por essa razão, não é possível considerar o campo da mídia como um agente "desinteressado", funcionando somente como uma "arena" em que forças sociais distintas travam uma luta simbólica e os atores do campo jornalístico não interagem com essas disputas e a diversidade de controvérsias e interesses em jogo. Também não é possível considerar o campo da mídia como uma esfera "impermeável" aos conflitos ou mesmo distante dos jogos e interesses que orientam as lutas políticas e a construção de sentidos. Mesmo que não produza efeito imediato, como a alteração do voto do eleitor, o campo jornalístico pode predispor o cidadão a determinadas preferências partidárias ou posicionamentos ideológicos. Também pode reforçar ideias e opiniões sobre os indivíduos (Salgado, 2012, p. 230). É sobre estes aspectos que a reflexão apresentada neste capítul pretende se debruçar.

As campanhas eleitorais modernas são o que se pode chamar de *media events* (Dayan e Katz, *apud* Salgado, 2012, p. 232), um acontecimento programado que envolve uma diversidade de instrumentos e mecanismos de informação e persuasão com atores de campos simbólicos distintos em dinâmicas que se interligam e produzem uma intensa competição em torno da agenda e das ideias que devem mobilizar o debate eleitoral. Como não poderia deixar de ser, essa intrincada interação produz efeito na construção do noticiário. A análise sobre a presença da temática do aborto nas eleições de 2010 permite observar as relações de força entre agentes que atuaram na produção da agenda noticiosa, dentro e fora do campo jornalístico, e a disputa pelo controle e direção dessa agenda. Permite, também, compreender o papel da mídia como "sujeito coletivo", com a função de dar coerência e homogeneidade a posicionamentos, demonstrando que as relações de comunicação são relações de poder assimétricas.

O problema central desse estudo tem origem no questionamento sobre os elementos que contribuíram para o ingresso do aborto na agenda jornalística das eleições de 2010 e quais os atores que definiram os limites dessa controvérsia na cobertura jornalística. A definição do escopo e do período de análise procurou atender os seguintes objetivos: a) identificar como e por que a temática do aborto ocupou espaço relevante no noticiário político-eleitoral; b) entender o contexto, as hierarquias e os processos de interação entre o campo jornalístico e os diferentes grupos sociais; c) observar as vozes que se fizeram presentes no noticiário e quais enquadramentos noticiosos orientaram essa presença; d) observar as vozes ausentes de forma a compreender as assimetrias e os limites das controvérsias organizadas pela mídia; e f) compreender a dinâmica competitiva na definição da agenda político-eleitoral e os limites do pluralismo no campo jornalístico. O escopo da pesquisa reúne 504 textos noticiosos e de opinião que foram publicados nos três principais jornais de circulação nacional que são os carros-chefe de grandes empresas privadas de comunicação no Brasil: A *Folha de S. Paulo* (Grupo Folha), *O Estado de S. Paulo* (Grupo Estado) e *O Globo* (Organizações Globo). Esses textos foram divididos em dois grupos. O primeiro é formado por textos informativos elaborados a partir do contato dos jornalistas com fontes diversas, que foram reproduzidos em reportagens e em notas de colunas fixas de política. Esse grupo corresponde a um conjunto de 361 textos. No segundo estão textos de opinião que se encontram nos editoriais, colunas, artigos e entrevistas e compõem um universo de 143 textos. A separação entre esses dois segmentos permitiu identificar as vozes presentes nos textos informativos e as ausentes, revelando posicionamentos dominantes na narrativa jornalística. Dessa forma, tornaram-se visíveis os atores, as perspectivas e os argumentos que organizaram a cobertura eleitoral em que o aborto foi tratado como tema central.

A análise do corpus da pesquisa compreende o período de 11 de julho, data do jogo final da Copa do Mundo, até o dia 31 de outubro, dia da votação em segundo turno das eleições para presidente. Embora o período eleitoral tenha se iniciado oficialmente em cinco de julho, optou-se neste estudo por considerar o final da Copa como o marco inicial para a pesquisa porque é a partir dessa fase que tradicionalmente as atenções do noticiário passam a concentrar-se nas eleições. O artigo analisa aspectos teóricos e empíricos que confirmam o uso do aborto como instrumento da disputa eleitoral entre os candidatos e suas estratégias para conquistar votos, sem tratamento para questões centrais que ainda permanecem sem avanços.

Como o aborto ingressou na disputa eleitoral

O ingresso da temática do aborto nas eleições de 2010 é revelador, também, da atuação estratégica do campo religioso no debate político eleitoral. A mobilização de setores das igrejas em torno da utilização do tema como argumento de persuasão sobre os fiéis para a escolha do candidato à presidência supostamente teria provocado impacto sobre o eleitorado religioso. Esse foi um aspecto destacado pelos jornais para explicar a queda na intenção de votos da candidata Dilma Rousseff (PT) revelada em sondagens de opinião publicadas no final de setembro. Essa nova realidade provocou o deslocamento da agenda jornalística, inicialmente dominada pela atenção aos escândalos políticos, e colocou o aborto no centro da cobertura do segundo turno.

Para contextualizar o ambiente eleitoral é importante lembrar que o ano de 2010 se iniciou com a polêmica envolvendo o lançamento da terceira edição do Plano Nacional de Direitos Humanos (PNDH3), ocorrido em 21 de dezembro de 2009. Houve uma forte reação de pelo menos quatro setores da sociedade civil e de seus representantes no parlamento e no Governo Federal: os ruralistas, contrários ao documento lançado pela Secretaria Nacional dos Direitos Humanos porque propunha a realização de audiências públicas antes de reintegrações de posse de terras ocupadas; os militares, contrários à instalação da Comissão da Verdade para revisar os atos dos agentes do Estado durante a ditadura; a mídia, pela proposta de criação de uma comissão para acompanhar a abordagem dos direitos humanos nas emissoras e a renovação dos canais de rádio e TV; e as igrejas, pela defesa do direito ao reconhecimento da união civil entre casais do mesmo sexo e a descriminalização do aborto, entre outros temas (Cantanhêde, 2010, p. A6).

No caso das igrejas, é plausível que a polêmica envolvendo o PNDH3 tenha originado uma mobilização no interior do campo religioso, semeando o ambiente para construir uma narrativa antiabortista dirigida aos fiéis com objetivo de atuar no processo de escolha dos indivíduos no momento da decisão do seu candidato a Presidente. Embora os meses iniciais de 2010 não façam parte do escopo da pesquisa, é importante considerar esse aspecto como parte do ambiente pré-eleitoral entendendo que, muitas vezes, o debate eleitoral é resultante de uma dinâmica de disputas, interações e de construção de significados entre candidaturas políticas, suas estruturas organizacionais de campanhas, o campo da mídia e sua capacidade de moldar o contexto da realidade que se inicia muito antes do período oficial definido pelo Tribunal Superior Eleitoral. Além disso, o ambiente eleitoral também é resultante de fatores exógenos a esses dois campos numa dinâmica em que os diversos grupos e agentes sociais também buscam exercer influência na definição do que será o centro da disputa político eleitoral.

É nesse ambiente de conflito de posições que se deu a atuação de setores do campo religioso. Contrários à descriminalização do aborto, seus representantes organizaram uma ação de combate ao governo petista e à candidata Dilma Rousseff (PT) em suas esferas de atuação, utilizando ferramentas de comunicação digital (e-mails e mensagens e vídeos publicados em redes como *Youtube*, *Twitter* e *Facebook*), além de canais próprios de comunicação tradicional (panfletos, cartas, sermões em cultos e missas, documentos oficiais das igrejas, jornais próprios, emissoras de TV e de rádio com programação religiosa) para chamar a atenção de seus fiéis contra a descriminalização do aborto e a união civil entre pessoas de mesmo sexo conclamando os fiéis a não votar em candidatos que apoiassem essas temáticas.

Essa mobilização ocorreu durante o primeiro turno das eleições de forma paralela à cobertura do campo jornalístico, sendo propagada numa arena externa à mídia, distante do noticiário convencional que não deu atenção ao tema e tampouco repercussão na cobertura eleitoral do primeiro turno. O ingresso da polêmica do aborto nas eleições de 2010 aponta para a crescente importância de outros agentes e outros espaços de comunicação que cada vez mais vem disputando com os grupos de comunicação tradicionais a definição da agenda pública, sobretudo a partir da massificação da internet e suas ferramentas de comunicação. No entanto, é importante ressalvar que a temática do aborto nas eleições tornou-se um assunto "público", com amplitude e repercussão de massa, quando passou a ser tratada de forma intensa pelos veículos tradicionais do campo jornalístico, nesse estudo observado pelos três jornais supracitados.

A diferença da cobertura jornalística entre o primeiro e o segundo turno eleitoral são bastante visíveis. Durante o primeiro turno, o noticiário jornalístico estava voltado para a exploração de escândalos políticos associados ao governo Lula. Denúncias sobre desvios ou uso irregular de verbas públicas, falta de cumprimento das metas econômicas, aplicação de recursos em saúde, educação e infraestrutura abaixo das metas previstas, além de acusações de "maquiagens" na execução do orçamento das obras, faziam parte do noticiário eleitoral. Além desses, o escândalo da quebra do sigilo fiscal de integrantes do PSDB organizou a agenda noticiosa de forma intensa e homogênea, construindo um ambiente de "crise política" com o suposto "aparelhamento político" da receita federal.

O aborto entra na capa dos jornais no dia 28 de setembro, quando a *Folha de S. Paulo* publicou os dados de uma pesquisa Datafolha que mostravam a candidata Dilma Rousseff na frente, com 51% das intenções de voto, mas a diferença entre ela e os outros candidatos, que fora de 14 pontos havia duas semanas, "quando surgiu o escândalo na Casa Civil", agora estava em dois pontos ("Dilma cai em todas as regiões e crescem as chances de segundo turno"; ver Dilma, 2010d). As chances de haver segundo turno tornavam-se cada vez mais evidentes.

Os jornais *O Estado de S. Paulo* e *Folha de S. Paulo* se preocupavam em demonstrar que havia uma intensa movimentação na coordenação das campanhas com o objetivo de rever estratégias para, no caso de Dilma, estancar a queda, e, no caso dos adversários José Serra (PSDB) e Marina Silva (Partido Verde – PV), garantir a passagem para o segundo turno ("Chance de 2° turno altera as estratégias das campanhas", *O Estado de S. Paulo*, 29/9/10, manchete; "De olho no segundo turno, Marina ataca Dilma e Serra", *O Globo*, 27/9/10, manchete).

No dia 29 de setembro, a *Folha de S. Paulo* e o *Globo* destacaram o apelo de Dilma à militância para tentar "frear a perda de votos". A *Folha* fez o primeiro registro sobre o aborto em sua capa nessa data, ao tratar o assunto como uma das possíveis causas para a queda nas intenções de voto: "O PT identificou três motivos para a queda: o clima de 'já ganhou', o caso Erenice Guerra e boatos entre religiosos de que Dilma aprova o aborto e o casamento gay" ("Dilma tenta frear perda de voto com apelo à militância"; ver Dilma, 2010e).

No dia 30 de setembro, os jornais *O Estado de S. Paulo* e *O Globo* destacaram em manchete o aborto como tema central da disputa eleitoral. O jornal paulista afirmava que a preocupação da candidata Dilma Rousseff (PT) com "a perda de votos entre os cristãos por causa da polêmica sobre o aborto" fez com que ela reunisse padres e pastores "para dizer que nunca defendeu a interrupção da gravidez" e que a confusão em torno desse assunto "é vilania de quem está perdendo as eleições". O *Estadão* registrou, também, que a polêmica nasceu por declarações feitas pela candidata em outras ocasiões. O texto na capa cita ainda as declarações do candidato José Serra (PSDB) ironizando a mudança de opinião da candidata. A mesma crítica é destacada nas falas da candidata Marina Silva (PV): "[Dilma Rousseff] já disse que era favorável e depois mudou" ("Polêmica do aborto faz Dilma se explicar a líderes cristãos", ver POLÊMICA, 2010). No dia 30 de setembro, a *Folha de S. Paulo* destacou nova pesquisa Datafolha, em que Dilma "estanca a queda" ao oscilar positivamente em um ponto e ficar com 52% dos votos válidos ("Dilma interrompe queda"; ver DILMA, 2010f).

O motivo da queda nas intenções de voto de Dilma Rousseff (PT)

A queda nas intenções de voto da candidata Dilma Rousseff (PT), revelada pelos institutos de pesquisa no final de setembro, poderia ser explicada pelo acúmulo de notícias negativas definidas pela agenda dos escândalos políticos envolvendo os petistas no Governo Federal ou vinculados à candidata do partido. Essa era a ênfase defendida pelos jornais em seus editoriais ou textos jornalísticos. Porém, houve um "fato novo": a constatação, através das pesquisas eleitorais, de que, efetivamente, a polêmica sobre o aborto havia produzido um efeito mais corrosivo à candidatura petista no eleitorado religioso, ao longo do primeiro turno. A mudança nas intenções de voto, portanto, não fora provocada pelas manchetes tradicionais [centradas no escândalo político], uma vez que o tópico aborto, nunca foi destaque da chamada "grande mídia" no primeiro turno.

Numa reportagem do *Estado de S. Paulo* de 2 de outubro sob o título "Após polêmica, Dilma caiu entre os evangélicos", o jornal apresentou uma pesquisa do Instituto Brasileiro de Opinião Pública e Estatística (IBOPE) tendo como recorte a religião declarada do eleitor. A reportagem mostra que em duas semanas "a candidata do PT teve uma queda de sete pontos percentuais nesse segmento do eleitorado [evangélicos], enquanto Marina e Serra cresceram". Segundo o texto, "a partir do começo de setembro, a candidata do PT começou a perder apoio entre os evangélicos". Até então, de acordo com a matéria, a preferência religiosa não era um fator preponderante na escolha do voto. O jornal indica o momento em que esse quadro começa a mudar:

> A evolução da rejeição à Dilma mostra que algo novo começou a acontecer no início de setembro. De repente, começou a aumentar o número de eleitores evangélicos que diziam que não votariam na petista de jeito nenhum. Como a rejeição não aumentou nos demais eleitores era sinal de que havia algum problema novo na relação de Dilma com os evangélicos. [...]. Em outras palavras, a polêmica em torno da legalização do aborto pode ter tido um peso maior no refluxo das intenções de voto de Dilma nesta reta final de campanha do que as denúncias de corrupção no governo e os ataques de Lula à imprensa (Toledo, 2010, p. A15).

O texto, assinado pelo colunista do jornal José Roberto de Toledo, reconheceu que a temática dos escândalos políticos foi suplantada pela polêmica do aborto e também registrou que havia outro espaço onde os atores políticos atuavam sem os filtros e os controles do campo jornalístico tradicional e as redações dos jornais não estavam com a devida atenção: esse ativismo ocorreu pela internet. "A campanha 'viral' pela internet foi feita usando vídeos com declarações de Dilma em 2007 e agora. Fato inédito, uma questão religiosa pode ser responsável pelo segundo turno, se ele acontecer" (Toledo, 2010 p. A15).

Exemplos como o citado acima demonstram que os jornais "perceberam" que havia algo acontecendo fora de seu campo de atuação (e controle), a partir dos resultados das pesquisas eleitorais. E mais, que essa "novidade" poderia mudar o curso do resultado eleitoral. A confirmação de realização do segundo turno é o fator central que muda todo o contexto da cobertura noticiosa. Diante da percepção dos efeitos da polêmica, o campo jornalístico adaptou-se a essa realidade.

Às vésperas da eleição, ainda no primeiro turno, o ambiente eleitoral já estava dominado pela agenda religiosa. Embora ainda permanecessem na pauta dos jornais os escândalos envolvendo o "Caso Erenice", esse tema já dividia a agenda midiática, conforme registrou *O Estado de S. Paulo* de 10 de outubro. Nesse dia, os jornais apresentam imagens da visita ao papa Bento XVI, no Vaticano, do então presidente Lula, acompanhado da primeira-dama, Marisa Letícia, e da candidata Dilma Rousseff (PT). O texto e o título da reportagem ("Eleição mostra influencia das igrejas") tentavam explicar os motivos da "invasão de temas morais e religiosos" na campanha:

> A estridência com que o debate moral e religioso emergiu para o topo da agenda nessa eleição presidencial criou a sensação de aumento da

influencia das igrejas sobre o voto e, de que, os candidatos – em especial Dilma Rousseff – foram pegos de surpresa e vitimados pelo dilúvio bíblico. Mas a religião está intensamente envolvida na política brasileira desde que o Descobrimento foi celebrado com uma missa. E os políticos têm lutado pelo voto religioso com a mesma sofreguidão que os pastores e bispos têm buscado influência e poder – seja por lobby ou participação direta nos partidos (Sant'Anna, 2010, p. A11).[2]

A "invasão" do aborto na cobertura jornalística do segundo turno

A análise quantitativa dos textos que compõem o corpus desta pesquisa, assim como a observação da presença dessas menções entre o primeiro e o segundo turnos, demonstra a transformação da agenda: houve um crescimento na intensidade de textos com referências ao aborto a partir do segundo turno eleitoral. Essa intensidade associada à saliência permite identificar com precisão a mudança no comportamento jornalístico em relação à abordagem do aborto nas eleições de 2010.

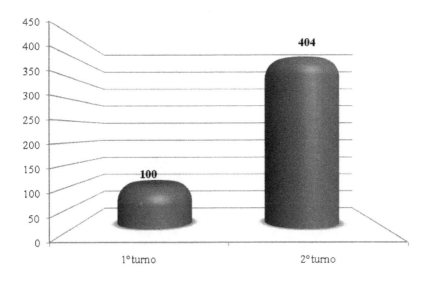

GRÁFICO 1
*Menções acumuladas em textos no primeiro e no segundo turnos eleitorais em 2010**

---

2   A manchete desse dia no *Estado de S. Paulo* ainda tratava do caso Erenice: "Nomeado de Erenice aprovou superfaturamento nos Correios" (*O Estado de S. Paulo*, 10/10/10, manchete).

*Total de 504 textos com menções ao aborto encontrados nos jornais *Folha de S. Paulo*, *O Estado de S. Paulo* e *O Globo* no período de 11 de julho a 31 de outubro de 2010. Primeiro turno - período: 11/07 a 3/10, data da eleição em primeiro turno em 2010. Segundo turno - período: 4/10 a 31/10, data da eleição em segundo turno em 2010.
Fonte: MANTOVANI, 2014.

O cruzamento entre o total de textos com menções ao aborto – 504 textos presentes no escopo da pesquisa –, e o período eleitoral dividido entre o primeiro e segundo turnos revelam a presença maciça de textos tratando da polêmica sobre o aborto no segundo turno eleitoral. Os 404 textos encontrados no segundo turno (Gráfico 1) representam 80% do total de textos presentes na pesquisa. Isso demonstra a extrema concentração na abordagem do assunto a partir de outubro.

A maior parte da cobertura jornalística do primeiro turno nunca deu relevância para o aborto. Conforme já referido, a situação muda drasticamente no final de setembro e, então, o aborto assume preponderância e grande saliência na capa dos jornais.

GRÁFICO 2
*Menções ao aborto nas capas dos jornais, 11 de julho a 31 de outubro de 2010**

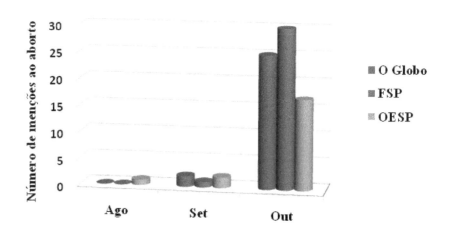

*Total de referências ao aborto nas capas: 79
As capas observadas se referem aos 74 dias em que o tema aborto esteve presente no interior das edições, dentro do universo de 112 dias observados, que vai de 11 de julho a 31 de outubro de 2010.
Em alguns casos, o aborto foi referido mais de uma vez na mesma capa/edição.
Fonte: MANTOVANI, 2014.

A mudança no comportamento da mídia ocorre exatamente no final de setembro (dias 29 e 30). Conforme o gráfico 2 demonstra, das 79 referências ao aborto na capa dos três jornais, 86% delas (68 referências) ocorreram a partir de outubro. Ao analisar a capa dos jornais, é possível perceber que as manchetes sobre os escândalos políticos deram lugar à polêmica do aborto, a partir da constatação da queda nas intenções de voto na candidata petista.

A mudança na intensidade e frequência das menções diárias no final de setembro, quando fica caracterizado o agendamento efetivo do aborto na agenda jornalística. A partir do dia 5 de outubro, dois dias após a eleição em primeiro turno, e já com os resultados da primeira votação apurados, o aborto passa a ser tratado de forma intensa e diária pelos três jornais observados. No Gráfico 3, abaixo, é possível perceber a mudança nas menções ao aborto com um crescimento vertiginoso a partir de outubro.

GRÁFICO 3
Menções acumuladas por mês, de julho a outubro de 2010

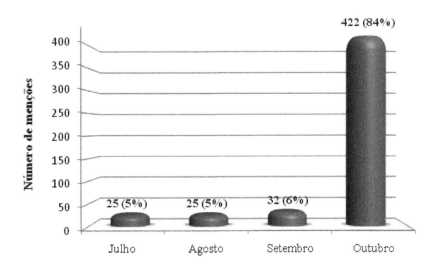

Fonte: MANTOVANI, 2014.

Do total de 504 textos que compõem o *corpus* desta pesquisa, 422 (84%) estão publicados nas edições de outubro. Nos dois primeiros meses de observação, julho e agosto, foram encontrados 25 textos (5% do total) em cada mês, considerando as referências nos três jornais analisados. Em setembro foram 32 citações (6% do total).

O aborto nas reportagens:
A estratégia eleitoral presente no noticiário

As notícias são, na verdade, o resultado de um conjunto de ocorrências selecionadas pelos agentes do campo jornalístico e transformadas em "acontecimento público" através da propagação e divulgação pelos meios de comunicação. É essa característica que dá ao campo jornalístico importância estratégica nas sociedades modernas, por ser reconhecida como uma esfera "legítima" para dar significado aos acontecimentos e oferecer uma "narrativa" aos episódios, com visibilidade e propagação capaz de tornar esses acontecimentos tema de discussão pública.

A forte presença na cobertura política e nos cadernos especiais de cobertura eleitoral permite considerar que houve uma preocupação no interior das redações dos jornais para cobrir a polêmica sobre o aborto vinculando o tema à competição eleitoral. Dos 504 textos presentes na pesquisa, 361 (72%) estão nas editorias de política, seguidos pelos espaços exclusivos de cobertura eleitoral (cadernos especiais), com 62 textos (12%). Se somarmos os textos presentes nos dois grupos teremos 423 textos ou 84% das referências ao aborto estavam na cobertura noticiosa das eleições.

Outro dado a ser destacado é a grande concentração dos textos na reportagem. Foram 326 textos (65%) do total dessa pesquisa, sendo que 322 deles (99%) estavam nas reportagens sobre a cobertura eleitoral presentes nas editorias de política (O País/Poder/Nacional) e nos cadernos especiais Eleições 2010. Somente quatro reportagens (1%) foram produzidas para os cadernos de Saúde/Ciência/Vida.

É fato que os agentes do campo político e setores religiosos construíram situações, eventos ou acontecimentos que tornaram a temática do aborto uma agenda vinculada às estratégias eleitorais. Uma evidência da forte mobilização de segmentos religiosos na disputa pela direção da agenda de debate público nas eleições de 2010 foi registrada pelos jornais de 29 de outubro. Nessa data, os impressos estamparam nas manchetes declaração do papa Bento XVI pedindo que o eleitor brasileiro considerasse a questão do aborto na hora de votar ("Papa cobra ação de bispos do Brasil contra o aborto", *Folha de S. Paulo*, 29/10/10, manchete; "Papa quer que eleitor no Brasil considere o aborto", *O Estado de S. Paulo*, segunda manchete). A manchete de *O Globo* informa que a manifestação do papa Bento XVI foi motivada por mobilização de bispos brasileiros moderados e conservadores ("Pressão de bispos dá certo e papa interfere na eleição", *O Globo*, 29/10/10, manchete).

Esse episódio permite demonstrar que a agenda jornalística não é algo estanque ou definido apenas por um bloco coeso e monolítico de agentes vinculados ao campo jornalístico. Ao contrário, em alguns casos, ela pode ser o resultado de uma intensa competição entre agentes de campos simbólicos distintos, que atuam para orientar o centro do debate público.

A competição pela definição da agenda jornalística

Os dados da pesquisa empírica revelam que houve uma competição pela definição da temática central para a cobertura eleitoral no segundo turno. No início de outubro, os escândalos políticos foram explicitamente defendidos pelos jornais em diversos editoriais como o assunto socialmente mais relevante e com maior impacto sobre a campanha eleitoral do que a utilização de um tema orientado pelo conservadorismo religioso. A mudança no comportamento da cobertura jornalística no segundo turno indica que o agendamento do campo jornalístico ocorreu por fatores exógenos aos seus controles e filtros, o que motivou reorientar a cobertura para a nova agenda, embora não concordassem com ela.

Os dados da pesquisa também revelam um paradoxo entre as posições expressas nos textos de opinião e a incorporação do tema na agenda jornalística. O uso da temática do aborto nas eleições foi criticado pela maioria das opiniões expressas nos impressos. Seja pelos editoriais, por articulistas eventuais ou colunistas fixos dos jornais, todas as posições condenaram a exploração do assunto no debate eleitoral. Mesmo assim, essa agenda foi intensamente explorada no noticiário dos três jornais. Por limitação de espaço, pretendemos observar mais atentamente as posições dos editoriais dos três jornais. A relevância dessa análise está no fato de o editorial ser um espaço importante para compreender o pensamento que orienta a redação do jornal.

> [O editorial] objetiva, acreditamos, influenciar outras arenas decisórias – tais como partidos políticos, movimentos sociais, representantes orgânicos de classes sociais, entidades profissionais, dentre outras –, pois revelam-se retransmissores potenciais da opinião do jornal. Por outro lado, o jornal, particularmente por meio do editorial, é o canal de expressão de determinados setores – no caso da grande imprensa, sobretudo as *camadas médias* e o *capital*. Trata-se, portanto, de uma relação dialética, compreensível somente pela observação sistemática do processo histórico e do posicionamento dos jornais perante esse processo. Mais ainda, o modo como os editoriais defendem determinadas ideias e posições e criticam outras permite-nos compreender *o sentido* das coberturas jornalísticas (Fonseca, 2005, p. 34, grifos no original).

Na temática sobre o aborto é possível perceber a relação "dialética" entre a posição dos jornais contrária ao uso do assunto como instrumento da disputa eleitoral e, posteriormente, a transformação do tema em centro da agenda de cobertura eleitoral. Dos 13 editoriais publicados sobre o tema no período observado, sete (54%) são da *Folha de S. Paulo*, todos publicados no mês de outubro, já no segundo turno eleitoral. *O Globo* publicou quatro (31%), e *O Estado de S. Paulo* dois editoriais, 15% dos 13 textos.

Folha de S. Paulo

A *Folha* foi o jornal que mais intensamente criticou, pelos editoriais, a abordagem do aborto na disputa eleitoral, com a média de um editorial por semana, do dia 6 até o dia 31 de outubro. O jornal paulista defendia que a ênfase nos escândalos políticos teria mais influência na mudança de intenção de voto dos eleitores e, por essa razão, entendia que este deveria ser o foco da cobertura da agenda eleitoral. Esse argumento foi expresso em editorial ("A fé nos boatos"), em que a empresa sustentava que as questões relacionadas à religião tiveram pouco peso na mudança das intenções de voto do primeiro para o segundo turno:

> Embora tenham dominado as especulações acerca das causas da fuga de votos da candidata Dilma Rousseff no primeiro turno, questões relacionadas à religião exerceram pouca influência no resultado. Revelações sobre irregularidades cometidas pela ex-ministra da Casa Civil, Erenice Guerra, e notícias relativas à quebra dos sigilos fiscais dos tucanos e parentes do ex-governador José Serra pesaram quase três vezes mais na decisão do eleitor (A FÉ, 2010, p. A2).

Para o jornal, apesar do aspecto negativo, a presença do aborto no debate eleitoral seria parte da estratégia da candidata Dilma de colocar-se como vítima de calúnia, pois, assim, "Dilma deixou em segundo plano o que mais importava – as explicações sobre os desvios na Casa Civil e os critérios que nortearam a escolha de Erenice Guerra para sua principal assessora e, posteriormente, ministra" (A FÉ, 2010, p. A2).

Outro aspecto importante do editorial mostra a disputa pelo controle da definição da agenda pública pelo campo tradicional da mídia:

> Os resultados apresentados pelo Datafolha reiteram, ainda, a função da imprensa na configuração do espaço público e do debate democrático. A internet constitui inestimável avanço técnico a ser-

viço de todos os campos da atividade humana. Por mais notável, porém, que seja sua contribuição na área das comunicações, é o jornalismo profissional e independente que, seja na forma impressa, seja na forma eletrônica, vem iluminando a disputa eleitoral (A FÉ, 2010, p. A2).

Aqui, está presente uma nuance que reforça os argumentos de que essa definição não foi determinada exclusivamente pelo campo da mídia e revela o esforço da empresa de reforçar o papel do "jornalismo profissional e independente" como agente legítimo na cobertura eleitoral.

O Globo

Apesar de ter publicado somente três editoriais no mês de outubro, o conteúdo desses textos não foi menos enfático e posicionado. No dia 8 de outubro, o jornal carioca expôs sua opinião sobre a condução da campanha eleitoral ("Fundamentalismo nas eleições"). É nesse texto que o jornal expressa sua preocupação com a forma como terminou o debate no primeiro turno reconhecendo o efeito da mobilização provocada fora dos espaços de controvérsias organizados pela mídia:

> A conclusão de que um fator decisivo na migração de votos de Dilma Rousseff, de formação de esquerda, para Marina Silva, militante verde e evangélica, e que teria viabilizado o segundo turno, foi uma *mobilização quase subterrânea* de grupos religiosos antiaborto ameaça estreitar ainda mais o campo de enfrentamento de ideias e propostas entre os dois candidatos finalistas. [...] Dilma Rousseff começou a campanha com citações do nome de Deus e negação da tese de descriminalização do aborto já defendida por ela publicamente assim como por seu partido, o PT. Resvala-se para o perigoso terreno da hipocrisia e, pior, deixa-se que um condenável fundamentalismo religioso defina o tom do segundo turno (FUNDAMENTALISMO, 2010, p. 6, grifo da autora).

Nesse extrato, o jornal também procura afirmar seu papel como o centro de um campo simbólico tradicionalmente responsável pela irradiação e organização do debate público. O registro desse editorial demonstra que os jornais compreenderam a necessidade de afirmação de seu papel como espaço legítimo para a definição das controvérsias, uma vez que um tema construído fora dos limites do campo jornalístico tradicional tornou-se a agenda do debate eleitoral no segundo turno.

O Estado de S. Paulo

No segmento dos grandes jornais brasileiros, O *Estado de S. Paulo* é o único que declara abertamente o seu candidato nas eleições presidenciais.[3] Na edição de 11 de outubro o jornal reforçou essa postura ao lembrar que o candidato da empresa é José Serra (PSDB). No entanto, o texto reclama que, ao invés de o pleito em segundo turno reafirmar valores do processo democrático e o amadurecimento do eleitorado, o debate está centrado numa discussão conservadora sobre o aborto:

> A sucessão foi sequestrada pelo ativismo de grupos mais conservadores de diferentes denominações cristãs. Num crescendo, à medida que se aproximava o dia do pleito, padres e pastores, numa variedade de meios exortaram os fiéis a não votar em Dilma Rousseff, sob a alegação de que, se eleita, patrocinaria a liberação total do aborto. Na internet foi ainda pior. Ela foi execrada sob a falsa acusação de ter dito que nem mesmo Jesus Cristo impediria seu triunfo no primeiro turno. Atribuíram-lhe, ainda, a intenção de permitir o casamento gay e a adoção de crianças por casais homossexuais. Com isso, não apenas submeteram a candidata a um verdadeiro auto de fé [...], como alçaram à agenda eleitoral uma questão que não está na ordem do dia do País (A SUCESSÃO, 2010, p. A3).

O segundo editorial do *Estadão* sobre o assunto foi publicado no dia 15 de outubro, sob o título "A caça ao voto religioso". Nele, o veículo analisa a evolução das preferências eleitorais dos entrevistados na primeira pesquisa feita pelo IBOPE no segundo turno, considerando que o mais revelador do levantamento "é a confirmação de que o voto religioso foi o que levou a sucessão ao tira-teima", o que explica o ingresso do tema nas propagandas eleitorais dos dois candidatos. Além da surpresa com a força da agenda religiosa no eleitorado, o jornal demonstra que houve um aproveitamento estratégico do tema nas eleições, com resultados importantes para os dois concorrentes:

> Dois movimentos parecem inequívocos. Primeiro, a migração de eleitores dilmistas sensibilizados pela campanha clerical que a acusava de ser 'a favor do aborto'. Em 2007 ela defendeu sem tergiversar a descriminalização da prática, além das situações em que é permitida – na contramão da maioria esmagadora (entre 70% e 80%) dos brasileiros. O segundo momento captado pelo IBOPE é a adesão a Serra – na proporção de 2 para 1 – dos eleitores religiosos da evangélica Marina Silva (A CAÇA, 2010, p. A3).

---

3   No segmento revista, a *Carta Capital* é outro veículo que também manifesta claramente sua posição perante seus leitores e assinantes.

Com alguma variação, portanto, os três jornais reconheceram que foram surpreendidos por uma ação promovida por segmentos religiosos conservadores que utilizaram a internet para propagar versões difamatórias à candidata Dilma Rousseff sobre suas posições em relação ao aborto. No entanto, os três impressos responsabilizaram a candidata por "usar o aborto" em suas estratégias eleitorais no segundo turno, mudando de forma oportunista sua opinião sobre a descriminalização como parte das estratégias para reverter a perda de votos de eleitores religiosos.

Mesmo contrários à abordagem do assunto, os jornais também readequaram a agenda jornalística à temática do aborto, sem, no entanto, aprofundar o assunto. Ao optar pelo "não debate", ou seja, pela cobertura exclusivamente concentrada na cobertura das estratégias dos candidatos, os veículos reforçaram um discurso antiabortista, apesar da crítica contundente ao uso do tema naquelas eleições. Nesse sentido, a mídia foi corresponsável pelo reforço e pela ênfase de posicionamentos conservadores que propagados no noticiário com o uso de fontes que legitimaram esses discursos.

O predomínio da visão religiosa e a legitimação de constrangimentos estuturais de gênero

Os discursos socialmente hegemônicos são reproduzidos como portadores de valores "universais" e os contradiscursos são muitas vezes silenciados ou não se tornam públicos, a não ser como "estereótipos verbais" (Miguel e Biroli, 2012, p. 69). O debate estereotipado ou mesmo a tímida presença de vozes em defesa do direito ao aborto e de sua descriminalização, em contraste com a grande presença de agentes do campo religioso e do campo político agindo como sujeitos definidores dos discursos dominantes, contrários ao aborto, são exemplos de uma narrativa legitimadora de constrangimentos estruturais de gênero.

O noticiário político de 2010 restringiu os limites das controvérsias sobre o aborto promovendo discursos que reafirmaram perspectivas morais socialmente dominantes, além de promover um estreitamento do leque de representações, estabelecendo barreiras e limites para uma pluralidade de posições presentes no mundo social (Miguel e Biroli, 2011, p. 73).

O enquadramento dominante do aborto como questão moral permitiu o ativismo cristão nas eleições de 2010, marcado pela agressividade em relação aos adversários e pela confusão entre questões de fé e questões de direito –

um potencial retrocesso no funcionamento de nossas instituições democráticas (Miguel e Biroli, 2012, p. 20).

Ao enfatizar determinados acontecimentos (e atores) em detrimento de outros, o campo jornalístico estabeleceu uma escala de proeminência definindo atributos e orientando a percepção pública sobre a polêmica provocando um determinado efeito na interpretação dos acontecimentos. Para compreender este aspecto é importante observar as abordagens teóricas vinculadas ao *enquadramento da notícia*, pois esses estudos chamam a atenção para as "perspectivas dominantes" das representações construídas pela mídia que podem permitir uma interpretação orientada sobre o item descrito na notícia a partir do contexto em que esses acontecimentos são construídos.

Sendo o campo jornalístico uma esfera compreendida pela sociedade como confiável e legítima para selecionar episódios da agenda política e apresentá-los aos leitores (Salgado, 2012, p. 245), a mídia pode designar uma importância desigual e valorizar determinadas posições quando decide "quem deve falar, sobre o que e em que circunstâncias" (Cook, 2011, p. 206).

Os enquadramentos noticiosos envolvendo a descriminalização do aborto nas eleições de 2010 estavam concentrados em dois eixos centrais: um, de ordem política, em que predominavam as ênfases nas "estratégias eleitorais" dos candidatos para conquistar o voto dos eleitores religiosos e para uma postura "oportunista" de mudança de posicionamento, atributo principalmente vinculado à candidata Dilma Rousseff (PT). O outro eixo estava voltado para a ênfase aos valores religiosos com destaque para a condenação do aborto por ser uma "prática contrária aos princípios da igreja" e na oposição entre o aborto e a "defesa da vida e da família".

Tais enquadramentos moldaram o cenário de abordagem do tema na disputa eleitoral, organizando um relato noticioso propício para ativar a desconfiança do eleitor sobre os candidatos, sobretudo a candidata Dilma Rousseff (PT), principal foco dos questionamentos sobre o aborto. Para a análise dos enquadramentos da notícia foi utilizado o software *Sphinx*, uma ferramenta que permite o cruzamento de dados quantitativos e qualitativos. Foram três estágios para a organização do material de pesquisa: seleção dos textos contendo a palavra "aborto", elaboração do questionário para a montagem do banco de dados, e preenchimento das respostas. Após a coleta e organização do material, foram estabelecidos os critérios de análise, com a definição da tipologia dos enquadramentos que compuseram o banco de dados deste trabalho.

Enquadramentos predominantes e seus principais registros nos jornais

A tabela 1, abaixo, consiste numa análise dos enquadramentos predominantes nos textos dos três jornais analisados. Note-se que o maior volume de textos está vinculado ao enquadramento relacionado às *estratégias dos candidatos na campanha eleitoral*, presente de forma relativamente equânime entre os três veículos. Dos 504 textos, 262 deles (52% do universo da pesquisa) têm como atributo predominante a ênfase nesse aspecto. Os três jornais observados preservam uma média de 50% dos textos nesse enquadramento, o que indica a homogeneidade e a frequência de vincular o tratamento do aborto a atributos associados às estratégias eleitorais dos candidatos.

TABELA 1
Enquadramentos predominantes x jornal

	O Globo	Folha de S. Paulo	O Estado de S. Paulo	Total
A defesa do aborto vai contra princípios da igreja	8% (13)	8% (17)	11% (17)	9% (47 textos)
Contra o aborto, em defesa da vida	6% (9)	6% (13)	6% (9)	6% (31 textos)
Ser contra o aborto é defender a família	0, 5% (1)	0, 5% (1)	0% (0)	0, 4% (2 textos)
Direito ao aborto é necessário para respeitar autonomia plena	0, 5% (1)	1% (3)	0% (0)	1% (4 textos)
Descriminalizar o aborto é questão de saúde pública	13% (20)	5% (11)	8% (12)	8% (43 textos)
Candidatos mudam de posição de forma oportunista	8% (13)	10% (21)	10% (16)	10% (50 textos)
Aborto faz parte das estratégias dos candidatos na campanha eleitoral	50% (76)	50% (101)	56% (85)	52% (262 textos)
A temática do aborto, quando tratada na campanha eleitoral tem efeito conservador e moralista	12% (19)	16% (33)	9% (13)	13% (65 textos)
Total	100% (152)	100% (200)	100% (152)	100% (504)

Fonte: MANTOVANI, 2014.

Ao examinar a ênfase predominante na maioria dos textos que serviram para "interpretar" o debate sobre o aborto nas eleições de 2010, é possível identificar qual foi a "influência potencial" de construção de "imagens, atitudes e opiniões" (McCOMBS, 2009, p. 184) produzidas pelo noticiário impresso durante o segundo turno da campanha eleitoral de 2010. A análise dos atributos permite considerar que os enquadramentos predominantes ofereceram ao leitor dos jornais um conjunto de argumentos com uma perspectiva conservadora sobre a temática do aborto, além de uma interpretação "eleitoreira" da conduta de políticos que teriam usado artifícios, artimanhas e estratégias de marketing para tratar do tema de forma "oportunista", tendo como objetivo conquistar (ou recuperar) o voto dos eleitores religiosos. Os enquadramentos vinculados às estratégias do campo político – *aborto faz parte das estratégias dos candidatos na campanha eleitoral* e *candidatos mudam de posição de forma oportunista* – também orientaram uma interpretação depreciativa às ações dos agentes políticos na disputa pelo voto.

Esses aspectos são relevantes na medida em que a construção do relato noticioso interfere na compreensão dos indivíduos sobre a realidade social. Da mesma forma, a visibilidade dos atores políticos feita pela mídia reforça determinadas posições, papéis sociais e estereótipos indicando que há uma relação entre "o que" é objeto de atenção da notícia e "quem" é objeto de atenção (MIGUEL; BIROLI, 2011, p. 24).

Da mesma forma a cobertura acanhada de certos argumentos é parte do mesmo mecanismo que define os limites para a controvérsia pública. A vocalização de determinados atores (e não de outros) na abordagem sobre o aborto e a forma como esses atores foram associados ao tema definiram o sentido da cobertura jornalística nas eleições de 2010.

Essas questões são relevantes para compreender o "delineamento" do quadro interpretativo dos acontecimentos e a ligação desses acontecimentos com "porta-vozes" que dão significado à narrativa. Excluídos os 143 textos de opinião e os 17 textos em que não houve fonte, temos 341 textos noticiosos, produzidos pelos jornalistas dos três jornais (68% do universo das 504 fichas presentes nesta pesquisa). A tabela 2, abaixo, permite identificar as vozes e os enquadramentos predominantes nesses textos jornalísticos.

TABELA 2
Vozes predominantes x enquadramento predominante nos textos noticiosos*

	Aborto vai contra princ. da Igreja	Contra aborto = defesa da vida	Contra aborto = defesa da família	Direito ao aborto necess. para auton. Plena	Descr. aborto = saúde pública	Candid. mudam posição de forma oportun.	Aborto é parte de estrat. eleitoral	Aborto no debate eleitoral tem efeito conserv.	Total
Candid. à presid.	5% (6)	3% (4)	0% (0)	0% (0)	7% (9)	16% (19)	63% (75)	4% (5)	35% (118)
Parlam.	12% (1)	12% (1)	0% (0)	0% (0)	0% (0)	0% (0)	62% (5)	0% (0)	2% (8)
Partidos políticos	0% (0)	1% (1)	0% (0)	0% (0)	2% (2)	8% (6)	86% (67)	2% (2)	23% (78)
Igreja (instit.)	47% (27)	24% (14)	2% (1)	0% (0)	0% (0)	2% (1)	19% (11)	5% (3)	17% (57)
Igreja (parl.)	7% (1)	7% (1)	0% (0)	0% (0)	0% (0)	0% (0)	77% (10)	7% (1)	4% (13)
Igreja (indiv. relig.)	25% (1)	0% (0)	0% (0)	0% (0)	0% (0)	0% (0)	25% (1)	50% (2)	1% (4)
Movim. soc. pró-aborto	0% (0)	0% (0)	0% (0)	0% (0)	100% (6)	0% (0)	0% (0)	0% (0)	2% (6)
Mov. soc. contra aborto	25% (1)	50% (2)	0% (0)	0% (0)	0% (0)	25% (1)	0% (0)	0% (0)	1% (4)
Espec./ pesquis./ univers.	9% (3)	0% (0)	0% (0)	0% (0)	22% (7)	3% (1)	29% (9)	35% (11)	9% (31)
Governo (federal, estadual, munic.)	14% (3)	0% (0)	0% (0)	0% (0)	18% (4)	0% (0)	50% (11)	18% (4)	6% (22)
Total	13% (43)	7% (23)	0% (1)	0% (0)	8% (28)	8% (29)	55% (189)	8% (28)	100% (341)

* A tabela se refere a 341 textos noticiosos.
* Os percentuais no interior do quadro referem-se à linha horizontal.
Fonte: a autora, 2014.

O recorte na linha horizontal confirma a concentração das vozes presentes no noticiário a grupos ligados ao campo político e religioso, vocalizados por candidatos à presidência (35%), representantes de partidos políticos (23%) e representantes das igrejas – institucionais ou parlamentares – (17%), totalizando 75% das vozes presentes nos textos. Ainda pela tabela 2, na coluna vertical, percebe-se a concentração dos textos noticiosos nos enquadramentos que definem o tratamento ao aborto em quatro categorias: a) aborto como parte das estratégias dos candidatos na campanha eleitoral (55%); b) a defesa do aborto é contrária aos princípios da Igreja (13%); c) reforçada pela ideia de que os candidatos mudam de posição de forma oportunista (8%); e d) da noção de que ser contra o aborto é defender a vida (7%). Tais dados demonstram a homogeneidade da cobertura tanto das vozes presentes no noticiário quanto do tipo de enquadramento voltado para uma determinada ênfase.

O cruzamento dos dados revela que a maior parte das falas dos candidatos à Presidência da República (63%) e dos dirigentes políticos (86%) estasvam vinculadas ao enquadramento no qual o aborto foi tratado como *parte das estratégias dos candidatos na campanha eleitoral*. Os seja, o contexto em que as declarações desses atores foram registradas associava as manifestações às estratégias eleitorais, com o objetivo de "conquistar o voto do eleitorado religioso". Por esse enquadramento é possível perceber que o aborto foi um tema usado como parte das estratégias eleitorais, em que o noticiário explorou o viés do jogo e das artimanhas políticas. Nesse mesmo enquadramento também foram encontradas vozes religiosas representando a Igreja Católica ou Evangélica (19%).

Enquadramentos religiosos:
O predomínio de valores conservadores na narrativa sobre o aborto

Além dos enquadramentos vinculados às estratégias políticas e eleitorais, citados acima, chama atenção a concentração dos textos num segundo grupo, vinculado ao viés religioso. Os textos em que os enquadramentos enfatizam que *a defesa do aborto vai contra os princípios da igreja* (43 ou 13% do universo de 341 textos) e defendem a ideia *contra o aborto, em defesa da vida* (23 textos ou 7% do total) somaram 20% (Tab 2). Se combinarmos os enquadramentos religiosos aos 55% de textos com enquadramentos ligados às estratégias eleitorais, identificamos em 75% dos textos noticiosos um conjunto de argumentos persuasivos que orientaram para uma "condenação" moral dos políticos tanto pela perspectiva religiosa como pelo uso do aborto como estratégia eleitoral.

As falas das fontes religiosas, representantes católicos ou evangélicos questionavam, sobretudo, as posições da petista em épocas anteriores e utilizavam essas manifestações como fato relevante para a escolha do eleitor. Além disso, as críticas contra a união homoafetiva e ao Programa Nacional de Diretos Humanos (PNDH 3), apresentadas pelo Governo Federal ao Congresso Nacional no final do exercício de 2009, eram igualmente citadas nesses textos como algo a ser pesado na balança contra a candidata petista, conforme enfatizavam as fontes presentes nos textos jornalísticos em que o enquadramento predominante teve uma ênfase religiosa.

Outra característica comum ao universo desses 75% de textos noticiosos é que não há registro de representação de posições favoráveis ao aborto, o que demonstra como a mídia pode privilegiar uma restrita seleção de discursos e, assim, reforçar posições e perspectivas socialmente já dominantes (MIGUEL; BIROLI, 2011, p. 50). Os dados mostram que o noticiário jornalístico deu visibilidade e reforçou um discurso moral sobre o aborto valorizando vozes e declarações que naturalizaram doutrinas religiosas como justificativas socialmente legítimas. A ausência de posições favoráveis à descriminalização do aborto nas reportagens como "contraponto" às posições dos representantes das igrejas reforçou o caráter desviante e "ilegítimo" dessas vocalizações. No enquadramento que enfatizava o *direito ao aborto necessário para respeitar a autonomia plena da mulher* (Tab 2) nenhum texto informativo foi encontrado.[4]

Dessa forma, quando a candidata Dilma Rousseff era questionada sobre a descriminalização do aborto, sua posição estava sempre na defensiva, por sua trajetória e a de seu partido, o PT, ter um "caráter desviante", uma vez que já haviam defendido a descriminalização do aborto. Assim, o viés religioso orientou os enquadramentos noticiosos uma vez que a legitimidade ou a ilegitimidade da posição dos candidatos em torno do aborto estava posicionada desde uma perspectiva vinculada à moral religiosa, o que produziu um sentido predominantemente negativo para os argumentos favoráveis à descriminalização do aborto.

Por outro lado, a forte mobilização de atores religiosos no debate jornalístico e eleitoral de 2010 demonstra uma tendência cada vez mais crescente da presença do campo religioso nas disputas simbólicas e políticas da sociedade. Isso vem se dando não apenas nos espaços tradicionais do campo religioso, mas em outros ambientes públicos:

> [P]ara além da competição interna na esfera religiosa, em especial entre o catolicismo e o pentecostalismo, verifica-se neste início de século uma acirrada disputa de sentidos em torno da vida e da sexualidade humana entre as ideologias de matriz cristã e as de caráter secular, como as dos movimentos feministas e pela diversidade sexual (Machado, 2012, p. 49).

---

4   Há também que se considerar que pode ter ocorrido uma escolha deliberada das vozes em defesa do aborto de não atuar publicamente para evitar ampliar a discussão e causar prejuízos eleitorais aos seus candidatos. Agradeço ao professor Luis Felipe Miguel pelas ponderações neste sentido, ao discutir os resultados desse estudo.

212 Flávia Biroli e Luis Felipe Miguel (orgs.)

É nesse contexto que assume relevância observar a crescente politização do religioso (no sentido da ocupação de um espaço no campo político tradicional, o parlamento) ao mesmo tempo em que também tem crescido a participação desses segmentos na disputa simbólica, realizada por meio do campo jornalístico.

Conclusão

As conclusões dessa investigação reforçam a importância de se observar como ocorre a construção da agenda noticiosa, entendendo esse processo como o resultado da competição, das interações, das tensões e dos ajustes promovidos entre o campo jornalístico e os agentes com acesso à mídia. Atualmente, o principal caminho utilizado pela elite política para se apresentar aos cidadãos de forma massiva e permanente são os meios de comunicação de massa. Isso transformou as formas e os discursos produzidos na esfera política. Sendo a mídia a arena central para o jogo político, é nesse universo que a agenda pública se realiza e a produção dessa agenda, portanto, não é neutra, mas repleta de interesses e perspectivas distintas que disputam o controle e a direção dessa agenda.

A narrativa da mídia é construída de forma seletiva, produzida e organizada segundo as regras e o *habitus* do campo jornalístico, por profissionais com competência e legitimidade socialmente reconhecidas. Associados a esses mecanismos inerentes à produção jornalística estão os interesses dos conglomerados de comunicação e as compreensões de mundo que orientam socialmente o veículo ou sua redação. O campo jornalístico, nesse sentido, tem posição (mesmo que não exatamente no âmbito partidário), disputa sentido para as construções simbólicas e procura interferir na alocação de valores na sociedade. Embora seja uma esfera autônoma, com interesses, hierarquias e procedimentos próprios, jornalistas e instituições interagem e competem com atores e fontes com os quais se relacionam. Em consequência disso, essa interação é de mão dupla: a mídia tanto pode influenciar as autoridades políticas e dirigentes, como também pode ser tensionada e mobilizada a produzir uma resultante que beneficie certos posicionamentos sociais orientados por agentes com capital político, econômico e simbólico para exercer essa influência.

Tendo clareza de que os resultados dessa observação não são definitivos, tampouco estão alheios às tensões e disputas entre grupos com interesses distintos existentes no interior da sociedade civil, percebemos que a definição dos contornos da polêmica sobre o aborto na cobertura eleitoral de 2010 demonstram que a narrativa construída pela mídia foi restritiva e de naturalização de posições e perspectivas já dominantes na sociedade.

A cobertura sobre o aborto não propiciou um debate sobre o assunto, mas ao contrário, reforçou representações de gênero que submeteram a discussão sobre a temática da mulher, como o direito sobre seu corpo, a posições conservadoras, ao moralismo religioso e a valores masculinos, reproduzindo discursos que naturalizaram hierarquias e desigualdades de gênero. Ainda que jornalistas e mesmo os veículos em suas posições editoriais não fossem necessariamente avessos a uma agenda que promova os direitos reprodutivos das mulheres, inclusive o direito ao aborto, o momento eleitoral organizou o debate jornalístico em torno de outros aspectos que ganharam prioridade e a agenda civilizatória relacionada aos direitos das mulheres foi "sacrificada" em nome dessa conjuntura e de seus resultados na luta pelo poder político.

Tais aspectos devem ser considerados no debate sobre os necessários avanços para um efetivo pluralismo na mídia No entanto, o estudo demonstrou que há uma diversidade de grupos de interesse com acesso desigual e hierarquizado aos meios de comunicação. Em consequência, a sociedade tem limitações para acessar um conjunto de informações diversificadas, que representem a pluralidade de interesses em disputa e que ofereçam as condições necessárias para a prática democrática e a livre escolha na política.

Outro aspecto relevante identificado na análise dessas eleições é o crescente uso da internet e de suas ferramentas de comunicação, que vêm produzindo pressões e tensões sobre os grupos tradicionais de comunicação de massa (Silveira, 2011, p.51) em que a delimitação da controvérsia tem sido, ao menos, significativamente tensionada. É importante registrar que a internet não aparece apenas como uma ferramenta dos movimentos sociais ou de atores "à esquerda" da mídia convencional, mas tem sido também utilizada por grupos tradicionais como os partidos políticos e, no caso analisado nesse artigo, pelas igrejas.

Outro aspecto importante que a pesquisa confirma é o ativismo religioso nas disputas políticas. O predomínio dos argumentos morais nos enquadramentos contrários ao direito ao aborto, com forte reverberação social, é revelador da crescente presença organizada de setores do campo religioso na esfera política com o objetivo de atuar na definição das políticas públicas do Estado (Machado, 2013, p. 48). A relevância de determinados posicionamentos das igrejas perante a população transforma-a num ator com influência sobre o debate político. A presença de uma "bancada religiosa" no parlamento produz inevitáveis conflitos com setores laicos e movimentos feministas, defensores da liberação do aborto, ou de movimentos como o LGTB, em defesa da livre orientação sexual. A disputa entre esses grupos na esfera política tradicional (parlamento) vem se revelando desigual e desfavorável para o avanço de conquistas formais vinculadas aos direitos humanos.

Referências

A CAÇA ao voto religioso (2010). *O Estado de S. Paulo*, 15 out., p. A3.

A FÉ nos boatos (2010). *Folha de S. Paulo*, 12 out., p. A2.

A SUCESSÃO sequestrada (2010). *O Estado de S. Paulo*, 11 out., p. A3.

BENEVIDES, Carolina e Tatiana FARAH (2010). "Polêmica na campanha presidencial, aborto ilegal mata uma mulher a cada dois dias". *O Globo*, 10 out., p. 3.

BERGAMO, Mônica (2010). "Monica Serra contou ter feito aborto, diz ex-aluna". *Folha de S. Paulo*, 16 out., p. A10.

BIROLI, Flávia (2014). "Abortion, gender, and politics in Brazil". *Paper* apresentado no World Congress of Political Science. Montreal.

BRUNO, Cassio. Indio pede que classe média não viaje e vote. *O Globo*, Rio de Janeiro, 14 out. 2010. O País, p. 12.

CAMPANHA de Serra vê perda de fôlego e traça mudanças. *Folha de S. Paulo*, São Paulo, 20 out. 2010. Poder, p. A10.

CAMPOS, Leonildo Silveira (2008). "Protestantismo brasileiro e mudança social", em Beatriz Muniz de Souza e Luis Mauro Sá Martino (orgs.). *Sociologia da religião e mudança social: católicos, protestantes e novos movimentos religiosos no Brasil*. 2. ed. São Paulo: Paulus.

CANTANHÊDE, Eliane (2010). "O voto e o tabu". *Folha de S. Paulo*, 15 jul., p. A2.

COOK, Timothy E. (2011). "O jornalismo político". *Revista Brasileira de Ciência Política*, n. 6, p. 203-47.

DILMA cai em todas as regiões e crescem as chances de segundo turno. *Folha de S. Paulo*, São Paulo, 28 set. 2010d. Capa.

DILMA enfrenta manifestação de evangélicos no DF. *Folha de S. Paulo*, São Paulo, 25 jul. 2010b. Poder, p. A10.

DILMA interrompe queda. *Folha de S. Paulo*, São Paulo, 30 set. 2010f. Capa.

DILMA muda discurso para evangélicos. *O Globo*, Rio de Janeiro, 25 jul. 2010a. O País, p. 16.

DILMA tenta frear perda de voto com apelo à militância. *Folha de S. Paulo*, São Paulo, 29 set. 2010e. Capa.

FONSECA, Francisco (2005). *O consenso forjado: a grande imprensa e a formação da agenda ultraliberal no Brasil*. São Paulo: Hucitec.

FUNDAMENTALISMO nas eleições. *O Globo*, Rio de Janeiro, 08 out. 2010. Editorial, p. 15.

GOMES, Wilson. *Transformações da política na era da comunicação de massa*. São Paulo: Paulus, 2004.

JACOB, Cesar; HEES, Dora R.; WANIEZ Philippe. *Religião e território no Brasil*: 1991/2010. Rio de Janeiro: Editora PUC-Rio, 2013. Disponível em: <http://www.editora.vrc.puc-rio.br/docs/ebook_religiao_e_territorio_no_brasil_1991-2010.pdf>. Acesso em: 10 jan. 2014.

LULA cobra ajustes na campanha de Dilma. *Folha de S. Paulo*, São Paulo, 06 out. 2010. Capa, p. A2.

MACHADO, Maria das Dores Campos (2012). "Aborto e ativismo religioso nas eleições de 2010". *Revista Brasileira de Ciência Política*, n. 7, p. 25-54.

MACHADO, Maria das Dores Campos (2013). "Discursos pentecostais em torno do aborto e da homossexualidade na sociedade brasileira". *Cultura y Religión*, vol. 3, n. 2, p. 48-68.

MANTOVANI, Denise M. (2013). "Eleições 2010: como os enquadramentos e as vozes organizaram os limites da controvérsia do aborto". *Revista Compolítica*, vol. 3, p. 71-94.

MANTOVANI, Denise M. (2014). Quem agenda a mídia? Um estudo de agenda- -setting a partir da tematização do aborto nas eleições de 2010. Tese de Doutorado em Ciência Política. Brasília: Universidade de Brasília.

MAU sinal. *O Globo*, Rio de Janeiro, 17 jul. 2010. Editorial, p. 15.

McCOMBS, Maxwell (2009). *A teoria da agenda: a mídia e a opinião pública*. Petrópolis: Vozes.

MIGUEL, Luis Felipe e Flávia BIROLI (2011). *Caleidoscópio convexo: mulheres, política e mídia*. São Paulo: Editora Unesp.

MIGUEL, Luis Felipe e Flávia BIROLI (2012). "Apresentação: dossiê aborto". *Revista Brasileira de Ciência Política*, n. 7, p. 19-23.

OBSCURANTISMO. *Folha de S. Paulo*, São Paulo, 10 out. 2010. Editoriais, p. A2.

OPINIÃO flexível. *Folha de S. Paulo*, São Paulo, 06 out. 2010. Editoriais, p. A2.

PIERUCCI, Antonio Flávio (2008). "Secularização e declínio do catolicismo", em *Sociologia da religião e mudança social: católicos, protestantes e novos movimentos religiosos no Brasil*. 2. ed. São Paulo: Paulus.

POLÊMICA do aborto faz Dilma se explicar a líderes cristãos (2010). *O Estado de S. Paulo*, 30 set., p. 1.

PRESSÃO de bispos dá certo e papa interfere na eleição (2010). *O Globo*, 29 de out., p. 1.

ROSA, Vera (2010). "Polêmica do aborto leva Dilma à igreja". *O Estado de S. Paulo*, 30 set., p. A4.

SALGADO, Suzana (2012). "Campanhas eleitorais e cobertura midiática". *Revista Brasileira de Ciência Política*, n. 9, p. 229-53.

SANT'ANNA, Lourival (2010). "Eleição mostra influência das igrejas". *O Estado de S. Paulo*, 10 out., p. A11.

SILVEIRA, Sergio Amadeu (2011). "Para além da inclusão digital: poder comunicacional e novas assimetrias", em Maria Helena Silveira Bonilla e Nelson de Luca Pretto (orgs.), *Inclusão digital: polêmica contemporânea*, vol. 2. Salvador: Edufba.

SOUZA, Nivaldo e CARAM, Bernardo (2014) *O Estado de S. Paulo*, 6 out., p. H10. SUWWAN, Leila (2010). CNBB tira de site texto de bispo contra Dilma. *O Globo*, 23 jul., p. 15.

TOLEDO, José Roberto de (2010). "Após polêmica, Dilma caiu entre os evangélicos". *O Estado de S. Paulo*, 2 out., p. A15.

UM VICE ainda pouco afinado com Serra (2010). *O Globo*, 25 jul., p. 12.

WOLF, Mauro (2005). *Teorias das comunicações de massa*. São Paulo: Martins Fontes.

AS VICISSITUDES DA LEI DA INTERRUPÇÃO VOLUNTÁRIA DA GRAVIDEZ NO URUGUAI

Estratégias conservadoras para evitar o exercício do direito de decidir das mulheres

Susana Rostagnol
(tradução: Adriana Carina Camacho Álvarez)

O aborto tem estado presente na agenda política desde o início do século XXI. O Parlamento uruguaio discutiu três projetos de lei. Finalmente, em outubro de 2012, a Lei N° 18.987 de Interrupção Voluntária da Gravidez - IVE (sigla de "Interrupción Voluntaria del Embarazo", no original) foi aprovada. Essa lei permite que as mulheres interrompam sua gravidez desde que, previamente, consultem um médico e tenham uma entrevista com uma equipe interdisciplinar. Depois, as mulheres contam com cinco dias para refletirem sobre sua decisão; se elas mantêm a decisão original, voltam ao médico e o aborto é realizado.

Apesar de distar muito da lei demandada pelas feministas, a lei significa um grande avanço para o exercício dos direitos das mulheres. Como era de se esperar, uma medida desse teor provocou uma reação por parte das forças conservadoras, que adotaram diferentes estratégias. No presente capítulo, é examinado o processo de *referendum* e a prática de objeção de consciência como manifestações muito claras de modalidades conservadoras no intuito de evitar a implementação integral da Lei da IVE.

Os projetos de lei sobre o aborto no Parlamento uruguaio

No início do século XXI, o aborto era um crime, embora raramente fosse penalizado; de fato, muito poucas pessoas foram processadas por essa causa (Sanseviero *et al.*, 2008). A Lei N° 9.763 em vigor nesse momento datava de 1938, tendo sido aprovada após quatro anos durante os quais o aborto permaneceu descriminalizado. A Lei incluía isenções e circunstâncias atenuantes em relação à pena em quatro casos: quando a gravidez era o resultado de um estupro; se a mulher estava em situação de angústia econômica; se a gravidez implicava algum tipo de risco para a saúde da mulher; e por razões de honra. Esses artigos que isentavam da pena ou a atenuavam quase não foram aplicados, mas sua mera existência denotava (e promovia) tolerância em relação à prática do aborto.

O início do século XXI esteve marcado por uma crescente visibilidade do problema do aborto inseguro, especialmente associado a riscos em relação à saúde das mulheres. Isso está ligado ao incremento de mortes de gestantes nos primeiros anos do século em decorrência de complicações pós-aborto, dado que prontamente se tornou público, repercutindo em diversos setores da sociedade. Em consequência, a demanda pela legalização do aborto deixou de ser uma demanda exclusivamente feminista para passar a ser sustentada por vários grupos da sociedade civil (Johnson, López Gómez e Schenk, 2011), ganhando espaço na agenda política.

O significativo aumento nas mortes de gestantes mobilizou a comunidade médica. O pequeno grupo de ginecologistas, junto com alguns outros profissionais da saúde, logo se transformou num importante ator social na arena dos debates sobre a legislação do aborto. O resultado foi a elaboração da Normativa "Asesoramiento para una maternidad segura. Medidas de protección materna frente al aborto provocado en condiciones de riesgo" (Assessoramento para uma maternidade segura. Medidas de proteção materna em face do aborto provocado em condições de risco), focada na diminuição de riscos mediante a atenção a mulheres que abortavam, atenção que contemplava consultas pré e pós-aborto. Decididamente, o aborto passou a fazer parte da agenda política, contando, como antecedentes, com dois projetos de lei de legalização do aborto discutidos nos anos 1990.

O primeiro projeto de lei (2002-2003) debatido neste século foi aprovado pela Câmara de Representantes (Deputados), mas não atingiu o número de votos necessários para sua aprovação no Senado. Nesse momento, uma pesquisa de opinião mostrava que 63% da população era favorável à aprovação da lei (Botinelli, 2012). Provavelmente, essa percentagem era o resultado do amplo movimento social que apoiava o projeto de lei e no qual a Coordenadoria Nacional pela Defesa da Saúde Reprodutiva desempenhou um papel central. A Coordenadoria era dirigida por organizações feministas, mas integrava uma ampla base social que incluía representantes de algumas igrejas, de organizações de direitos humanos, LGBT, entre outros.

Como contrapartida do contratempo sofrido pelo projeto no Senado, o Ministério da Saúde Pública outorgou à Normativa referida à atenção pré e pós-aborto o caráter de Portaria. Esta norma incluía um protocolo pra a atenção pré e pós-aborto, mas excluía a instância do aborto em si, que continuava sendo ilegal e praticado de forma clandestina. Essa medida, junto com a difusão massiva do uso abortivo do misoprostol em todo o território nacional, teve um claro efeito na diminuição da mortalidade de gestantes como consequência de complicações pós-aborto. Apenas os profissionais envolvidos no processo de legalização do aborto aplicavam a Portaria, já que não existia nenhuma sanção prevista para quem não a observasse.[1] Isso, porém, não anula o fato de a referida Portaria ter constituído um marco no processo que iria culminar com a Lei da IVE. O maior impacto que causou foi o de ter permitido que o aborto *saísse do armário*.[2] As mulheres começaram a falar sobre suas experiências com certa liberdade, a ir ao médico depois de fazerem um aborto para garantir que não existisse nenhuma complicação, cientes de que ninguém poderia denunciá-las. Essa foi uma mudança muito significativa, pois boa parte das mortes decorrentes das complicações pós-aborto se deviam ao temor das mulheres de serem denunciadas, motivo pelo qual não recorriam ao médico diante de sintomas indicativos de complicações (Rostagnol, 2003).

No período 2007-2008, o Parlamento discutiu outro projeto de lei. Neste caso, foi aprovado por ambas as câmaras. O movimento social que apoiava a legalização do aborto tinha aumentado, abrangendo uma variedade ainda maior de atores sociais que incluía alguns Ministros do Governo e outras autoridades do Poder Executivo, bem como integrantes do Poder Legislativo. Apesar desse amplo apoio ao projeto aprovado por ambas as câmaras, o Dr. Vázquez, Presidente da República nesse momento, vetou os artigos correspondentes ao aborto. Dessa forma, a Lei de Defesa da Saúde Reprodutiva foi aprovada sem os capítulos referidos ao aborto. Por conseguinte, foram implementadas as políticas de educação sexual e de saúde sexual e reprodutiva contidas na referida lei, bem como a Portaria de atenção pré e pós-aborto, que passou a integrar a lei, mas o aborto continuava sendo um crime.

Nos debates parlamentares – tanto no Senado como na Câmara de Representantes – que acompanharam ambos os projetos de lei, os argumentos se

---

1   Tanto era assim que alguns ginecologistas residentes de pequenas localidades afastadas de Montevidéu ignoravam sua existência nos primeiros anos posteriores a sua aprovação (Rostagnol *et al.*, 2006).

2   Obviamente, com esta expressão refiro-me ao processo de visibilização das comunidades LGBT.

repetiram uma e outra vez (Rostagnol, 2008). Diferentes grupos da sociedade civil, tanto favoráveis à legalização quanto contrários a ela, também participaram do debate público na mídia. O exame dos diversos e variados discursos políticos e públicos interpelam a dicotomia a favor/contra o aborto, revelando uma realidade muito mais complexa que inclui posições filosóficas e religiosas, bem como pragmáticas. Em geral, os grupos contrários à legalização do aborto se referem às mulheres como sujeitos abstratos (ideia proveniente da Modernidade). Quando se examina esse sujeito abstrato "racional e livre", percebe-se que ele se corresponde com um tipo específico de humano: homem branco de classe média. Por conseguinte, quando a pessoa que aborta é considerada um sujeito abstrato, não só não está sendo levada em conta sua posição nas relações de gênero, como também não se consideram as circunstâncias provavelmente implicadas no processo. Essas argumentações foram retomadas no breve processo de promoção do mecanismo de *referendum*.

A Lei da IVE

Uma característica marcante do período 2010-2013 foi que a demanda pela legalização do aborto passou a ser um tema central da agenda governamental.

Em 2010, o segundo governo da Frente Ampla[3*] contava com um dos entornos políticos mais favoráveis para avançar em direção à legalização do aborto. Poderia ser aplicada aqui a noção de janela de oportunidade (Kingdom, 1995), porque, nesse momento, confluíam a definição do tema como problema, a existência de uma política proposta para abordá-lo e a receptividade do entorno político para essa proposta.

A Lei foi aprovada pelo Parlamento em 22 de outubro de 2012 após longas negociações em ambas as câmaras. No início, o texto do projeto de lei era muito similar ao dos projetos precedentes, os quais apresentavam os direitos das mulheres como tema central. No entanto, à medida que avançava a discussão na Câmara de Deputados, os direitos das mulheres diminuíam. As organizações feministas, junto com outros grupos da sociedade civil, tentaram, mediante um *lobby* constante, manter o projeto inicial, mas fracassaram. A Lei finalmente promulgada estava afastada do projeto de lei inicial e distante, portanto, das demandas do movimento social. Em sentido estrito, a Lei não legaliza o aborto, mas permite que, em certas circunstâncias, as mulheres interrompam sua gravidez.

---

3 * N. da T.: No original, Frente Amplio, coalizão de esquerda, no governo uruguaio desde março de 2005.

A lei foi regulamentada pelo Decreto 375/012; nele é estabelecido que tanto as instituições quanto o pessoal de saúde que intervêm na interrupção da gravidez deverão reger-se pelos princípios de confidencialidade, consentimento esclarecido e respeito pela autonomia da vontade da mulher.

Para aceder ao procedimento, a mulher deve assinar um formulário de consentimento esclarecido, seguido de quatro consultas médicas: a) a primeira, com um clínico geral, ginecologista ou qualquer outro profissional da saúde; ele deverá encaminhá-la para uma equipe interdisciplinar de assessoramento num prazo de até 24 horas; b) a segunda, com a equipe interdisciplinar, integrada por um ginecologista, um profissional da área social e outro da área da saúde mental; nesta consulta, a mulher será informada sobre métodos para interromper a gravidez, riscos e alternativas para a maternidade, como a adoção; depois da consulta, a mulher terá cinco dias para refletir; c) após esses cinco dias, se a mulher mantiver sua determinação de interromper a gravidez, ela deverá comparecer à terceira consulta com o ginecologista, que procederá a iniciar a interrupção; d) a quarta consulta é posterior ao aborto e, com ela, busca-se realizar um monitoramento da situação da paciente e assessorá-la sobre os métodos anticoncepcionais.[4]

É muito provável que o ginecologista lhe indique um aborto utilizando misoprostol com mifespristona, exceto se a idade gestacional estiver muito próxima das 12 semanas, em cujo caso será realizado um aborto cirúrgico por meio de procedimentos como a sucção (ou vácuo) ou a curetagem.

Como geralmente acontece quando um projeto de lei não obtêm consenso, ele se transforma numa lei menos radical, produto de negociações. Neste caso, as alterações sofridas no projeto de lei – que significaram uma perda nos direitos das mulheres – dão conta de um certo sucesso das estratégias conservadoras. O resultado final é o de que, para interromper sua gravidez, a mulher é obrigada a atravessar um processo que implica vários passos, incluindo cinco dias para refletir sobre sua decisão. Como é bem sabido, o aborto nunca é uma decisão simples, e, por isso, essa instância pode ser vista como prática controladora e até como uma tentativa de dissuasão. Caberia perguntar-se se a presença do Estado em ações que regulam o corpo das mulheres, especialmente o relativo à reprodução, corresponde ao que Foucault chamou de "biopoder". A lei da IVE tem a potestade de exercer uma tutela sobre os corpos das mulheres.

---

4 http://www.medicosdelmundo.org.uy/novedades/article/comenzo-implementacion-de-ley-de

Levando em conta os resultados de várias pesquisas e estudos sobre a construção da decisão de abortar (Amuchástegui, 2010; Bajos e Ferrand, 2002; Chaneton e Vacarezza, 2011; Heilborn *et al.*, 2012; Petracci, 2009; Rostagnol, 2011; Sanseviero, 2003; Viveros e Navia, 2012), não posso deixar de compartilhar (e concordar com) as seguintes palavras de Chaneton e Vacarezza (2011, p. 82): "Quando o que está em jogo é a própria vida, em seu mais amplo sentido existencial, é preciso arrolar raciocínios para fundamentar a decisão?"

A mulher já construiu sua decisão, na maioria das vezes transitando um caminho bastante tortuoso (Rostagnol, 2011). Como arguciosamente assinala Klein, o aborto consta no rol das coisas, mas é um verbo. Alguém faz um aborto, trata-se de uma ação. A mulher age "movida pela violenta irrupção de uma gravidez que não buscou, mas que, principalmente, não quer continuar e que a compele a tomar uma decisão também violenta. A vontade não é livre" (Klein, 2005, p. 44). Estas últimas palavras são chaves para entender o drama que deve atravessar uma mulher para construir sua decisão de optar por um aborto. A vida é cheia de situações nas quais as mulheres devem escolher pelo que é menos mau quando nenhuma das opções que se apresentam a ela são desejáveis. A maioria das mulheres que já resolveram terminar uma gravidez enfrentaram esse dilema. Ele implica decidir fazer uma coisa que ela tivesse desejado não precisar decidir fazer. A mulher é forçada a escolher pela falta de liberdade original. Independentemente da situação legal do aborto, nunca é um assunto banal; pelo contrário, não é apenas complexo: ele está carregado de implicações simbólicas.

As feministas têm feito uma avaliação cautelosa em relação à Lei. Algumas salientam as conquistas atingidas com a Lei, enquanto outras assinalam que, na lei da IVE subjaz uma suspeita sobre a capacidade das mulheres de tomar suas próprias decisões, um intuito de manter o *status quo* que as localiza num lugar inferior. Outras, ainda, assumem posições mais enérgicas, apontando para as fraquezas da Lei, como no seguinte fragmento de um depoimento da Coordenadoria da CNS-Mulheres:[5]

> na verdade, o que aparece neste projeto – que foi fruto de uma longa negociação entre a Frente Ampla e o Partido Independente mediada pelo deputado Iván Posadas – é uma suspensão da pena do que constitui o crime do aborto, mas o crime como tal é mantido [...] e, pior, é mantido ainda dentro das 12 semanas de gestação.

---

5 Ver a nota completa em: http://www.hoycanelones.com.uy/2011/index.php?option=com_k2&view=itemlist&task=tag&tag=Proyecto+de+Ley+de+Interrupci%C3%B3n+Voluntaria+del+Embarazo

Dessa forma, alude-se a que a pena é suspensa exclusivamente para aquelas mulheres que cumprirem o procedimento estabelecido pela Lei para realizar um aborto. E sobre a entrevista com a equipe interdisciplinar, assinala-se que "para nós é uma banca, porque essa equipe, na redação do projeto, de alguma forma exerce uma pressão sobre a autonomia e a capacidade de decisão das pessoas na medida em que obriga a mulher a expor suas razões".

Contradizendo essas colocações, cabe assinalar que as pessoas que integram as equipes interdisciplinares – chamadas Equipes IVE – podem transformar a consulta numa instância de aconselhamento e acompanhamento, deixando de lado a tutela e o controle, e que, muitas vezes, agem de fato dessa forma. A Lei e seu decreto interpretativo transfere essa questão ao livre-arbítrio das pessoas.

Por último, é preciso apontar que as prerrogativas concedidas pela lei no sentido de permitir que as mulheres interrompam sus gravidez por decisão própria não implica que uma mulher contrária ao aborto por motivos morais, religiosos ou quaisquer que sejam deva interromper uma gravidez. A lei defende o direito de decisão da mulher grávida. Isso resulta particularmente importante nalguns casos, como nos de adolescentes grávidas que, às vezes, podem ser pressionadas por parte de seus pais para interromperem a gravidez. Nesses casos, a lei protege a adolescente, permitindo-lhe tomar sua decisão, e garante que essa decisão seja respeitada.

Uma vez promulgada a Lei da IVE, as forças conservadoras desenvolveram suas estratégias por duas vias principais. Por um lado, políticos conservadores, junto com grupos religiosos – basicamente católicos e neopentecostais –, iniciaram um processo de *referendum* para derrogar a Lei. Por outro, 30% dos ginecologistas apresentaram objeção de consciência.

O processo de *referendum*

No dia seguinte ao da aprovação da Lei da IVE, foram lançadas simultaneamente duas iniciativas contrárias à lei. Uma delas, da Comissão pró-Derrogação da Lei de Aborto, liderada pelo Deputado Javier García (Partido Nacional), propunha solicitar ao Presidente Mujica que vetasse a iniciativa; caso contrário, a referida Comissão apelaria para a Corte Interamericana de Direitos Humanos. A outra, a Comissão Pró-*Referendum*, estava liderada pelo também deputado Pablo Abdala (Partido Nacional) e propunha promover um *referendum* para derrogar a Lei. Nenhuma das duas ações foi efetivada.

No Uruguai, existem dois procedimentos que permitem que os cidadãos decidam sobre um assunto pelo voto direto. O plebiscito é um mecanismo pelo qual as pessoas podem decidir se aprovam ou não uma proposta de reforma constitucional, e o *referendum* é um mecanismo pelo qual os cidadãos podem manifestar sua posição contrária a uma lei previamente aprovada pelo Parlamento e derrogá-la.

A Comissão Pró-*Referendum* precisou obter o apoio de 2% dos cidadãos habilitados a votar para colocar em andamento o mecanismo. Depois disso, é requerido que 25% do total do cadastro eleitoral apoie o recurso de *referendum*. Caso se obtenha esse apoio, é realizada uma votação obrigatória para ratificar ou rejeitar a Lei em questão.

Para obter o apoio de 25% do eleitorado existem duas modalidades: pela coleta de assinaturas de adesão; ou por uma votação não obrigatória, na qual todas as pessoas favoráveis ao mecanismo de *referendum* votam nos locais especialmente designados para isso. A Comissão Pró-*Referendum* optou por essa segunda modalidade. Nas semanas prévias à votação foi realizada uma intensa campanha pelos políticos que promoviam o *referendum* alinhados com ativistas religiosos de facções conservadoras, nomeadamente grupos ligados ao Opus Dei e a igrejas neopentecostais.

O resultado da votação foi um profundo fracasso para os promotores do *referendum*: o apoio obtido foi inferior a 10% do cadastro eleitoral.

Decididamente, a população uruguaia respaldou a Lei Nº 18.987 da IVE. A explicação aponta para múltiplos fatores. Um deles refere-se aos aspectos conjugados para a existência da janela de oportunidade assinalada anteriormente. Provavelmente, outro elemento importante esteja ligado ao profundo laicismo que caracteriza a sociedade uruguaia. O Uruguai é um país declaradamente laico, no qual não apenas o Estado não adere a nenhuma religião, como não pode haver símbolos religiosos, como crucifixos, em locais públicos como hospitais e escolas. A educação assenta-se sobre três princípios desde o século XIX: é laica, gratuita e obrigatória. Assim, o princípio de laicidade pode ser considerado um "valor nacional".

A análise do processo mostra que as ações públicas durante a campanha prévia à votação foram efetivadas principalmente pelos promotores do *referendum*, enquanto os grupos pró-direito fizeram uma aparição pública apenas nos dias prévios. As instituições religiosas tiveram um lugar preponderante na campanha, ficando em segundo plano a participação dos partidos políticos (mas não a de alguns políticos que levantaram a bandeira da causa). A Igreja Católica fez uma campanha alentando as pessoas para votarem usando para isso os numerosos colégios católicos, entre outros meios.

As igrejas neopentecostais se uniram na *cruzada*, em parceria com alguns políticos relacionados a essas igrejas.[6]

A campanha pública enfatizava as vantagens oferecidas pelo *referendum* para que cada cidadão pudesse emitir seu voto e decidir diretamente se concordava ou não com a lei da IVE, além dos discursos focados na "defesa da vida". A Igreja Católica exortou seus fiéis a votarem na adesão ao recurso de *referendum* para derrogar a lei:

> Por meio de um comunicado, a Conferência Episcopal Uruguaia – que congrega os bispos do Uruguai – afirma que "nós, uruguaios, temos agora a oportunidade de mudar com nosso voto o rumo das coisas e dar um sim à vida das crianças, o que nos permitirá olhar com esperança para nosso futuro como nação".[7]

O discurso da Igreja Católica não apresentou mudanças ao longo dos 30 anos durante os quais o tema foi debatido. Seu argumento central sempre foi o da vida como valor em si mesmo (uma vida incorpórea), mediante um processo de sacralização.

A hipótese de Dworkin nos permite abordar o problema sob outro viés. Em relação à discussão sobre o valor de pessoa do *zef*,[8] o autor afirma que o debate sobre o aborto é sobre um valor intrínseco e não a respeito dos interesses ou direitos do feto, sendo que esse valor intrínseco é a vida (Dworkin, 1994). O ativismo conservador religioso – principal porta-voz da sociedade civil contrária à legalização do aborto – tem na *vida* seu foco argumentativo central ao ponto de autodenominar-se "Pró-vida". Em seu estudo sobre os movimentos religiosos neoconservadores, Jaris Mujica afirma que manter a noção de vida ligada a esses grupos é importante "para compreender a configuração do biopoder e dos sistemas de símbolos ligados à família como vetor de organização, punição e controle, unido, por sua vez, ao tripé Ciência-Igreja-Estado" (MUJICA, 2007, p. 18). "Vida" tem-se tornado um conceito lábil, um "signo instável", em termos de Bakhtin (1981), no qual, à sombra de uma correspondência biunívoca entre o significante e o significado, encontram-se

---

6   É o caso do Deputado Amarilla, de Rivera (cidade fronteiriça com o Brasil), e da Deputada Alonso, que, nas últimas eleições trouxe como seu suplente na Câmara de Representantes a um membro da Igreja... como voz da referida comunidade religiosa. Os dois deputados são do Partido Nacional.

7   Publicado no portal Montevideo.com. Disponível em: http://www.montevideo.com. uy/notnoticias_199551_1.html

8   Uso este termo para referir a uma entidade indefinida, que tanto pode ser um zigoto, um embrião ou um feto.

múltiplos sentidos. Apenas o contexto e o enunciador outorgam valor ao termo. No entanto, a luta pela "hegemonia" de um significado sobre outro, ou pela legitimidade da enunciação (pela definição do enunciador adequado), provoca contradições e ambiguidades dentro de uma mesma peça discursiva. Bourdieu (1985) afirmava que o discurso sobre o objeto fala mais da relação do autor com o objeto do que do objeto em si. Aparentemente, a "vida", tal como aparece nos discursos dos ativistas conservadores religiosos, implica a reprodução biológica por meio da família monogâmica heterossexual, e, a partir daí, é construído o edifício moral que permitirá a perpetuação dessa ordem social. Existe uma série de mecanismos de controle e regulação dos corpos mediante a qual a capacidade de ação dos sujeitos é coagida. A análise de seus discursos dá conta desse sentido de "vida".

A essa construção do conceito "vida" vêm se somar os discursos que lhe atribuem "sacralidade", e essa característica é suficientemente sólida por si para excluir qualquer outra argumentação. Tendo isso em vista, devemos observar a hipótese de Dworkin em relação ao valor intrínseco da "vida". A sacralização da vida refere mais a uma potencialidade do que à vida humana concreta. A vida contida no *zef* é sagrada pelas possibilidades que encerra, não pelo que é. A vida encarnada num adolescente pobre e ladrão[9] não é alvo da mesma preocupação, pois é uma vida concreta que apenas contém seu presente. Daí ser possível pensar que, para os ativistas conservadores religiosos – católicos e neopentecostais – e não religiosos, a vida é a *vida nua* (Agamben, 1998).

Assim, o Deputado Pablo Abdala, do Partido Nacional, assinalava numa entrevista radial: "Acho que há um direito superior, que é o direito à vida, o direito do não nascido, que é bastante mais que uma vida".[10] Já a Senadora Constanza Moreira, da Frente Ampla, respondia: "Afirmar que a vida é sujeito de direito é uma falácia. As pessoas são sujeitos de direito."[11] Esses pequenos fragmentos são paradigmáticos das duas posições antagônicas em relação

---

9 Coincidentemente, alguns legisladores que aderiam ao *referendum* para derrogar a lei eram os mesmos que promoviam o plebiscito para reduzir a maioridade penal a fim de que os adolescentes que cometessem algum crime pudessem ser julgados como maiores de idade.

10 Programa "En Perspectiva", Radio El Espectador, 7/5/2013. Disponível em: http://www.espectador.com/noticias/264358/pablo-abdala-pn-jornada-de-adhesion-al-referendum-de-aborto-impulsara-la-reapertura-de-un-debate-sano-y-saludable_pagina-3

11 "La ofensiva contra la despenalización del aborto", publicado no semanário "Brecha", 18/5/2013. Disponível em: http://www.constanzamoreira.com/la-ofensiva-contra-la--despenalizacion-del-aborto/

à lei que permite os abortos. Por um lado, temos uma vida descorporizada; por outro, um corpo suportando um sujeito de direito. Um argumento centra-se na ação de abortar; o outro, no sujeito que toma a decisão de abortar.

Os grupos conservadores, religiosos e não religiosos, ao fundamentarem seus discursos na "vida", servem-se de argumentos religiosos, científicos e bioéticos a favor do controle das sexualidades e da reprodução. É sobre os corpos das mulheres que os controles continuam se exercendo. A diferença é que, tradicionalmente, quando se invocava o corpo em si mesmo, ele era relacionado com vigilância, disciplina, punição e família; já quando se invoca a vida – situada num corpo –, ela é associada ao biopoder, na qualidade de "sistema de controle sobre os mecanismos e técnicas para regular e produzir a vida" (Mujica, 2007, p. 84). Nas sucessivas discussões parlamentares, bem como entre os legisladores que promoviam o *referendum*, ficou em evidência a correlação de forças conservadoras que fundavam suas argumentações contra o aborto a partir do campo religioso e científico, aludindo à vida, ao direito à vida, de maneira abstrata, sem ancoragem em pessoas concretas, titulares de direitos.

A estratégia conservadora tem um parceiro privilegiado nalgumas religiões (Vaticano e grupos neopentecostais, principalmente), porque elas fornecem um argumento sólido para defender a vida. Nossos Estados parecem delegar nas religiões – especialmente nas versões conservadoras das religiões cristãs – o âmbito da moral. Essa poderia ser uma explicação para o lugar preponderante que ocupam seus fundamentos nos argumentos utilizados nos debates parlamentares.

A isso vem se somar o caráter político secular de algumas estratégias do Vaticano. Nugent afirma que, em face de uma situação na que, do ponto de vista da fé e da influência direta no devir cultural, o Vaticano vinha tendo uma incidência decrescente, "a opção tem sido abandonar o terreno da cultura moderna e concentrar-se na capacidade de influência diretamente política" (Nugent, 2004, p. 106). Tudo leva a crer que o Vaticano tem estado mais interessado em influenciar as condutas e práticas dos indivíduos do que sua fé. Nas últimas décadas do século XX, o Vaticano parece ter estado disputando sua própria batalha, medindo suas forças com o Estado laico secular. O Uruguai apresenta vários exemplos disso, ligados a propostas de uma educação sexual generalizada (Rostagnol, 2009).

A hostilidade militante da Igreja Católica em relação aos direitos sexuais e reprodutivos deve ser vista à luz de um projeto político e não como uma vontade de instauração de valores morais, embora, discursivamente, a alusão à moral seja constante. As práticas sexuais são, por um lado, "uma mensagem" pela qual se mostra e se exerce poder. A sexualidade ou, melhor, o controle das sexualidades não constitui uma meta *per se*: a meta é obter uma cota considerável de poder político. O Vaticano se assemelha a um jogador de xadrez: para ele, os direitos sexuais e reprodutivos são apenas mais uma peça, não um fim. Seu objetivo não é ganhar almas, mas ganhar poder secular terreno. Tendo em vista as atitudes e práticas empreendidas pelos grupos Pró-Vida, que têm uma relação financeira com o Vaticano, parece claro que o objetivo da autoridade máxima da Igreja Católica não é a persuasão de seus fiéis, mas a pressão sobre aqueles que detêm o poder. Nesse contexto, o Vaticano, como Estado, apresenta traços de sociedade cortesã, sem transparência, na qual desde as declarações do Papa até as encíclicas são inapeláveis. O Vaticano promove uma sociedade doméstica – em oposição à sociedade moderna. Na sociedade doméstica,

> tudo se passa dentro de um espaço idealmente hierárquico onde o modelo da família nuclear é essencial como espaço de socialização e modelo de autoridade para o conjunto da vida social. [...] Um aspecto muito importante nesse modelo é que a autoridade não está sujeita a nenhum tipo de consenso, mas é uma espécie de natural emanação da função parental (Nugent, 2004).

Discussões similares foram travadas em torno da lei de interrupção voluntária da gravidez em México DF, onde, nas polêmicas e discussões, também se enfrentaram os grupos pró-direitos – com argumentos focados nos direitos das mulheres – e os grupos pró-vida – assumindo a tutela da moral e a defesa da vida (Galindo Castro, 2008).

A objeção de consciência dos ginecologistas

Uma vez promulgada a Lei, iniciaram-se as discussões sobre a possibilidade de os ginecologistas recusar-se a praticar abortos. Ainda que o assunto estivesse na agenda da mídia, a discussão passou para a corporação médica e foi travada fundamentalmente nas suas redes sociais. Aproximadamente 30% dos ginecologistas fizeram objeção de consciência. Essa porcentagem pode parecer elevada, mas é preciso assinalar que, por outro lado, ela indica que aproximadamente 70% dos médicos praticam abortos.

Um caso especial que não corresponde estritamente à objeção de consciência, contemplado no decreto que implementa a lei, é o da figura legal de "objeção de ideário". Na regulamentação elaborada pelo Poder Executivo, o artigo 21 estabelece que as instituições prestadoras de serviços de saúde que, com anterioridade à entrada em vigor da lei, tivessem objeção de ideário, deveriam apresentar a solicitação de não realizar interrupções voluntárias da gravidez junto à Junta Nacional de Saúde. O artigo contemplava especialmente duas instituições confessionais prestadoras de serviços de saúde: o Círculo Católico e o Hospital Evangélico. Esse recurso as isenta de praticar as interrupções de gravidez, mas as obriga a garantir o serviço contratando-o em outra instituição. Conforme a regulamentação, também deverão prestar assessoramento às mulheres com uma gravidez não desejada em curso sobre as diferentes opções existentes, não podendo em nenhum caso manifestar suas opiniões pessoais ou filosóficas acerca do assunto.

O decreto também reconhece a "objeção de consciência" como recurso para os profissionais da saúde que intervêm diretamente na prática do procedimento de interrupção de uma gravidez quando eles têm posturas morais contrárias ao aborto. Para manifestá-las, devem redigir um escrito onde as expressem e, na sua prática cotidiana, devem encaminhar suas pacientes a outros profissionais garantindo que elas possam dar continuidade ao processo de interrupção da gravidez conforme a sua vontade. A objeção de consciência só se aplica à realização do procedimento e, por conseguinte, não compreende as etapas de assessoramento nem a atenção às mulheres que porventura tiverem atravessado complicações no processo.

A situação de ginecologistas amparando-se na objeção de consciência para não participarem dos procedimentos de interrupção de uma gravidez deu lugar a um debate sobre vários elementos interligados nessas ações, que dizem respeito, por um lado, a argumentações que fundamentam a objeção de consciência e, por outro, à abrangência das ações amparadas na objeção de consciência.

A objeção de consciência é um dispositivo normativo de códigos profissionais e políticas públicas que visa proteger a integralidade das pessoas envolvidas numa situação de conflito moral (DINIZ, 2011). É um recurso ao que as pessoas podem aceder quando querem evitar fazer alguma coisa em relação à qual são contrárias do ponto de vista moral. A objeção de consciência não tem por finalidade mudar a lei ou influenciar na política, mas visa à exceção. Aqueles que recorrem à objeção de consciência tentam preservar sua autonomia e liberdade para não seguirem regras que contradigam seus princípios morais, partindo do pressuposto de que a democracia deve zelar pelos valores das minorias. Assim, a intenção do objetor de consciência não é obstruir ou obstacularizar o cumprimento de uma norma legal, mas amparar-se na possibilidade de ser a exceção para não violentar seus princípios morais. Em outras palavras, quando existe um conflito entre os deveres públicos e os direitos individuais, o dispositivo de objeção de consciência é ativado para proteger a moral privada dos indivíduos.

Ao observar o panorama em países nos quais o aborto é legal, constata-se que sempre existe um número de médicos que se recusam a praticá-lo, mesmo que nem sempre exista a figura do objetor de consciência. Um dos argumentos mais comumente utilizado na comunidade médica é o de que,

> a deontologia profissional tem sido sempre a defesa da vida e a promoção da saúde [...] [e, por isso,] impor a obrigação geral de participar em abortos [...] pode ser qualificado, em princípio, como um atentado ao sentido último de sua profissão e, inclusive, de sua dignidade pessoal e ao livre desenvolvimento de sua personalidade (Aparisi Miralles e López Guzmán, 2009, p. 56).

Essa postura filia-se à tese da integridade, colocando os direitos do médico por em cima dos direitos de quem requer seus serviços. Pressupõe-se a sobreposição dos papéis de profissional de saúde e de agente moral, porque, antes de ser médico, o indivíduo é membro de uma comunidade moral que determina seus deveres de consciência, incluindo os limites no exercício da medicina (Diniz, 2011).

Savulescu (2006) preconiza uma postura contrária baseado na tese da incompatibilidade: assinala enfaticamente que resta muito pouco espaço para a consciência dos médicos quando se trata de proporcionar cuidados médicos; caso contrário, o serviço que os pacientes recebem dependerá dos valores do médico que os tratar.

Conforme o exposto até aqui, cabe a pergunta sobre se a objeção de consciência é um direito; a resposta é negativa. O direito é a liberdade de consciência; a objeção é uma manifestação desse direito fundamental. Dessa forma, por um lado, existe um direito (liberdade de consciência) e, por outro, uma prática individual, porém com impacto no coletivo social, justificada pela consciência. O direito à liberdade de consciência é um postulado baseado em crenças e valores; a objeção de consciência é uma reflexão baseada em práticas sociais respaldadas em valores.

O problema surge quando alguém – um grupo de pessoas – recorre a uma prerrogativa – a objeção de consciência – para evitar que outros possam realizar aquelas ações que estimam moralmente aceitáveis ou boas. Esse é o caso dos ginecologistas de Salto (uma das cidades mais importantes do Uruguai). Todos eles recorreram à objeção de consciência para recusar-se a atender as mulheres que solicitavam um aborto. Dessa forma, reivindicando liberdade e autonomia para seus valores morais, impuseram seus próprios valores às mulheres que demandavam abortos. Impuseram seus valores ao negar a elas o acesso aos serviços de saúde garantidos por Lei para parte da população.

A prática social (objeção de consciência) encarnada em todos os ginecologistas de Salto obrigou as mulheres que demandavam abortos a deslocar-se a outras cidades a fim de serem atendidas num serviço de saúde que realizasse o procedimento, cumprindo a lei. Ainda que o Ministério da Saúde Pública (MSP) cobrisse parte das despesas, uma série de direitos eram negados a essas mulheres, entre eles o de privacidade, visto que o fato de viajar com o vale-transporte do MSP deixava em evidência que se tratava de uma mulher demandando interromper sua gravidez. Essa solução era tida como provisória, até o problema ser solucionado, mas acabou se prolongando por cerca de um ano. O conflito chegou a seu ápice quando, amparados na objeção de consciência, os ginecologistas se recusaram a praticar um aborto numa adolescente com deficiência, grávida em decorrência de um estupro. Esse tipo de abortos já estava contemplado na Lei 9.763, de 1938. Algumas ativistas, entre elas as congregadas na ONG Cotidiano Mujer, anunciaram que estudariam a possibilidade de iniciar um processo criminal ou civil por omissão de atenção. A Subsecretaria de Saúde Pública afirmou que a omissão de assistência médica por objeção de consciência era inaceitável, mas nenhum dos ginecologistas objetores participou no procedimento de interrupção da gravidez. A adolescente teve de ser trasladada a Montevidéu, onde foi finalmente assistida.

Depois desse fato, o Ministério da Saúde Pública vem enviando um ginecologista duas vezes por semana a Salto, exclusivamente para atender as mulheres que solicitavam abortos. Essa solução, ainda que menos onerosa para as mulheres, não preserva sua privacidade, pois só o fato de marcarem consulta com o referido ginecologista evidencia que elas estão tentando interromper uma gravidez.

A situação generalizada em Salto e, especialmente, o caso da adolescente com deficiência estuprada permitem tecer várias reflexões sobre a abrangência da objeção de consciência, ou seja, sobre a regulação dessa prática. Segundo Diniz, "a regulação da objeção de consciência não é uma intromissão do Estado na liberdade individual, mas uma regulação de práticas individuais ou coletivas que podem ser discriminatórias ou abusivas" (Diniz, 2014, p. 34). Não parece exagerado catalogar a prática em relação à adolescente como um abuso de poder. Para Savulescu (2006, p. 296), "quando a objeção de consciência compromete a qualidade, eficiência ou equidade na atenção do serviço, não deveria ser tolerada. O principal objetivo do serviço de saúde é proteger a saúde dos usuários".

A situação de Salto também suscita reflexões em outras direções. A objeção de consciência é uma decisão pessoal, individual, nunca um fato coletivo. Em Salto, a situação aponta para uma decisão coletiva. Se esse fosse o caso, então não configuraria objeção de consciência, mas desobediência civil, a qual é penalizada pela lei. A desobediência civil consiste em recusar-se a cumprir a lei. A ação dos ginecologistas de Salto é corporativa antes que individual. Dessa forma, não estaria sendo cumprido um dos fundamentos da objeção de consciência, o de ser a exceção de uma regra, sem implicar questionamento à regra em si mesma.

E, mais, gostaria de enfatizar o fato de esse grupo em particular – os ginecologistas – ter o monopólio na área da saúde em Salto ao tempo em que se trata de servidores públicos. Por conseguinte, como podem recusar-se a fazer seu trabalho quando isso significa que ninguém mais o pode realizar? Parece ser um caso de "abuso de poder profissional" (Frader e Bosk, 2011). O fato de serem servidores públicos deveria estar por em cima de seus valores morais. Se seus valores morais são mais importantes que as ações que devem realizar na qualidade de servidores públicos, então deveriam optar por não serem servidores públicos. Nesse sentido, concordo com as palavras de Savulescu, quando afirma que "se um indivíduo não está preparado para oferecer cuidados benéficos, eficientes e legalmente permitidos a um paciente porque isso entra em conflito com seus valores, então não deveria ser médico" (Savulescu, 2006, p. 294, tradução nossa).[12] Poderíamos perguntar-nos se um indivíduo integrante da Igreja Testemunhas de Jeová, que, por suas crenças, não permite a transfusão de sangue, pode ser médico e negar-se a fazer transfusões, baseado em seus valores, nos casos em que esse procedimento é eficiente para o paciente, amparando-se na objeção de consciência. Muito provavelmente, não lhe seja permitido recusar-se. Assim, existe uma certa relatividade na hora de definir valores morais dignos de suficiente respeito para que a pessoa possa colocá-los por em cima do bem comum. Mais uma vez, fica em evidência que os valores morais não são externos aos coletivos sociais, mas, pelo contrário, são produtos culturais. Isso reitera a noção de que às facções mais conservadoras das religiões cristãs é outorgada a vigilância do âmbito moral.

---

12 Do original em inglês.

Luzes e sombras na implementação da Lei da IVE

O Ministério da Saúde Pública prontamente implementou a Lei da IVE e se preocupou por capacitar o pessoal para a atenção adequada às mulheres que solicitassem interromper sua gravidez.

Uma das principais preocupações do Ministério da Saúde Pública refere-se à mortalidade das gestantes. Ela tem diminuído, e o MSP atribui essa queda às políticas de saúde em relação ao aborto: em primeiro lugar, a implementação da Portaria 369/04, de atenção pré e pós-aborto, com força de lei desde 2009; e, desde 2012, a aplicação da Lei da IVE. No entanto, para uma explicação mais abrangente da diminuição da mortalidade de gestantes em decorrência de complicações pós-aborto, deveria levar-se em conta que o misoprostol pode ser adquirido nos mercados paralelos em todo o território nacional e que, então, as mulheres podem usá-lo para praticar abortos de maneira clandestina. Lembre-se que o aborto medicamentoso – aquele realizado com misoprostol – raramente tem complicações de vulto.[13]

Os relatórios do MSP dão conta de 400 abortos por mês, mas, segundo as estimativas baseadas em informações de 2001, seriam 2.750 abortos mensais (Sanseviero, 2003). A brecha entre 400 e 2.750 é muito grande e não é muito provável que os abortos tenham diminuído tanto. Antes, deve pensar-se que, dadas as restrições que a própria lei estabelece para que as mulheres possam efetivamente interromper sua gravidez, junto com os problemas decorrentes da objeção de consciência generalizada em alguns lugares e outras dificuldades ligadas à acessibilidade aos serviços de saúde, é plausível supor que continue existindo um número não desprezível de abortos clandestinos praticados por mulheres que não seguem os passos estabelecidos pela Lei. Isso não significa que elas não vão a um ginecologista; é provável que vão a um médico particular para evitar ter de passar pelas instâncias da equipe interdisciplinar, obtendo o misoprostol no mercado paralelo.

As mulheres enfrentam várias dificuldades no acesso aos serviços de aborto no Uruguai. Os tempos de espera são excessivos e, às vezes, a objeção de consciência do pessoal da saúde não permite que os cuidados pré e pós-aborto sejam os adequados. Em algumas regiões, especialmente em localidades afastadas de centros povoados maiores que contem com postos de saúde, resulta difícil para as mulheres cumprir com as quatro consultas devido aos deslocamentos que isso implica. Existe uma desproporção entre as mulheres

---

13 Existe uma vasta literatura sobre o assunto. Um dos primeiros artigos que assinalaram o fenômeno é o de Arilha e Barbosa (1993).

que solicitam abortos e o pessoal de saúde que pode satisfazer suas demandas. Finalmente, em comunidades menores, o problema do estigma atenta contra a boa atenção. As mulheres que requerem abortos correm o risco de serem estigmatizadas em seu bairro ou cidade. Este último aspecto é uma manifestação da luta pelos sentidos do mundo, arena de confronto entre sentidos de raiz conservadora e outros de raiz libertadora-progressista.

A modo de conclusão

Indubitavelmente, a Lei da IVE constitui um grande passo rumo a um verdadeiro exercício dos direitos sexuais e reprodutivos, mas certamente não é suficiente. Colocou o Uruguai na mesma linha que Cuba, Porto Rico e México DF. No entanto, o aborto como tal não é legal, apenas é permitido se a mulher segue um procedimento preestabelecido. A tensão entre as propostas mais progressistas, que prefiguram uma mulher empoderada, com autonomia, e as conservadoras, que pugnam por manter o *status quo* no qual a mulher é reduzida a "ser para outros", sendo esse "outros" fundamentalmente os homens e a função materna, atravessa todo o processo. As estratégias conservadoras aparecem em diferentes cenários, não necessariamente combinadas ou articuladas. A reserva em relação a qualquer mudança obriga a mobilizar diferentes mecanismos que tentem frear as mudanças ou diretamente desconjuntá-las a partir de diferentes contextos.

No caso que nos ocupa, as estratégias conservadoras não permitiram que fosse promulgado o projeto de lei original. Depois, tentou-se derrogar a lei sem sucesso. Finalmente, a objeção de consciência se impõe como uma das maiores dificuldades para a aplicação efetiva da Lei da IVE. A isso poderiam se somar, num plano micro e cotidiano, as dificuldades que deve enfrentar a mulher que decide interromper sua gravidez, tanto de índole material (acesso ao serviço e tratamento adequado) quanto de índole simbólica (risco de estigmatização). As forças continuam em pugna, e as estratégias sempre são múltiplas e estão sujeitas a mudança.

Referências bibliográficas

AGAMBEN, Georgio (1998). *Homo sacer I: el poder soberano y la nuda vida*. Valencia: Pre-Textos.

AMUCHÁSTEGUI, Ana (2010). "¿Nueva ciudadanía? La experiencia del aborto legal entre mujeres de la Ciudad de México". *Anales del Coloquio Género y Ciudadanía*. México: Universidad Autónoma Metropolitana-Xochimilco.

APARISI MIRALLES, Angela e José LÓPEZ GUZMÁN (2009). !El derecho a la objeción de conciencia en el supuesto del aborto: de la fundamentación filosófico-jurídica a su reconocimiento legal". *Revista Biomedicina*, p. 50-62.

ARILHA, Margareth e Regina BARBOSA (1993). "Cytotec in Brazil: 'At least it doesn't kill'". *Reproductive Health Matters*, n. 2, p. 41-52.

BAJOS, Natalie; Michele,FERRAND, Michele e EQUIPO GINE (2002). *De la contraception al'avortement : sSociologie des grossesses non prevues*. Paris : Inserm.

BAKHTIN, Mikhail (2004 [1981]). *The dialogic imagination*. Estados Unidos: University of Texas Press.

BOTINELLI, Oscar (2012). "El aborto en el juego político." *Factum digital. Revista de análisis político, opinión pública y estudios sociales*. 2012. Disponível em: http://www.factum.edu.uy/node/556 Acesso em: jan. 2013.

BOURDIEU, Pierre (1985). ¿Qué significa hablar? Economía de los intercambios lingüísticos. Madrid: Akal.

CHANETON, July e Nayla VACAREZZA (2011). *La intemperie y lo intempestivo. Experiencias del aborto voluntario en el relato de mujeres y varones*. Buenos Aires: Marea.

DINIZ, Debora (2011). "Objeção de consciência e aborto: direitos e deveres dos médicos na saúde pública". *Revista de Saúde Pública*, vol. 45, n. 5, p. 981-5.

DINIZ, Debora (2014). "Voces y textos", em *Anales del Seminario Regional Objeción de conciencia. Un debate sobre la libertad y los derechos*. Montevideo: Cotidiano Mujer.

DWORKIN, Ronald (1994). *Life's dominion: an argument about abortion, euthanasia and individual freedom*. New York: Vintage Books.

GALINDO CASTRO, Adrián. Conflictos axiológicos y libertades civiles en torno a la interrupción voluntaria del embarazo. *El cotidiano*, Azcapotzalco, Universidad Autónoma Metropolitana, n. 152, p. 53-58, 2008.

HEILBORN, Maria Luiza *et al*. Gravidez imprevista e aborto no Rio de Janeiro, Brasil: gênero e geração nos processos decisórios. *Sexualidad, salud y sociedad. Revista Latinoamericana*, CLAM, vol. 12, p. 224-257, 2012. Disponível em: http://www.redalyc.org/articulo.oa?id=293324656010

JOHNSON, Niki; LÓPEZ GÓMEZ, Alejandra; SCHENCK, Marcela. La sociedad civil ante la despenalización del aborto: opinión pública y movimientos sociales. In: UNIVERSIDAD DE LA REPUBLICA, Art. 2 *(Des) penalización del aborto en Uruguay: prácticas, actores y discursos. Abordaje interdisciplinario sobre una realidad compleja.* Montevideo, UDELAR, 2011.

KINGDON, J. *Agendas, Alternatives and Public Politics.* 2nd ed. New York: Harper Collins, 1995.

KLEIN, Laura. *Fornicar y matar. El problema del aborto.* Buenos Aires: Planeta, 2005.

MUJICA, Jaris. *Economía política del cuerpo. La reestructuración de los grupos conservadores y el biopoder.* Perú: Centro de Promoción y Defensa de los Derechos Sexuales y Reproductivos, 2007.

NUGENT, Guillermo. De la sociedad doméstica a la sociedad civil: una narración de la situación de los derechos sexuales y reproductivos en el Perú. In: DIDES, Claudia (comp.) *Diálogos Sur-Sur, sobre religión, derechos y salud sexual y reproductiva: los casos de Argentina, Colombia, Chile y Perú.* Santiago de Chile: Universidad Academia de Humanismo Cristiano/Progénero, 2004. p. 105-124.

PETRACCI, Mónica. Sondeos y políticas: la opinión pública sobre derechos sexuales y reproductivos en la Argentina, 2003-2006. In: BRAUN, María; STRAW, Cecilia (comp.). *Opinión pública. Una mirada desde América Latina.* Buenos Aires: Emece, 2009. p. 429-441

ROSTAGNOL, Susana (2003). "Complicaciones post-aborto como una etapa del proceso de aborto: los distintos actores involucrados". *Anales del Seminario Regional sobre monitoreo de la Atención de las Complicaciones Post aborto en hospitales públicos en áreas urbanas.* Buenos Aires: Foro por los Derechos Reproductivos.

ROSTAGNOL, Susana (2008). "El conflilcto mujer-embrión en el debate parlamentario sobre el aborto". *Revista Estudos Feministas,* vol. 16, n. 2, p. 667-74.

ROSTAGNOL, Susana (2009). "Disputas sobre el control de la sexualidad: activismo religioso conservador y dominación masculina", em Juan Marco Vaggione (comp.), *El activismo religioso conservador en Latinoamérica.* Córdoba: CDD.

ROSTAGNOL, Susana (2011). *Aborto voluntario y relaciones de género. Políticas del cuerpo y de la reproducción.* Tese em Antropología Social. Buenos Aires: Facultad de Filosofía y Letras, Universidad de Buenos Aires.

ROSTAGNOL, Susana *et al.* Diagnóstico de (in)equidad de género en el departamento de Cerro Largo. Informe. Cerro Largo: FHCE/Intendencia de Cerro Largo, 2006.

SANSEVIERO, Rafael (2003). *Condena, tolerancia, negación: el aborto en Uruguay.* Montevideo: CBA.

SANSEVIERO, Rafael *et al.* (2008). *Barreras: investigación y análisis sobre el acceso de las mujeres al derecho a decidir.* Montevideo: RUDA/IPPF.

SAVULESCU, Julián (2006). "Conscentious objection in medicine". *BMJ*, n. 332, p. 294-297.

VIVEROS, Mara e Ángela FACUNDO NAVIA, Ángela (2012). "El lugar de las masculinidades en la decisión del aborto". *Sexualidad, Salud y Sociedad*, vol. 12, p. 135-63.

SOBRE OS AUTORES

DENISE MARIA MANTOVANI é doutora em Ciência Política pela Universidade de Brasília (UnB).

FLÁVIA BIROLI é professora do Instituto de Ciência Política da UnB e pesquisadora do Conselho Nacional de Desenvolvimento Centífico e Tecnológico (CNPq). Coordena o Grupo de Pesquisa sobre Democracia e Desigualdades (Demodê) e edita a *Revista Brasileira de Ciência Política*. Autora, entre outros, dos livros *Caleidoscópio convexo: mulheres, política e mídia* (com Luis Felipe Miguel; São Paulo: Editora Unesp, 2011); *Autonomia e desigualdades de gênero: contribuições do feminismo para a crítica democrática* (Niterói: Eduff, 2013); *Família: novos conceitos* (São Paulo: Editora Fundação Perseu Abramo, 2014); e *Feminismo e política: uma introdução* (com Luis Felipe Miguel; São Paulo: Boitempo, 2014).

LUIS FELIPE MIGUEL é professor titular do Instituto de Ciência Política da UnB e pesquisador do CNPq. Coordena o Grupo de Pesquisa sobre Democracia e Desigualdades (Demodê) e edita a *Revista Brasileira de Ciência Política*. Autor, entre outros, dos livros *Mito e discurso político* (Campinas: Editora Unicamp, 2000); *Democracia e representação: territórios em disputa* (São Paulo: Editora Unesp, 2014); *Feminismo e política: uma introdução* (com Flávia Biroli; São Paulo: Boitempo, 2014); e *O nascimento da política moderna: de Maquiavel a Hobbes* (segunda edição, revista e ampliada: Brasília: Editora UnB, 2015).

MARIA APARECIDA ABREU é professora da Universidade Federal do Rio de Janeiro (UFRJ). Publicou *Hannah Arendt e os limites do novo* (Rio de Janeiro: Azougue Editorial, 2004) e *Redistribuição, reconhecimento e representação: diálogos sobre igualdade de gênero* (org., Brasília: IPEA, 2011).

MARIA DAS DORES CAMPOS MACHADO é professora da Universidade Federal do Rio de Janeiro, onde coordena o Grupo de Pesquisa sobre Religião, Gênero, Ação Social e Política. Publicou os livros *Carismáticos e pentecostais: adesão religiosa e seus efeitos na esfera familiar* (Campinas: Autores Associados, 1996); *Política e religião: a participação dos evangélicos nas eleições* (Rio de Janeiro: FGV, 2006); *Os votos de Deus: evangélicos, política e eleições no Brasil* (organização com Joanildo Burity e Ari Pedro Oro; Recife: Massangana, 2006); e *Religiões e homossexualidades* (organização com Fernanda Delvalhas Piccolo; Rio de Janeiro: FGV, 2011).

NAARA LUNA é professora da Universidade Federal Rural do Rio de Janeiro.

RAYANI MARIANO é mestre em Ciência Política pela UnB.

SUSANA ROSTAGNOL é professora da Universidad de la República (Uruguai). Autora, entre outros, dos livros *Barreras: investigación y análisis sobre el acceso de las mujeres al derecho a decidir* (com Rafael Sanseviero; Montevidéu: AUPF, 2008); *No era un gran amor: cuatro investigaciones sobre violencia doméstica* (Montevidéu: Central de Impresiones, 2009); e *Consumidores de sexo: un estudio sobre masculinidad y explotación sexual comercial en Montevideo y área metropolitana* (Montevidéu: ONU Mulheres, 2012).

Esta obra foi impressa pela Imagem
Digital em São Paulo no outono de
2016. No texto foi utilizada a fonte
Electra LH em corpo 10,5 e entreli-
nha de 14 pontos.